O Caminho do Sábio

O Caminho do Sábio

Doze Mestres Espirituais relatam seus caminhos em busca da Verdade

Jean Biès

Tradução: Lucia Pereira de Souza

TRIOM

Centro de Estudos Marina e Martin Harvey
Editorial e Comercial
1ª edição
São Paulo, 2001

Título original
Voies de Sages - Douze maîtres spirituels témoignent de leur vérite

Direitos para língua portuguesa reservados a
TRIOM – Centro de Estudos Marina e Martin Harvey
Editorial e Comercial Ltda.
Rua Araçari, 218
01453-020 – São Paulo – SP – Brasil
Tel: (11) 3168-8380 / Fax: (11) 3078-6966
E-mail: editora@triom.com.br
www.triom.com.br

Tradução: Lucia Pereira de Souza
Revisão: Vitória Mendonça de Barros
Clara A. Colotto e Ruth Cunha Cintra
Revisão gráfica: Adriana C. L. da Cunha Cintra
Ilustração da capa: (baseada em motivo medieval) Dominique Amat
Capa, diagramação e fotolitos: Casa de Tipos Bureau e Editora Ltda.

Edição patrocinada por Vitória Mendonça de Barros

Dados Internacionais de Catalogação na Publicação (CIP)
(Câmara Brasileira do Livro, SP, Brasil)

Jean, Biès
O Caminho do Sábio, doze mestres espirituais relatam seus caminhos em busca da verdade; / entrevistador e organizador Jean Biès; tradução Lucia Pereira de Souza. – São Paulo : TRIOM, 2001.

Título original: Voises de Sages
Entrevistas com vários mestres espirituais.
ISBN 85-85464-39-9

1. Espiritualidade 2. Interdisciplinaridade e conhecimento 3. Sabedoria 4. Vida espiritual I. Título.

00-1727 CDD-001

Índices para catálogo sistemático:

1. Transdisciplinaridade: Conhecimento 001

Sumário

- Introdução 6
- Xeque Hadj Adda Bentounès – A alma do Islã 13
- Lanza Del Vasto – Um Gandhi cristão 37
- Jacques Brosse – Viver o zen 61
- Étienne Perrot – A alquimia entre nós 89
- Émile Gillabert – O Evangelho segundo Tomás 127
- Frithjof Schoun – Uma face da sabedoria eterna .. 153
- Jean Herbert – Intérprete dos deuses e dos sábios . 177
- Marie-Magdeleine Davy – A Igreja interior 213
- Satprem – Em direção a uma nova humanidade .. 239
- Arnaud Desjardins – A ioga dirigida para a Essência 271
- Christiane Singer – A paixão do Absoluto 301
- Basarab Nicolescu – Um extraordinário vigia no vale do espanto 329
- Bibliogáfia 369

Introdução

"Se você gostar de um livro, vá conhecer seu autor, para ver se ele coloca em prática o que escreveu", disse-me Swāmi Siddheswarananda[1]. Esse conselho, dado ao jovem que eu era então, jamais foi esquecido. Durante mais de trinta anos, como o aprendiz da Idade Média caminhando para completar seus conhecimentos junto aos mestres, todas as vezes que me sentia desafiado por obras desconcertantes ou excepcionais, não hesitava em deixar meu campo, seu silêncio e paz, para encontrar os autores. Devo confessar que, se alguns me decepcionaram, outros me entusiasmaram e esses são os que vamos encontrar neste livro.

Sou apaixonado por encontros, do mesmo modo como outros o são por datas ou fatos. Gostaria de ter conhecido Racine ou Rimbaud para perguntar-lhes os verdadeiros motivos de seu silêncio. Teria gostado de interrogar Beethoven sobre sua *Décima Sinfonia*, Tagore em sua árvore de Shantiniketan, Jung em sua torre onírica de Bollingen, ou São Serafino em sua ermida florestal de Sarov. Minhas agendas estão lotadas de endereços de mulheres como Lou Andréas-Salomé, Isabelle Eberhardt, Alexandra David-Neel. Porém, há muito tempo foi-se o som de suas vozes, sem nos deixar a sorte de Pantagruel, que "escutava palavras descongeladas".

É por isso que precisamos nos dirigir aos vivos, ou

---

[1] O Swāmi Siddheswārananda foi o representante da missão Ramakrishna na França, de 1934 a 1957, data de sua morte.

melhor, ir ao encontro daqueles que considero nascidos duas vezes.

Seria, talvez, pura inconsciência de minha parte? Especialista em nada, tive a audácia de interrogar especialistas de alto nível. Não é bem visto na França interessar-se, simultaneamente, pela não-violência, pela alquimia, pelo zen, e – por que não? – pela física quântica. Significa ser olhado como amador, espírito disperso, incapaz de escolhas. Infeliz daquele que não tem seu rótulo! – É preciso optar por uma especialização, nunca mais deixá-la, entrar para uma 'coleção', como para dentro de um esquife sob medida e, durante toda a vida, reescrever o mesmo livro... Ora, sempre pensei que o homem culto fosse um "homem com uma visão geral de tudo" e que nisso residia o humanismo. Em vez do olhar míope, é melhor dispor de um grande leque de pontos de vista, deixando a cada um a possibilidade de escolha – o que, evidentemente, não significa que não tenhamos nossas opções pessoais, nossas preferências, nossas certezas.

Na verdade, nesta hora do holístico e do transdisciplinar, nada pode ser mais contestável, nem mais ultrapassado, do que essa forma compartimentada e exclusiva de agir. O futuro está, precisamente, no esfacelamento das separações, na junção das disciplinas e, para começar, na junção das religiões.

Além disso, será que especialista de alto nível significa ser especialista? Aqueles de quem me aproximei pareceram-me, antes, espíritos reinando além de suas categorias: guardiões e despertadores, homens que romperam, duplicando seu pensamento por meio de uma visão, precursores, 'faróis', 'sentinelas'.

Partindo das mesmas constatações, insuficiência de referências horizontais, desmoronamento da ordem exterior consecutivo ao caos interior, incapacidade do pensamento redutor para dominar parâmetros embalados, todos chegaram, dependendo dos procedimentos, das diferentes modalidades, às mesmas conclusões: à necessidade de auto-aprimoramento, à urgência de restaurar a prioridade do ser.

Além de sua diversidade, um elemento poderoso os liga: a situação paradoxal que ocupam na encruzilhada do cristianismo com o Oriente. Tendo ou não deixado seu cristianismo de origem, ou mesmo nunca tendo dele feito parte, todos sabem que as contribuições orientais são, provavelmente, adequadas à revitalização e ao enriquecimento de um cristianismo em crise. (A mesma abertura oriental foi a de Durkheim, de Eliade, de Corbin, de Merton.) Efetivamente, não podemos ignorar que, propondo uma sabedoria, um modo de vida e não uma religião com um credo, dogmas e um ritual, cuja conservação por todos é louvável, o Oriente pode, muito bem, acrescentar à religião sem sobrepor-se a ela, sem fazê-la desviar-se, ou sem destruí-la. Lanza del Vasto traduz, exatamente, essa idéia, por meio de uma observação tranquilizante: "Como a ioga não está ligada a nenhuma religião em particular posso exercê-la sem apostasia". Pessoalmente, Marie-Magdeleine Davy, considera que "a abertura para o Oriente se comprova indispensável" e seu conhecimento afigura-se *primordial.* Uma e outra parecem as únicas ainda capazes de contrabalançar esse materialismo intenso e onipresente e de contribuir para a "formação de uma supra-consciência".

Aliás, há já algum tempo a Igreja do Ocidente reconheceu a validade daquilo que havia se limitado a tratar como *paganismo*, por simples falta de informação e dispensando-se de seu estudo. A Declaração sobre as relações da Igreja com as religiões não cristãs proclama que ela "não rejeita nada que seja verdadeiro e sagrado nessas religiões... Entretanto, ela anuncia e prossegue anunciando, sem cessar, o Cristo."[2]

Sem dúvida, a aproximação com o Oriente revela-se uma faca de dois gumes. Pode contribuir para aumentar a confusão, influenciada por um sincretismo delirante, do qual são portadoras seitas subversivas em graus variados e, assim, contribuir para a dissolução do cristianismo. Foi o que aconteceu com a religião da Roma antiga, submersa pelo zoroastrismo, pelos cultos de Ísis e de Mitra e pelo próprio cristianismo! Mas, essa aproximação pode ser igualmente benéfica se for conduzida por mulheres ou homens qualificados – os mesmos que encontraremos neste livro. Basta dizer que essa tarefa compete a uma elite desinteressada, alheia ao proselitismo, dotada das qualidades intelectuais e espirituais requeridas, de uma abertura de visão suficiente, isenta de qualquer atitude passional e informada das doutrinas orientais em sua pura ortodoxia.

A mensagem final do Oriente não seria a de nos fazer redescobrir os tesouros escondidos por nossa própria tradição ocidental e que nos precipitamos em esquecer? E se, curiosamente, o cristianismo oriental experimentasse, ao contrário do catolicismo e, mais ainda, do protestantismo, pouco interesse – para não dizer nenhum – pela Ásia, não seria simplesmente por que ele próprio detém elementos *orientais* suficientes para dispensar-se

---

[2] A Declaração *Nostra aetate* (28 de outubro 1965) não relembra somente o elo que religa o povo do Novo Testamento à linhagem de Abraão, nem os valores positivos do Islão. Ela vê, também, no Hinduísmo, homens escrutando o mistério divino e exprimindo-o pela *fecundidade inesgotável dos mitos* e, no budismo, uma via pela qual os homens podem adquirir *o estado perfeito de liberação*.

de ir procurá-los alhures? Em parte, isso explica a ausência de representantes de Bizâncio neste livro.

É possível que minhas escolhas sejam julgadas subjetivas e arbitrárias. No entanto, parece-me que meus interlocutores sejam capazes de prender a atenção de todos aqueles que se interessam pela vida interior. Foi o que norteou a escolha das questões colocadas.

Como não podemos separar o homem de sua vida e trabalho, cada entrevista é precedida de uma introdução, onde a pessoa interrogada é situada: sua vida, seu espaço, as circunstâncias de nossos encontros. Cada uma é completada, no fim da obra, por uma bibliografia não exaustiva, mas significativa para aqueles que gostariam de informar-se mais a respeito da personalidade dos entrevistados e conhecer seus ensinamentos. Estes são, convém assinalar, escondidos, em grande parte, pela mídia oficial. Com efeito, suas concepções são radicalmente diferentes das padronizadas e automatizadas pela mentalidade atual, que dá preferência ao terrorismo revolucionário e não a Gandhi, ao fundamentalismo islâmico e não ao sufismo, à *New Age* e não à *Philosophia perennis*.

Entretanto, o pensamento de Malraux, resumido na frase célebre: "O século XXI será espiritual ou ele não será", contribui para justificar a veracidade de sua intuição; e, neste mesmo estado de espírito, todos aqueles que conheceremos nas páginas seguintes têm em comum terem tomado a dianteira em nosso século. No seio das dificuldades e perigos sem número que nos esperam, suas palavras, perturbadoras e lúcidas, serão cada vez mais reconhecidas como úteis e necessárias. Senti interesse apaixonado por conservá-las com o respeito que merecem, não vacilando em pedir a seus autores para revisá-las e completá-las à vontade, com a única finalidade de evitar qualquer interpretação ou deformação de minha parte.

Agradeço a todos pela acolhida, pela paciência em relação à minha indiscrição e pela amizade fraterna com a qual me iluminaram ao longo do que se pode realmente chamar de busca espiritual.

XEQUE HĀDJ ADDA BENTOUNÈS

A alma do Islã

Ó Deus, dá-me Teu Amor, dá-me
o amor daquele que Te ama, dá-me
o amor de tudo o que me aproxima
de Teu Amor e faze que eu Te ame
mais que à água fresca!...

Palavra aos discípulos

As entrevistas seguintes com o xeque Hādj Adda Bentounès ocorreram em 1952, em Tijditt (Argélia), algumas semanas antes de sua morte.

Em 1952 – ano 1370 da hégira, apogeu de Bertrand du Guesclin e aniversário de meus dezenove anos –, tive o privilégio de encontrar o venerado xeque Hādj Adda Bentounès, eminente educador e célebre sábio em Deus (que Deus lhe conceda Sua graça unificadora e pacífica!). Esses encontros ocorreram em Tijditt, perto de Mostaganem, na *zāwiyah*[1] sobre a qual direi, inicialmente, algumas palavras.

O Jardim da Essência

Essa *zāwiyah* havia sido fundada, no começo do século, pelo xeque Ahamad al-Alawī (que Deus ilumine seu túmulo!), diretamente ligado ao profeta Maomé pelas correntes ininterruptas de transmissão iniciática e fundador, ele próprio, da confraria Al-Alaouiah. Ou seja, estávamos no coração do esoterismo muçulmano, o sufismo – *at-Taçawwuf*–, considerado o caminho místico do Islã: além do formalismo sectário e literal como também da *razão* filosófica, das superstições dos marabus e do ritualismo formal e carregado de reminiscências pagãs.

Incompreendido pela instituição oficial dos *oulémas* fundamentalistas, desconhecido pelas massas muçulmanas, o sufismo é a pequena comunidade de discípulos

[1] Uma *zāwiyah* designa um *canto* de uma mesquita; consequentemente, uma espécie de mosteiro muçulmano onde vivem, em comunidade, um mestre espiritual (*xeque*) e seus discípulos.

comprometidos com o 'caminho da irradiação divina', a assembléia dos 'íntimos' e as 'pessoas da lembrança'. Assim considerado, ele exclui todo proselitismo, 'fanatismo', compromisso político ou temporal. Segundo o profeta: "Todo versículo tem um aspecto exterior e um aspecto interior", ele dá aos textos do Corão uma interpretação simbólica. (É assim que, para os sufis, a *guerra santa* combate o *infiel que está dentro de cada um de nós.*) Ao ultrapassar a personalidade, ele conduz ao conhecimento metafísico, apoiando-se, ao mesmo tempo, na *fé*, de ordem volitiva e afetiva, e sobre a *gnose*, de ordem cognitiva e intelectiva.

Essa espiritualidade elevada impregnava os locais onde era vivida. Lembro-me do pequeno pátio da *zāwiyah*, onde rosas, jasmins e balsâminas cresciam ao longo de uma parreira, da velha oliveira cujas raízes machucavam o solo, das pombas arrulhando no alto das palmeiras. Não muito longe, estava a sala de orações coberta de esteiras de junco e a sombria capela mortuária do xeque anterior, cercada de incensórios, estandartes e sedas, sob um teto brilhante com mais de uma centena de lustres, cujos pingentes de cristal se entrechocavam delicadamente. O canto de uma fonte acalentava nossa tranquilidade. Em um ambiente de pobreza deliberada e digna, a hospitalidade manifestava-se por uma cortesia refinada, uma gentileza natural de palavras e gestos. Enquanto nos dirigíamos para lá, meus companheiros e eu, nenhum indício de racionalidade entravava nossas sessões e não se impunham horários rígidos. Essa parcela do Paraíso era de liberdade, de transparência; um de nós a batizou de *Jannat edh-Dhāt*, *Jardim da Essência*. O abandono à Providência matizava os corações de alegria. O mesmo brilho se derramava sobre os discípulos de todas as idades, de todos os meios – do pastor do Atlas e do varredor das ruas ao professor universitário, do vendedor de água e do engraxate ao funcionário público e ao médico –, de todos os níveis e todos os credos.

Em 1949, o xeque Adda Bentounès lançou uma mensagem de apelo pela fraternidade entre os devotos, fato completamente novo no Maghreb. Sentia curiosidade pelas diferentes tradições, particularmente pela doutrina vedanta do *Advaïta*, a Não-Dualidade, que gostava de associar à doutrina sufi do *Ahadiyah*, a Unidade suprema. Muitos de nós o ouvimos dizer essas palavras nos últimos dias de sua vida na terra: "Eu lhes mostrei meu caminho, eu vos revelei meu segredo. Porém, se por acaso descobrirem um ser mais verdadeiro que eu, peço-lhes não irem a ele sozinhos, mas avisem-me e dêem-me a mão: iremos vê-lo juntos."

Os "alentos da familiaridade divina"

Quase nada sabemos sobre a vida do xeque Adda: a mentalidade tradicional não é mais histórica que biográfica. Dizia-se, tão somente, que era sobrinho da esposa do xeque al-Alawī, reconhecido como personalidade eminente no mundo islâmico. Sucedeu-o como mestre espiritual, em 1934, e morreu em 3 de julho de 1952. Inicialmente *moqaddem*[2], o futuro xeque, em 1930, havia acompanhado o tio em sua peregrinação a Meca. Foram, depois, para Medina, Damas, Jerusalém e Istambul. Por falta de outras informações precisas, escolhi duas histórias a respeito do xeque Adda, mais significa-

[2] Suplente de um mestre espiritual para dirigir as preces e guiar os iniciantes.

tivas do que uma longa história.

Bem pequeno – era então aprendiz de sapateiro –, ele rezava várias horas, junto a uma árvore. Um dia, o padre de Mostaganem passou por perto e perguntou-lhe: "Você acredita em Deus, pequeno muçulmano?" A criança respondeu: "Com todas as forças de meu coração, Sidi! – Mas você não o viu!... – Está ventando, Sidi? – Não, e é uma pena!", exclamou o francês, enxugando a testa. A criança retrucou: "Olhe, então, meu irmão, no alto da árvore, aquela folhinha que balança! Ela balança ao vento porque é leve. Se fôssemos tão leves como ela, também saberíamos como sentir o vento."

Jovem, sua mãe lhe disse: "Eis o cofre de minhas jóias. Guardei-as para você, para que construa um lar. – O que farei com todo esse ouro? – Pare de seguir o xeque al-Alawī, forme uma família! Estas jóias são suas, dou-as a você." O jovem obedeceu e pegou o cofre. Depois, devolveu-o à mãe, dizendo: "e eu as dou a você para que me deixe seguir o xeque al-Alawī".

O futuro iria provar que o homem honraria o jovem e o velho honraria a criança. O xeque Adda tornou-se um santo e ergueu sua morada nos 'alentos da familiaridade divina'. Ele sempre está presente em mim, exatamente como era, turbante na cabeça, envolto no amplo *djellaba* de seda branca que, um dia, seria seu sudário e, em volta do pescoço, o rosário com noventa e nove contas de tâmara, símbolos dos noventa e nove nomes de Deus (o centésimo permanece desconhecido e impronunciável), indicando as Perfeições e as Atividades divinas, as Essências universais contidas na Essência imanente ao mundo. Nele se respiravam a humildade, o amor, a paciência, a bondade, a simplicidade.

Ele usava palavras extraordinárias ou sublimes.

Diabético, o açúcar lhe era proibido. Quando um

empregado teimou em colocá-lo em seu chá, nós lhe dissemos: "Xeque, ele lhe presta um mau serviço!" E ele respondeu: "Mas ele o faz de coração".

O Sufismo

O sufismo – at-Taçawwuf – *é a dimensão esotérica do Islã. Visa o conhecimento direto da divindade na extinção completa* (fanā) *do eu. A União suprema é possível, ainda que raríssima, pois que o homem e Deus são uno, o conhecedor e o conhecido, indissociáveis. Esse conhecimento é exatamente o 'Selo da Santidade'.*

Tal é a Unidade de Deus (al-Ahadiyah) *que é impossível conceber alguma coisa fora d'Ele. Deus transcende tudo; no entanto, é sua Unicidade que permite a existência das criaturas e ela contém as 'possibilidades principiais' ou arquétipos, inerentes à essência, e as 'qualidades universais' – aspectos da essência não criados, mas imanentes ao mundo. Projetando-se na substância* (al-habā) *como em um espelho, eles a fazem existir em suas múltiplas formas.*

A visão sufi do divino situa-se além de qualquer forma de literalismo. O Corão, que, a exemplo de todas as Escrituras, contém uma sobreposição de sentidos, dá lugar a diversas interpretações simbólicas; é assim, que, ao contrário do exoterismo, a 'guerra santa' será considerada como a guerra interior.

Asim, o sufismo sempre foi, encarado com certa suspeita pelos teólogos literalistas. Um al-Hallāj será crucificado e decapitado por ter blasfemado dizendo Ana'l-Haqq, *"Eu sou a Verdade". Por isso, o sufismo foi forçado a recorrer à maior discrição e à lei do se-*

gredo. Em sua Revivificação *das ciências religiosas, Ghazâlî tentou conciliar a teologia formalista e a mística.*

Por tudo isso, o sufismo não se dispensa das obrigações do exoterismo, ou seja, do testemunho da Unidade (shahādah), *do jejum anual, das cinco orações diárias, do dízimo e da peregrinação. Segue a lei social, a* sharī'ah *mas acrescenta-lhe o caminho interior, a* haqīqah. *Considerado como discípulo* (faqīr), *'pobre', ele vive junto a um mestre* (xeque, ou murschid) *que, pessoalmente, pertence a uma corrente iniciática* (silsila) *remontando ao Profeta. Do mestre, ele recebe a iniciação, transmissora de uma influência espiritual* (baraqah), *assim como um ensinamento oral. Este não se dirige ao eu psicomental* (an-nafs), *mas à intuição intelectiva* (ar-Rūh), *cada um diferindo em grau. Por isso, o sufismo permanece indiferente ao proselitismo.*

O sufi dedica-se, frequentemente, ao canto, à música, às danças sagradas (samā), *como Rūmī, o autor do* Mathnavi *(25000 versos) e fundador dos* Mawlavi, *derviches cujo giro simboliza a rotação dos planetas em torno do Sol. Mais ainda, ele pratica o* dhikr-Allāh, *'lembrança-invocação' de Deus, sua citação permanente até a identificação com a Presença divina incluída no Nome.*

Seu desprezo pelo mundo pode levar o sufi ao não-conformismo, fazendo-o simular a loucura ou um comportamento censurável aos olhos dos 'conservadores'. Como acontece com os Malāmatiyah, *ou 'Pessoas da Blasfêmia'.*

O primeiro mestre do sufismo foi al-Basrī, asceta e teósofo, seguido por al-Muhasibī, Dhu'l-Nūn, Abū Yazid, o homem 'ébrio de Deus', al-Junayd. Sohrawardī inte-

grou, ao sufismo, a herança da Pérsia. Vários poetas, principalmente persas, usaram a poesia erótica para fins místicos: Sana'i, Attar, autor da Linguagem dos pássaros, *Ibn al-Farīd, que compôs o* Éloge du vin *(Elogio ao vinho).*

O mais importante continua sendo Muhid'd-Dīn Ibn Arabī, o Xeque al-akbar, – *'o maior mestre'* –, *o 'Vivificador da religião', que elaborou duzentos e setenta obras, entre as quais a* Sagesse des prophètes *(A Sabedoria dos profetas) e* Révélations mecquoises *(Revelações da Meca). Místico, visionário, extasiado, 'louco de Deus', Ibn Arabī fez as interpretações mais profundas e as mais elevadas da doutrina sufi, estabelecendo as bases da unidade das religiões.*

Foi no século XII que Abū-Madyān introduziu o sufismo em Maghreb. Tornaram-se particularmente célebres, no século XVIII, a tarīqa *Darqawīya, fundada pelo* xeque *ad-Darqāwī e, no século XX, a* tarīqa *Allawīya, fundada pelo* xeque *al-Alawī, a quem sucedeu, em 1934, o* xeque *Bentounès.*

Havia, na *zāwiyah*, um velho cego. O xeque o levava pela mão, instalava-o sempre no melhor lugar, conduzia-o ao lugar de orações, seguia-o como um discípulo. "Mas, com efeito, Xeque, lhe dissemos, ele exige de você mais do que você exige de nós!... – Deixem-me dar-lhe a mão, pelo amor de Deus. Não somos, todos nós, cegos?"

Quando alguém lhe perguntou qual era a maior graça que Deus lhe havia dado, ele respondeu: "A de havê-Lo conhecido".

Quando o xeque Adda vinha em nossa direção,

corríamos a seu encontro sentindo a necessidade de nos ajoelhar diante dele. Sobre sua aparência frágil, corroída pela doença, apoiavam-se incontáveis preocupações e angústias de milhares de discípulos. Os encontros com os *foqāra*[3] esgotavam-no. Ele não se queixava jamais. Limitava-se a dizer: "A fadiga cumpre seu trabalho; nós, fazemos o nosso..." Lei cruel, mas comum, que deseja que sejamos mortos por quem mais nos ama.

Sua cama era uma esteira, um tijolo o travesseiro. Alimentava-se de pão de cevada. Às vezes colocava a mão sobre a minha e eu me sentia dissolver como neve derretendo.

Mas era um ser do qual nada podemos dizer, pois sua dimensão se reduzia com o uso da palavra. Saboreara o gosto da Identidade, sentira o perfume da Presença, imerso na luz da Singularidade, no Mundo do Poder soberano, revestido com o Manto da Proximidade diante da Face senhoril... Ao saber que ele já não estava ligado à vida e partira para a misericórdia de Deus, senti uma dor profunda. Somente ele teria sido capaz de fazer-me suportar seu desaparecimento.

O xeque Adda'só deixou uma obra de lembranças escrita sobre seu próprio mestre[4] e uma coletânea de poemas místicos. Alguns de seus ensaios foram reunidos por um de seus discípulos franceses, Abdallâh Redda[5]. Às grandes teorias intelectuais, ele preferia o trabalho prático. Como eu me sentia muito orgulhoso ao enumerar-lhe os livros de espiritualidade que já ha-

---

[3] Plural de *faqīr* 'pobre', 'indigente' para Deus e, consequentemente, 'discípulo'.
[4] Sob o título *Ar-Raudat as-Sanniyyah* (Mostaganem, 1936).
[5] Sob o título '*Jesus, alma de Deus*', (Plaza, Oran, 1958).

via lido, ele me disse, um dia: "Fale-me agora, meu irmão, dos que você não leu!..." Ao ensinamento escrito, ele preferia o oral, como todo homem de tradição, para quem, mais que os escritos, as palavras pronunciadas permanecem mais indubitavelmente gravadas na memória do que no mármore. Exprimia-se por frases curtas, pontilhadas por longos silêncios, modeladas por gestos vagos. Palavras concretas e plenas de imagens, graciosas parábolas, *modaqara*[6] de aparente ingenuidade. "Deus, diz-se em islâmico, não sente vergonha de tomar como símbolo sequer uma mosca."

Pessoalmente, coloquei poucas questões ao xeque Adda Bentounès, talvez porque apenas a presença do sábio respondesse a muitas delas. Apenas escrevi em *Carnets* as notas fragmentadas dos ensinamentos que ele dava no pátio da *zāwiyah* durante as belas tardes de sua última primavera. São as palavras que vamos ler a seguir. Que sejam lidas com o respeito que senti ao transcrevê-las.

Jean Biès: Xeque, o que é sufismo?

Xeque Adda: Quando alguém perguntava a Abu Saïd ibn Khaïr (que Deus esteja contente com ele!), o que era o sufismo, ele dizia: "O que você tem na cabeça, abandone-o, o que você possui, dê, daquilo que lhe aconteça, não fuja". É minha resposta à sua pergunta, meu irmão. É no abandono, no sacrifício, na submissão que o sufismo se apóia, que está a vontade de Deus.

As 'pessoas de Conhecimento' não são os sábios. Elas não falam das coisas de Deus, elas são um com Deus. Aquele que diz: "Eu conheço Deus, sou um sufi", não está

---

[6] Historinhas, anedotas com significado espiritual.

instruído das coisas de Deus. Por acaso o perfume diz: "Eu sou o perfume"?... Ele perfuma. Dizer-se sábio ou sufi, é colocar-se na frente de Deus. E é ser dois. Ao passo que Deus é Um. Aquele que conhece nada pode dizer: não existe por si próprio. Então, se o sufi fala, não pode dizer: "Eu sou". Ou se ele disser "Eu sou", é Deus quem fala nele. Ou, se você preferir, a língua do sufi é a língua de Deus, seus olhos, os olhos de Deus, sua boca, a boca de Deus... Como ele poderia dizer: 'Eu sou', quando somente Deus é?... Seria como se a senhora Neve dissesse: "Eu, a neve, sou sufi, tenho o conhecimento da água, eu vou falar dela..." Espere um pouco, neve! Espere que o calor do sol a acaricie!... Veremos, realmente, sendo sábia da água, como continuará sendo a neve. Veremos, realmente, como fará a pobre neve para nos falar da água, quando já não houver neve e apenas houver água!...

– No decorrer de uma viagem ao Sul, um *moqaddem* de nossa confraria foi apresentado a um sábio. Um de seus amigos o viu e disse ao sábio: "Eis o *moqaddem* chegando. Ele não é um homem da vida do mundo e, aliás, não o deseja." O sábio ironizou: "Não seria a vida do mundo que não o quer?..." Nosso *moqaddem* escutou essas palavras.

"É verdade, meu irmão, disse. A vida do mundo já não me deseja, na verdade ela deseja você. Nada temos em comum. Em nenhum lugar estou em casa, apenas estou sempre de passagem entre os *foqāra*, nossos amigos. Mas você, em toda parte, você está em sua casa... Não estou mais nem mesmo em mim próprio, estou em Deus, e vou para Deus. Nada tenho a oferecer à vida deste mundo e Shaïtān não corre o risco de dar sua filha a um genro de minha espécie. Shaïtān com Shaïtān, meu irmão, as almas brancas com as almas brancas..."

Eis a história do sábio e do *moqaddem*. As almas

brancas, meus filhos, são pouco numerosas, comparando com os sábios que habitam a vida deste mundo. Mais vale mais um punhado de abelhas do que uma bolsa de moscas.

– Um dia, meu inspirado mestre, xeque al-Alawī (que Deus acolha sua alma!) escutou um discípulo dizendo a Deus: "Sobre Ti o louvor, porque Tu não me fizeste rico! Sobre Ti o louvor, porque Tu não me fizeste nem nobre nem instruído! – Por que você reza assim? perguntou o xeque. – Agradeço a Deus do fundo de meu coração. Se Ele me tivesse dado a riqueza, eu não O teria conhecido. Se Ele me tivesse dado a nobreza, eu não teria podido submeter-me a Ele. Se Ele me tivesse dado o saber, nunca teria recebido a ciência do coração."

Quando eu chegar diante de Deus, meu irmão, passarei por um momento difícil, mas na graça de Deus!

J.B.: Deus o receberá com honra, Sidi!

X.A.: Suavemente, meu irmão, suavemente!... Porque Ele me dirá: "Você não se envergonha, Si Hājj Adda, de apresentar-se diante de mim com aquelas pessoas?... Veja os santos e os profetas: eles vieram com os puros, com os homens de espírito e de qualidade. Mas você, você vem com um bando de bêbados, de ladrões e de mulheres más. Poderíamos dizer que você escolheu o lixo da terra."

J.B.: O que você vai responder, Sidi Xeque?

X.A.: Se Ele me der forças, meu irmão, eu direi: Oh meu Deus, tomei aqueles que restaram, os esquecidos e os perdidos. Você os mandou para que eu os reconduzisse para Seu caminho, eu os apresento a Você tal como são. Se Você quiser colocá-los no Paraíso, Você é o Todo Poderoso, o Sábio. Se Você quiser colocá-los no Inferno-Jahim, Você é o Todo Poderoso, o Sábio. Mas no Paraíso ou no Inferno-Jahim, oh Deus, eu Lhe suplico, coloque-me com eles, porque os amo.

J.B.: Veremos Deus no outro mundo?

X.A.: Como você deseja ver Deus no outro mundo se não O vê em primeiro lugar aqui?... Você apenas corre o risco de não reconhecê-Lo.

J.B.: Xeque, o que você acha do mundo atual?

X.A.: Hoje também é tempo de Deus, meu irmão.

J.B.: O Profeta (sobre ele a salvação!) disse que todo muçulmano deve dar esmolas. Mas como, se ele nada possui?

X.A.: Que trabalhe com suas mãos, meu irmão, para suprir suas necessidades e para dar esmolas!

J.B.: E se não puder trabalhar?

X.A.: Que ele mande fazer o bem! E se ele não o ordenar, que se abstenha de fazer o mal! É o que equivalerá a dar esmolas... Vejam, meus irmãos, o Amigo de Deus sempre pode amar a Deus. Existe o seguinte *hadīth*[7]: "Se Meu adorador aproximar-se um palmo de Mim, Eu Me aproximarei dele cinquenta centímetros, se

[7] *Hadīth*: palavra inspirada do Profeta, transmitida fora do Corão.

ele vier a pé, Eu virei a galope."

– Disse um sufi: "Procurei Deus em todas as portas, mas, em cada uma encontrei uma multidão indescritível. Vendo a porta da oração, nunca teria imaginado que existissem tantas pessoas orando. Na porta da esmola, quantos homens caridosos! E quantos peregrinos na porta da peregrinação!... Pensei que nunca entraria na casa de Deus. Quando meu coração me disse: 'Vá, então, ver a porta da humildade!' *Bismillāh*! Entrei imediatamente!..." Perdão, meu irmão, mas gosto muito da porta diante da qual não preciso esperar. Se você for humilde, Deus o será mais que você, e poderemos falar com o mais humilde possível.

Um dia, a senhora Abelha recebeu a visita da senhora Vespa. "Bom dia, prima, disse a Vespa. Gostaria de aprender seu ofício, em vez de continuar ociosa. – Com prazer, minha amiga, observe com atenção." Ela mostrou-lhe como construir as prateleiras e colocá-las. Logo, porém, a Abelha deixou de ver a Vespa. Foi em busca de notícias. Encontrou-a transpirando e ocupada, fazendo muito barulho e poeira. "Desculpe-me, minha irmã, estou trabalhando como louca... – O que está fazendo?... Ora, com efeito! O trabalho que me ensinou!" Voando, as duas foram visitar a colméia. "Não está bom? disse a Vespa, toda orgulhosa, mostrando as prateleiras. – Está muito bom, disse a Abelha, mas *falta o mel.*"

– Por que o mar é tão grande? Maior que as montanhas e os continentes?... Porque ele é mais baixo que todas as montanhas e todos os continentes. E porque sempre fazendo-se mais baixo, aceita nele tudo o que se lhe apresenta. O grande rio, ele o recebe e torna sensato; os esgotos da cidade, deles faz o azul puro...

– Temos, em nosso alfabeto, uma letra completamente defeituosa, o *chīn*. Além de ser defeituosa, *chīn* quer dizer 'desprezível'... Mas, com todo o seu defeito, todo o seu desprezo, se quisermos escrever 'nobreza' – *charaf* – precisamos apelar para a letra *chīn*. Se tivéssemos rejeitado o *chīn*, nunca poderíamos escrever 'nobreza'.

– Alá! Vamos mudar de lugar, meus amigos! Estamos impedindo os *foqāra* de passar e os ladrões de roubar.

Na outra extremidade do pátio, perto da plantação de sêmola, um faqir estava escondido, carregando dois cestos que acabara de roubar.

J.B.: Por que, Xeque, você lhe deixou a passagem livre?

X.A.: Tive vergonha por ele, meu irmão, se ele visse que eu o tinha visto. Ele sentiria doer o coração.

J.B.: Mas então, Sidi, você ajuda o ladrão?

X.A.: Eu impeço o ladrão de roubar. Se o reprovar, ele apenas irá embora e estará perdido para si mesmo e para nós. Se ficar conosco, aprenderá o espírito da confraria, perseguirá os ladrões do mesmo jeito que nós. Não somos comerciantes de sêmola. Se formos corretos diante de Deus, aqueles que vivem conosco se tornarão corretos como nós.

– Um homem veio visitar um irmão em Deus, na montanha. Deus mandou um anjo acompanhá-lo. "Aonde vai, homem? – À aldeia vizinha, onde tenho um irmão em Deus. – Ele lhe fez algum bem para que você se incomode? – Não, eu o amo por Deus. – Sou o enviado de Deus, falou o anjo, para dizer-lhe que Deus o ama como você ama seu irmão."

J.B.: Quando dois irmãos se amam por Deus, não há um que Deus prefira?

X.A.: Quando dois irmãos se amam por Deus, o mais amado por Deus, entre os dois, é o que ama mais a seu irmão.

– Se você não perder a razão na adoração, se você não perder a cabeça no coração, nunca poderá aproximar-se do Bem Amado.

– A Face de Deus? É o Amor. Apenas Ele existe, o Amor. Não há um segundo. Fora do Amor, nada existe.

J.B.: Xeque, gostaria de saber uma coisa que somente você poderá responder.

X.A.: Inshā' Alá!

J.B.: O que é um homem de Deus?

X.A.: Um homem de Deus, meu irmão, é aquele que, segundo a palavra do Profeta (sobre ele a salvação e a paz!) "cultiva este mundo como se fosse viver nele para sempre e cultiva o outro mundo como se fosse morrer em seguida". O que faz um homem de Deus, é amar a Deus... Você conhece a história de Mejnūn?... Leïla, sua noiva, o havia traído nos braços de um príncipe de longe. Desesperado, magro, o pobre pastor foi à sua procura pelo mundo. Em sua alucinação, acreditava vê-la em todas as coisas, em todas as coisas a adorava. Perguntava às flores: "Leïla está com vocês?" Às gazelas: "Leïla é sua irmã?..." Era chamado o *louco de Leïla.* E quando lhe diziam "Você acha que vai encontrar uma pérola na poeira?", Mejnūn, que peneirava a areia, respondia gemendo: "Procuro minha Leïla em toda parte a fim de encontrá-la em algum lugar..." E eis que, um dia, o louco de Leïla encontrou Leïla! Esta, reconhecendo-o, disse: "Com que olhos você me vê, Mejnūn? – Com os olhos de minha noiva, respondeu Mejnūn. – Como você veio, vestido assim? – A roupa que trago é a de minha bem-amada. – Com o que você se alimenta? – Da saliva daquela que amo. – Mas Leïla sou eu, disse Leïla. Acorde!..." Mejnūn não acordou. "Se você é Leïla, disse, eu também sou Leïla. Eu sou você como você é eu..." Ele se transformara em Amor.

J.B.: Xeque, fale da *mahabbah.*

X.A.: A *mahabbah*, meus irmãos, é não mais comer e não mais dormir. É compreender e não mais compreender. É fazer-se contínuas reprovações e é obedecer. É procurar somente o contentamento do Amado. É borbulhar de fervor por Ele. É não poder permanecer sem Ele. É desaparecer Nele. A *mahabbah*, meus irmãos, é contar como pouco, tudo o que for seu e como tudo, tudo o que for de Deus. É substituir os atributos do Amante pelos atributos do Amado. É o servidor que nada pede a seu Senhor e não tem necessidade alguma de pedir-lhe o que quer que seja. A *mahabbah*, meus irmãos, é o que apaga nossas pegadas. É aquilo que não é diminuído pelo desdém, nem aumentado pela complacência. É a angústia que consome e a aflição que não deseja alívio. É a adesão do coração a todas as vontades de Deus. É o temor de abandonar a veneração por Deus. É a emanação da brisa de Deus e o perfume de sua proximidade. É um sabor muito suave e uma estupefação terrível. É o braseiro da consciência que queima tudo o que não for o desejo do Amado. É uma loucura quando começa, é uma morte quando acaba. É o rasgar dos véus e a revelação dos segredos...

Em nossas xícaras, o café esfriara e, boquiabertos diante do xeque, havíamos esquecido de acariciar entre os dedos o pêlo macio do tapete... Esta noite, será que o vento agita imperceptivelmente as pequenas lamparinas do teto? Quando Summūn, o Amoroso, falava do Amor divino, as lamparinas da mesquita balançavam assim, antes de se quebrar.

J.B.: Encontro uma ligação forte entre as tradições, no fato de que cada uma pratica a repetição de um Nome divino, como a *oração do coração* dos hesicastas, os *japa-yoga* dos hindus, o *dhikr* dos sufis.

X.A.: O Nome divino, revelado pelo próprio Deus, implica numa Presença divina que se torna operante quando o Nome se apossa daquele que o invoca. A união ao Nome divino provoca a união com Deus. É o que dizem essas religiões... Para nós, a menção de Deus é a quintaessência da prece. "Lembre-se de Mim, diz o Corão, e Eu Me lembrarei de você" *adhkurūnī adhkurkum*. "Este mundo é amaldiçoado, disse o Profeta (que Deus o cubra com Suas bênçãos!), exceto a lembrança de Deus."

J.B.: O que é o caminho de Deus?

X.A.: O caminho de Deus é o caminho de espinhos.

J.B.: Como assim, Xeque?

X.A.: Não receio dizer, meu irmão. Veja a vida de todos os eleitos: Seyidnā Ibrahīm (Senhor Abraão), lançado ao fogo, Seyidnā Mūsa (Senhor Moisés) condenado pelo faraó. Sobre a cabeça de Seyidnā Aïssā (Senhor Jesus), espinhos do caminho de Deus. Os maxilares de Maomé foram quebrados a pedradas. (Sobre todos eles a salvação!) E todos os outros amigos de Deus, os companheiros, os apóstolos... (Que Deus os acolha e os santifique!) Perto de nós, quantos mártires por terem dito a Verdade!... Para chegar a Deus, meu irmão, é preciso passar pela 'Moita do Limite', *o Sīdrat al-Muntahā*.[8]

J.B.: O que vem a ser a *Sīdrat?*

X.A.: Fiquei muito tempo sem experimentar o que fosse. Mas, uma vez, nosso venerável xeque (que Deus santifique seu espírito!) levou-nos todos à fazenda de Relizane para cortar as *sīdrat*. São jujubeiras selvagens, que produzem frutos amargos entre os espinhos. Durante todo o dia cortamos *sīdrats*, entrando na mata de corte. Quando um vento violento começou a sacudi-las, antes do meio dia ficamos com nossas roupas rasgadas, nossas mãos e rostos arranhados. À noite, estávamos ensanguentados. Vendo-nos de longe, o xeque disse, rindo: "Seria simples demais, meus filhos, se a Árvore do Limite oferecesse somente flores e

[8] NT: A Sīdrat al-Muntahā, Sidra é uma árvore do Paraíso, e Muntaha significa ponto de chegada. Ela está situada à direita do trono de Deus e é o ponto mais próximo de Deus que a criatura pode alcançar. É o ponto mais alto do conhecimento místico. (Corão, LIII, 14-16.)

frutos! Deus ama aqueles que se arranham para passar. O caminho de Deus é o caminho de espinhos."

– O discípulo é como uma estrela sobre um tapete de lã. Estrela brilhante, ele está ligado a seu nome brilhante, a sua brilhante forma de estrela. Mas, antes de ser uma estrela, ele se esqueceu de que era lã. Então, para fazê-lo entender o que ele é, é preciso que o mestre, fio a fio, desfie todo o tapete; e assim, ele faz o *faqīr* experimentar que ele é a lã, antes de ser uma estrela brilhante. Desfiar o tapete, é desfiar também a pobre estrelinha. E é isso que dói.

J.B.: Xeque, poderia nos falar dos profetas?

X.A.: Os profetas são os enviados de Deus, portadores de uma lei sagrada. Cada um deles veio colocar o amor divino em nossos corações, conduzir os homens em direção ao Senhor único... Este criou para nós Seyidnā Aïssā e Seyidnā Maomé. Não aceitar um ou outro, é como não aceitar a direita ou a esquerda de Deus.

– O véu do sol é seu próprio brilho. O brilho do sol não é o sol; Seyidnā Mūsa, Seyidnā Aïssā, Seyidnā Maomé (sobre eles a salvação e a paz!) são resplandecentes pelo brilho do sol, porém não são o sol. Os sufis não esquecem que é preciso alcançar o sol. Seguindo os enviados, conhecemos o caminho da aproximação; mas ainda resta muito caminho a percorrer.

– Um dia, vi trabalhadores utilizando uma lança munida de uma chama elétrica. Soldavam trilhos. Da ponta da lança saía uma chama azul; mas, em contato com o metal, a chama ficava vermelha. O azul é a força da chama, a alma de Deus; o vermelho é a mesma força em contato com a matéria; é a alma dentro de nós. Contudo, no mesmo momento em que a chama passa do azul para o vermelho, há um lugar em que ela é azul e vermelha. Continua sendo a mesma chama; mas ela une o espírito e a matéria. Tal é o lugar dos Amigos de Deus.

– Se os Europeus encontrassem alguém que lhes explicasse o que é o Islã, constatariam, com grande surpresa, que a diferença entre cristãos e muçulmanos é tão pequena que nem vale a pena mencioná-la... Não peço que o cristão vire muçulmano, nem o muçulmano, cristão; é algo de Deus. Peço ao cristão para ir a fundo em seu cristianismo e ao muçulmano a fundo em seu islamismo. E lá, eles se encontrarão.

J.B.: Mas, Xeque, os muçulmanos não acreditam que Jesus seja o Filho de Deus.

X.A.: Para os muçulmanos, Jesus não é o Filho de Deus, ele é a Alma de Deus, ou seja a Verdade, e talvez bem mais... Um espelho não é o ser que nele se olha. Nós não podemos dizer que um esteja encarnado no outro. E, muito menos, significa que um esteja fundido no outro... Perdão, meu irmão, somente Maomé anuncia que Jesus é o Profeta que voltará nos últimos tempos. O Corão o glorifica, e diz que Maryam (Maria) será a primeira a entrar no Paraíso.

J.B.: O muçulmano não acredita que Jesus tenha sido crucificado, mas que tenha sido elevado até Deus.

X.A.: Você vê, meu irmão, este copo de chá e este açúcar? Deus agiu como se o chá dissesse ao açúcar: "Sou eu que o fez sofrer a morte e sou eu que o elevo a mim." O copo de chá se aproxima do açúcar, o açúcar se dilui no chá... Será que o açúcar deixou de existir? Ele está no chá, ele é o chá.

– Se o mundo europeu seguisse o Senhor Jesus (salvação e paz para ele!), destruiria seus governos, jogaria fora todas as suas riquezas e renunciaria à desprezível vida materialista que vive. Mas, não existe um único homem no mundo europeu que siga o Senhor Jesus (sobre ele a salvação de Deus e sua Graça!). Pois o caminho de Jesus é a destruição de toda a vida deste mundo de matéria, é a luz divina sobre luz divina. Ao passo que o mundo europeu é o mundo dos adormecidos da coisa de Deus.

– Se os cristãos, meu irmão, soubessem do amor de meu coração por Jesus, viriam beijar meu sopro!

– *La ilāha ill-Allāh!* "Não há Deus senão Deus!" Toda a doutrina está contida nessa afirmação da Unidade divina – *al-Ahadiyah*. Deus é diferente de tudo, nada se pode comparar a Ele. A Unidade é sua Essência, além de qualquer definição. Tudo que não seja Ele não tem existência. Ele é o Primeiro e o Último, o Exterior e o Interior. Outro que não seja Ele não existe; este Outro ainda é Ele.

(Alguns dias antes de sua morte)

– Meus filhos, eu lhes dei tudo o que aproxima de Deus, todos os segredos, exceto o maior, aquele que agrada a Deus e conduz a Ele. É a generosidade de dar sempre; não dar esmolas, mas dar, dar sempre às criaturas de Deus, por Deus. Cuidar de seus irmãos para que nunca lhes falte nada. Até mesmo apenas salvar um pássaro... Eis o último segredo, meus filhos, o mais precioso de todos e que havia guardado para vocês até este momento. A base do ensinamento é o Amor. Amem seus irmãos, amem os guias que Deus lhes enviou, amem os pobres, amem todas as criaturas de Deus, amem a Deus!...

– Um homem perguntou ao Profeta qual era a melhor ação. O Profeta respondeu: "Deixar sua língua sempre úmida pela lembrança de Deus..." Como dizia o xeque al-Alawī (que seu pensamento secreto seja santificado!), a repetição do Nome permite ao adorador "saturar todos os seus instantes com a consciência da grandeza de Deus (que Ele seja exaltado!)".

Atrás da cortinas de eucaliptos, o crepúsculo tremulava. Aragens subiam do mar.

As mãos elevadas para o céu, o xeque Adda pede ao Altíssimo que faça viver, em nossos corações, o amor desses instantes abençoados. As mãos se estendem, os corações se abrem. Nessa língua árabe que, dizia Massignon, "coagula e condensa com um endurecimento metálico e às vezes uma refulgência de cristal", o xeque canta versos. Sua voz sobe dentro da noite; as lágrimas umedecem os olhos, cintilam sobre as barbas; as lágrimas da fraternidade.

Por afeição a mim, Tu me fazes subsistir,
E, por excesso de amor por Ti, espero que me anules.
Como se eu estivesse sob o céu em penumbra e ensolarado ao mesmo tempo,
Apareço através de Tua luz e através dela desapareço.
Quem me vê pela manhã, crê em minha existência,
E quem mais tarde me vê, envolve-me em minha mortalha.

LANZA DEL VASTO

Um Gandhi cristão

Lança consagrada à imensa aventura,
Homem a cavalo pelos caminhos de Deus,
Armado de amor e de lealdade.
O deserto gira em volta dessa peça central.

Inédito

A entrevista seguinte ocorreu em 1978, na casa de Lanza del Vasto, Borie Noble, em Roquerredonde, e na Arca, perto de Nogaret. Lanza del Vasto morreu em 1985, em Lalonguera, Espanha.

Lanza del Vasto... O mais belo nome de poeta que se possa imaginar, para o qual confluem linhagens muitas vezes principescas. Lanza, o marquês e trovador provençal, avô de Manfredo, rei da Sicília e de Nápoles, a quem Dante faz falar em seu *Purgatório*: "Horríveis foram meus pecados, mas a infinita Bondade tem braços suficientemente grandes para acolher tudo o que neles se refugiar..." Vasto, uma das províncias fronteiriças da Itália do norte, que Aleran de Montferrat havia conquistado aos Mouros em 933. Mais tarde suplantado por Lanza – ou Lancia –, Vasto é o primeiro nome da família que, no final da Idade Média, se estabeleceu na Sicília.

Infâncias de um pensamento

Guiseppe-Giovanni Lanza di Trabia Branciforte nasceu em 1901, no dia de São Miguel, em San Vito dei Normanni, nas Pouilles de Murgie, de pai siciliano, dom Luigi, que dilapidou, longe de casa, uma fortuna que não possuía e de mãe flamenga, Anne-Marie Nauts Oedenken. Muito cedo, a criança, que fora banhada em uma bacia de vinho novo desde o nascimento, verá Brindes e Anvers, Londres e Salermo, Roma e Paris. Com os irmãos, Lorenzo e Ângelo, aprende italiano, inglês e francês, música, dança e equitação.

Durante estudos bastante medíocres no liceu Condorcet – ele dirá mais tarde: "Percebia que tudo o que queria saber, não me queriam dizer" –, Joseph-Jean descobre a poesia através de Dante, Racine, Heredia.

Com eles aprende "a arte de tornar mais concisas as tramas de sílabas" que são os versos. Uma primeira descoberta filosófica, a *Ética* de Spinoza, uma primeira experiência da solidão em Escoville, na Normandia. Ei-lo, em seguida, em Florença. Desfruta o ar da Toscana, suas paisagens, sua arquitetura, seu linguajar. A estupidez humana o surpreende no espetáculo dos distúrbios civis em 1920. Continua, por cinco anos, seus estudos universitários em Pisa: período importante para sua formação intelectual. Suas leituras escolásticas orientam-no para o catolicismo. A frase de seu antepassado, são Tomás de Aquino: "Deus é uma Relação; no entanto, uma Relação não relativa, pois que imutável", foi objeto de meditação suficiente para ocupá-lo por toda vida. Dedicou sua tese de doutorado à *Trindade espiritual*, trabalho que não parou de retocar e ao qual somente em 1970 dá versão definitiva.

Itinerários espirituais

Tal como Pascal, fazendo o ensaio da *vida mundana*, dos divertimentos e da companhia das mulheres, antes da inelutável conversão, Lanza del Vasto frequentou a sociedade elegante de Berlim, de Paris... Exerceu inúmeras profissões, ensinou latim, desenhou retratos, esculpiu em madeira e em marfim, misturou-se aos estivadores dos Halles. Até o dia do grande questionamento, que fez com que rompesse, definitivamente, com o jugo da carne. Depois de ter andado a esmo, descalço, pelos Abruzzos e pela Tessália, atravessado regiões em guerra, aprendido línguas, lendas, costumes, em 22 de dezembro de 1936, Lanza del Vasto embarcou para a Índia. Lá permaneceu por dezoito meses. Em janeiro de 1937, foi decisivo seu encontro com Gandhi, em Wardha. Recebeu, do Mahātmā, o nome de Shantidās, *Servidor de paz*, e, ao fim de sua estada com ele, decidiu fundar, no Ocidente, uma ordem não violenta.

1938: percorreu Rodes, a Grécia, a Turquia, a Terra Santa; no ano seguinte, no monte Athos, assistiu à Páscoa ortodoxa. Teve, pouco depois, a oportunidade de encontrar escritores-filósofos como Simone Weil, René Daumal, Pierre Emmanuel, santos como o padre Pio e Marthe Robin... Porém, começou a guerra. Redigiu, a partir das cartas enviadas da Índia a sua mãe e a seu amigo Luc Dietrich, *Le Pèlerinage aux sources* (Peregrinação às origens), publicado em 1943 e que alcançou enorme sucesso: duzentos mil exemplares esgotados em poucas semanas. Esse, também, foi o período em que se delinearam as bases da *Ordem laboriosa*. Shantidās fundou em Paris, na rue Saint-Paul, oficinas de tecelagem e outras de escultura na elevação de Sainte-Geneviève; reuniu os primeiros discípulos aos quais dedicou seus comentários sobre o Evangelho.

A construção da Arca

Em 1948, casou-se com a jovem *com olhos de borboleta da noite*, que havia encontrado em Marselha no início da guerra. Apelidou-a *Chanterelle*, por causa da voz cristalina e sobre ela declarou: "Amo-a mais que a minha solidão". Juntos descobriram as maravilhas do gregoriano, os tesouros dos trovadores e fundaram em Tournier, em Charente, a primeira comunidade rural. Nesta, praticavam pesados trabalhos na terra e, também, os rigores da disciplina; fogão a lenha, cantos e festas, fogos de São João. A Arca nasceu e a ela Chanterelle dedicou todas as suas forças, até a morte, em 1975. A Arca pretendia ser um *āshram* cristão, casa de treinamento ascético, onde a existência baseava-se na aplicação de diversos *votos*: trabalho manual, obediência, purificação interior, pobreza, veracidade, não-violência – a *ahimsā* de Gandhi, que consiste em amar a seu próximo como a si mesmo, mesmo que seja seu assassino e a combater, não o inimigo, mas a inimizade que está nele e, de início, principalmente, em nós próprios. Conferências, formação de grupos de amigos e de aliados, marchas e greves de fome de protesto se multiplicam, pouco a pouco, em várias cidades da França; depois em vários países como Marrocos, Suíça, Catalunha, Bélgica.

Shantidās redige em Granada – será esse nome por acaso? – *Les Quatre Fléaux* (Os Quatro Flagelos), livro com pretensões de Apocalipse, que não encontra nenhuma repercussão junto à crítica oficial do momento. Voltou para a Índia em 1954, associou-se à cruzada pacífica de Vinōbā Bhāve para a distribuição de terras aos mais pobres. Em 1963, a Comunidade da Arca, que se havia instalado em Chesnaie, perto de Bollène, em Vaucluse, foi logo expulsa – ironia do destino – pelos trabalhos da usina-barragem de Donzère-Mondragon. Estabeleceu-se em Ceilhes, ao sul de Cévennes, não longe do planalto de Larzac, onde – outra ironia – foi a força armada, depois da força técnica, que ameaçou sua existência.

No entanto, o infatigável peregrino continuou suas viagens para ajudar seus contemporâneos a tomar consciência dos perigos que os ameaçavam e para apressá-los na conversão a um outro estilo de vida, a uma outra mentalidade. Uma terceira viagem à Índia, no mês de fevereiro de 1970, permitiu que ele aquilatasse o recuo do gandismo, mas não desencorajou seus esforços. Fundou novas comunidades, tanto na Europa como no Canadá e na Argentina antes de apagar-se, bruscamente, em 1985, perto de Murcia, na noite da Epifânia.

Profeta calcinado pelas fornalhas do futuro, esse fugitivo dos tempos bíblicos ungido nas fontes do Ganges, esse artesão de uma conciliação entre fé cristã e sabedoria hindu é um dos que, como Rolland e Tagore teriam desejado, lançou uma ponte entre os dois pólos da humanidade. Sua obra, aclamada por alguns, pretende ser uma palavra de alerta; junta-se à dos *tradicionalistas* mais revolucionários que os revolucionários tradicionais. Mas, mesmo se fosse ativa, a não-violência seria uma espécie de corrente de ar onde são sugadas as críticas, as garras ficando de fora. O interessante do duplo aspecto dessa mensagem é eu ter querido encontrar seu autor e testar a base da Arca construída por esse novo Noé.

O homem

Sua casa: a *Borie Noble*, em Roquередonde. Telhado de telhas rosadas, arcos de pedra, escadarias rústicas, muralhas vermelhas. Nos arredores, os planaltos esculpidos pelo vento. Vida patriarcal, monástica. Vida de trabalho e de oração. Os fastos da simplicidade presididos por um príncipe que se transformou em asceta. Seu quarto: uma mesa, uma cadeira rústicas; a janela estreita, sem cortina. Alguns livros. Uma prancha, uma colcha: a cama. E aquele estranho tinteiro alongado, onde a pena mergulha em busca do extrato de nogueira.

Estatura de carvalho, sobrancelhas rebeldes, rugas como linhas retas talhadas a faca; barba branca, cabelos longos e sua testa: vastidão... O conjunto lembra certos retratos de velhos venezianos. Principalmente o azul dos olhos, intenso. Mãos pesadas de ferreiro, de carpinteiro. Grandes pés de peregrino. E sua voz quente e abafada, que ele deixa estagnar, roçando o silêncio... No rosto, as características que a fisiognomonia qualificaria como solares, saturnianos e jupiterianos; a marca das forças vitais, o signo de uma nobreza inata. Ser que conjuga, em si, o pensamento e a ação, ou melhor, cujo pensamento precede, contém a ação; dotado dos dons da arte e da organização prática, da oração e da autoridade.

Casula de tecido grosseiro, capa branca, sandálias; no pescoço, a cruz de madeira trabalhada... Shantidās era alguém a quem a estatura e a atitude permitiam permanecer real sob andrajos. Se existe personagem nele é por força da personalidade: ele é naturalmente teatral e se destaca em qualquer ambiente. Imprimiu seu quotidiano com a igualdade de ânimo que a Índia lhe legou. Seu orgulho? Não tenho certeza se os visitantes não tomaram por orgulho o que, na realidade, é presença de aristocrata, autoridade, economia de linguagem e de movimentos. Uma delicada sensibilidade, uma cortesia de outros tempos. Caridade em seus propósitos. A mesma simplicidade ao lavar sua tijela como ao abrir seus manuscritos, para comentar comigo a escrita romana (as maravilhosas encadernações de couro e madeira incrustadas de marfim!), ou me mostrar seus desenhos, esculturas, bastões de buxo trabalhados com cenas testamentárias. No dia do Julgamento, podemos imaginá-lo colocando, orgulhosamente, um desses bordões na balança e, sob o peso apenas desse gesto, inclina-la a seu favor.

Peregrinação à fonte

Com grandes passadas, levou-me a Nogaret para mostrar-me as oficinas de tecelagem e de fiação, onde ronronava *o exército de máquinas de fiação*. E de lá, 'a fonte'. Entre duas falésias délficas, uma extensa descida nos conduziu através de uma estreita escada de pedra cortada sobre um esporão rochoso, lançado no cerne do vazio vibrante de folhagens. Em nível inferior, uma arcada calcária onde a água brilha em bacias dentro das filifolhas. Lugar selvagem, povoado por pássaros, ninfas... Imaginamos as buscas iniciáticas do Ramo de Ouro em uma natureza selada de encanto[1].

Com facilidade, o ágil octogenário subiu novamente através das árvores cintilantes ao crepúsculo. Seu projeto: construir em volta da fonte uma capela. A água correria pelo pórtico, onde arderia um fogo mantido por guardiões sagrados.

Imaginei, então, nele surpreender um fundo de tristeza desiludida, talvez de cansaço, ou de desapego.

– Você não pode imaginar, disse, tudo de maravilhoso que vi desaparecer ao longo de minha vida: palácios, igrejas, castelos, estátuas, pinturas, até humildes objetos artesanais, inflexões, gestos, maneiras de ser...

Lembrei-lhe que havia reescrito a Bíblia, completamente só e à sua maneira: o Antigo Testamento, com *A Subida das almas* ou *O Homem livre*; o Sautério, com

---

[1] O Ramo de Ouro, garantia de ressurreição e de imortalidade, figura nos mistérios antigos.

O Número das coisas; o Evangelho (apócrifo), com *Judas*; os Atos dos Apóstolos, com *A Peregrinação e Vinoba*; as Epístolas com *Princípios e preceitos;* finalmente o Apocalipse com *Os Quatro Flagelos.* Shantidās sorriu sem manifestar aprovação.

Sob o pórtico da saída nos abraçamos. Trago comigo a impressão de ter vivido na intimidade de um cristão do século XIII e de um homem de boa vontade do século XX. Trago, igualmente, as anotações de nossas conversas, cuja síntese é transcrita a seguir.

Jean Biès: São João Clímaco dizia: "Vou em frente louvando-Te", e este poderia ser seu lema, você que, durante toda a vida, percorreu a Europa e a Índia a pé, cantando Deus, e convidando seu irmão humano a fazer o mesmo: "Cante para não envelhecer". Durante as etapas da peregrinação, escreveu livros, desenhou e esculpiu, transmitiu as palavras, os silêncios de Gandhi e de Vinoba. Sua sabedoria amadureceu sob os sóis do Oriente, antes de nos dar as lições de ascese e de desapego, de pobreza, de abstinência, de amor, de beleza e de verdade: como degraus em direção ao *retorno à evidência*... Mas, não faltam críticas; de início, aquelas que lhe dizem respeito diretamente. Aos olhos de alguns, você criou para si uma personagem de teatro e identificou-se com ela, com seu nome, esplêndido, que parece especialmente criado para você, sua estatura e sua barba de patriarca-profeta, sua elegância principesca envolta em uma vestimenta rústica, até mesmo sua letra. Não haveria, nisto, algo de artificial, que teria surgido a contragosto?

Lanza del Vasto: Querido amigo, aí está um retrato realmente lisonjeiro, bonito demais para ser verdadeiro.

Não seja falso o que disse, mas o que não disse o torna irreal. Nele falta o lado sombrio: meus erros, minhas explosões e minhas faltas. Oh! Gostaria tanto que nada mais houvesse a me reprovar além de minha aparência! Mas as pessoas perdoam mais facilmente um vício escondido do que uma aparência insólita. Artifício, teatro, ficção?... É de meu feitio, como o de todos os civilizados. Todos se barbeiam e se penteiam, dizem bom dia e obrigado, entregam-se a todo tipo de caretas convenientes, submetem-se às obrigações da moral, das leis, da decência. Falam, escrevem, assinam, contam, compram, vendem, mentem e vangloriam-se. E nada existe de natural em tudo isso, pois a natureza humana não é natural. Mas eles não sentem sua pressão e até dela não se apercebem. Cada um interpreta sua personagem, do presidente ao varredor. Recitam dentro de uma comédia e, além disso, uma comédia da qual não são os autores. A personagem é a soma dos artifícios, das convenções, das vaidades que nos habitam até o pescoço... Entre as personagens, existe uma, em algum lugar, que representa algo diferente de uma dignidade, função ou distinção social e não se satisfaz em recitar. Existe alguma coisa a ser dita, uma notícia do mundo do interior para levar aos outros! Essa é uma pessoa, pois *personat*, 'isso-soa-atravessado'. Sua mensagem atravessa e transforma o outro e sua presença é o começo de sua palavra. Mas, para aqueles que não querem ouvir a verdade que ela lhes grita, trata-se de um cabotino.

J.B.: Mais graves são as críticas a respeito de sua obra... Observamos que o sucesso de Gandhi foi considerável junto a seus compatriotas, já que conseguiu expulsar os ingleses sem dar um tiro. O *ahimsa* estava perfeitamente de acordo, durante esse período, com o temperamento hindu. Porém, nada disso se vê entre nós, onde a violência aumenta, instala-se com domínio absoluto. Alegramo-nos ou deploramos que sua influência esteja limitada a alguns grupos, cujos números se mantêm estacionários, e que ela não mude o curso da história. Seus esforços, incansáveis, são desproporcionais em relação aos efeitos obtidos. Digamos, você não é seguido. Sua vida não terá sido a epopéia de uma utopia?

L.d.V.: É verdade. O homem propõe e Deus dispõe. O sucesso está Em Sua Mão, somente n'Ele a glória. Nós somos *operários inúteis*. A única coisa que podemos fazer é dar sinais de boa vontade. É verdade, durante trinta e cinco anos, preguei no deserto, semeei ao vento. Chanterelle dizia: "Será possível que depois de tê-lo ouvido, nenhum homem se levante? Não, eles se vão. Faces acinzentadas, costas curvadas..." É verdade, raros são os que me seguiram. Mas, a dor de não me ver seguido não é nada comparada ao dilaceramento de me ver abandonado por aqueles que juraram seguir-me. E isso ainda me acontece, de tempos em tempos... Em nossas lutas, greves de fome, confrontos de rua, prisões, quantas vitórias conseguimos? A história segue seu curso, que é a história dos crimes e da infelicidade dos homens.

J.B.: Você nunca se sentiu vencido ou decepcionado?...

L.d.V.: No entardecer de minha vida, não me sinto nem vencido nem decepcionado. Quando pensamos que sempre nadei contra a correnteza, nunca fiz nada para agradar ao mundo, tratei seu ídolos a pontapés; já é um surpreendente sucesso estar na vida, rodeado de fiéis, não conhecer nenhum inimigo e mesmo ter milhares de amigos conhecidos e desconhecidos... Minhas vitórias mais lindas, a história as ignora e não as conheço todas; é o trabalho realizado nas almas. Quantas pessoas mudaram de vida porque me escutaram ou leram, ou por terem sido empurradas pela polícia a nosso lado. E que caminho seguiu, na opinião pública e nos corações, o Evangelho da não violência! A palavra não apareceu na imprensa e só foi usada na linguagem a partir de nossas primeiras campanhas. E quem conhecia a ioga antes da saída do *Pèlerinage aux sources* (Peregrinação às origens)? Não colhi (ou melhor, pouco) onde semeei. Mas, algumas colheitas foram feitas onde não semeei, por exemplo na América: Martin Luther King e Chavez!... Deus permitiu que nos rejubilássemos com vitórias e não nos induziu à tentação de nos glorificarmos com elas.

J.B.: Atualmente, mesmo na Índia, os seguidores de Gandhi são raros. Não é uma ironia cruel o fato de o país de Gandhi estar dotado do mais formidável resultado da *ciência do Bem e do Mal*, quero dizer, da bomba atômica? Você vê, aí, o significado de um simbolismo particular?

L.d.V.: Que a Índia, desde que teve a escolha entre as boas armas e as más, tenha escolhido as más, é desolador, mas não deve surpreender. Ninguém é não-violento por natureza. Apenas por meio da conversão é possível tornar-se não-violento. E manter-se assim exige uma disciplina difícil e mestres para ensiná-la. Há, na Índia, uma tradição de não-violência inexistente entre nós. Mas, também, uma tradição de violência, como em todos os povos. Como a nossa, sua história está cheia de guerras e de atrocidades. Acrescentemos que foi entre os mais agressivos que Gandhi encontrou seus melhores adeptos. Não existe fronteira geográfica ou política entre os bons e os perversos. Esta fronteira passa entre os olhos do mesmo homem.

J.B.: Diante dos *Quatro Flagelos* – Guerra, Revoluçao, Miséria e Servidão –, você prega uma volta à atitude interior e, condenando a revolução violenta, você se mostra revolucionário.

L.d.V.: Revolução sem conversão é um buraco n'água. Desarrumamos tudo, matamos, destruímos, queimamos e voltamos ao mesmo ponto, se não mais abaixo. A violência é, como se diz, muito eficaz, mas permite, com mais frequência, um resultado contrário ao que se pretendia. A Revolução francesa deveria trazer a liberdade, a igualdade, a fraternidade e a guilhotina funcionou nesse sentido. Ela levou ao Império que destruiu a Europa e arruinou o país. A Revolução russa deveria instaurar o reinado dos camaradas, a libertação dos trabalhadores, a abolição do Estado, a paz do mundo. Ela levou à ditadura totalitária e centralizadora... Aquilo que é obtido por meio da violência deve ser defendido pela violência e destruído pela violência. Colocar a violência a serviço da justiça, é abrir as portas ao inimigo. A contradição entre fins e meios suprime o valor à causa e pode até invertê-la, para consternação de seus partidários ingênuos e sinceros, transformando-os, às vezes, eles mesmos em monstros criminosos.

J.B.: Toda a sua obra visa mostrar a oposição do justo e do injusto que se excluem e a do interno e do externo que se correspondem.

L.d.V.: O acordo do justo e do injusto é impossível, enquanto nada de bom é possível sem o acordo do interno e do externo. A não-violência é uma força de dentro. É a *força da justiça – satyagrafa* –, e a justiça é o acordo do de fora com o de dentro, condição do acordo com o próximo. A força da não-violência é o peso que ela exerce sobre a consciência do adversário e da necessidade de justiça que está em todos os homens, justos ou injustos. A vitória do não-violento está em virar o coração do adversário. E a 'virada' também pode se chamar *conversão*. *Conversão* e *revolução* são sinônimos de 'virada'.

J.B.: Mas, como converter o próximo se nós mesmos não nos convertermos?

L.d.V.: A revolução bem ordenada começa por si mesma... Você deseja um mundo melhor, mais fraternal, mais justo? Então! Comece a construí-lo; quem o impede? Construa-o em si mesmo e à sua volta, construa-o com aqueles que o querem. Faça-o pequeno e ele crescerá. Mas, se você começar pelo mundo sobre o qual não tem influência, nada se fará... Foi o que fizemos, inicialmente com unidades, depois dezenas, depois centenas. O crescimento continua lento, mas não o apressaremos puxando o galho.

J.B.: Como você define a não-violência militante?

L.d.V.: Como a violação deliberada e proclamada de toda lei injusta. Mas, não matando ninguém, não prejudicando ninguém, aceitando os castigos previstos pela lei. É isso que poderá contribuir para retificar a lei. Forçar o inimigo a duplicar seus golpes, ao invés de devolvê-los. Até que, em seu íntimo, sua consciência comece a oscilar.

J.B.: Confraria dos seguidores de Gandhi do Ocidente, a Arca é uma comunidade pastoral, artesanal e fraterna: uma espécie de *āshram* ocidental. Ela é apresentada como uma solução quase mágica, mas sua concepção de uma vida comunitária repartida em células patriarcais corresponderia, realmente, a um povo tão individualista como o nosso?

L.d.V.: O fundador da Arca era muito mais que um 'individualista': era um solitário e um vagabundo. Ele não tinha nenhuma disposição ou vocação comunitária... A Arca é uma obra de conversão. Ela exige a conversão de todos os que nela entram e ela opera essa conversão.

J.B.: É notório que os sucessores nunca apresentam a envergadura do fundador de uma ordem. Não seria lícito temer, depois de você, cisões sempre possíveis, desvios insensíveis, o aparecimento de elementos estranhos ao verdadeiro espírito da Arca, cuja base é de espírito religioso, mas não, canonicamente, de Igreja? Sua mensagem não foi, já, alterada ou traída?

L.d.V.: Nenhuma doutrina, nenhum grupo humano permanece para sempre protegido de desvios. A mensagem evangélica, quanto sofreu!... E, no entanto, subsiste. Ao lado dos desvios, há as reformas e as correções. Entre nós foi instituído um Capítulo geral a cada sete anos, encarregado de promovê-las.

J.B.: Ao contrário de Rousseau, você acredita no pecado original e duvida que o homem seja bom; mas, como Rousseau, você se retirou do mundo para formar bons selvagens, macerando-se na nostalgia de um passado campestre e paradisíaco, protestando, com grande calma, sua recusa da técnica. O mundo da tecnologia pode ser opressivo, destruidor de almas, automatizante; não poderia, também, ter uma função de alívio e de liberação?

L.d.V.: Se acreditasse nele, não o recusaria nem o condenaria. O mundo da tecnologia esgota os recursos do planeta, leva o homem à servidão. A superabundância dos bens não criou, em parte alguma, uma vida feliz, desenvolvida; ela apenas faz esquecer os fins: por que a riqueza, por que a velocidade, por que o poder? Por que os mísseis interplanetários, as usinas nucleares? Nós o perguntamos e nos perguntamos se temos necessidade deles para o bem do corpo e da alma?

J.B.: Seu antimilitarismo é igualmente conhecido. Você o afirmou, principalmente, por ocasião da guerra da Argélia e a do Vietnã. Obstruir a ação de alguns exércitos não seria fazer o jogo de outros? Se a Europa fosse um dia ocupada, você aconselharia os europeus a nada fazer contra os ocupantes, como o Mahātmā aconselhou os ingleses se fossem invadidos pela Alemanha?

L.d.V.: A não violência é um método de luta e de resistência. Ela nunca consiste em nada fazer. Contra todas as opressões, injustiças, crueldades, é preciso *agir*. Mas *agir de outra forma*... Tínhamos imaginado uma defesa nacional não violenta. Alguns projetos foram publicados. Diante do estado de espírito das multidões e das nações, eles são, por hora, impraticáveis. Não podemos eliminar os exércitos sem ter preparado um outro sistema de defesa. Mas estamos muito longe disso. Enquanto aguardamos, podemos tentar a não-violência em todos os conflitos onde ela possa ser eficaz, demonstrar ao maior número de pessoas possível que ela o é e, assim, persuadi-los a exercê-la. A conversão das nações inteiras é o fim desse longo caminho.

J.B.: Frear a corrida armamentista não é o mesmo que fazer o jogo do inimigo eventual?

L.d.V.: Não. O medo é o principal motivo para se armar, o medo de estar menos armado que o vizinho. Armar-se mais é forçá-lo a aumentar seu armamento. Você não pode convidá-lo a se desarmar com o fuzil apontado para ele. Se você quiser que ele se desarme, deponha, ostensivamente, seu fuzil antes de obrigá-lo a fazer o mesmo gesto.

J.B.: Do ponto de vista psicológico, é de fato possível, ou mesmo sensato, ignorar as forças obscuras que estão em nós, para viver, unicamente, na luz? Antes mesmo de dar as costas a essas forças, não seria melhor explorá-las e, para isso, começar a descer? Não estaria aí o começo desse conhecimento de si mesmo que você julga, com razão, indispensável, sem se referir, forçosamente, a uma regressão freudiana da qual não sairíamos?

L.d.V.: "Quem quer se passar por anjo, deixa o animal aparecer", diz-se. Quem se toma por um anjo, ignorando as forças obscuras que estão dentro de si, é um imbecil. Aquele que vai ao psiquiatra não as ignora.

Ele se sabe doente e sofre. E gostaria de não mais sofrer. Aquele que é são de espírito não deve ignorar que sua doença é o pecado e deveria sofrer mais ainda. Esse sofrimento chama-se arrependimento. E para tratá-lo a cura se chama purificação.

J.B.: Você não tem, entretanto, tendência para negar uma boa parte dos instintos, das pulsões, toda uma metade da realidade profunda? Shiva existe da mesma maneira que Vishnu; a destruição, da mesma maneira que a transparência; e o montante das coisas pode ser misturado, visando novas combinações vencedoras. De Heráclito, segundo o qual a vida é feita de tensões como a corda de um arco esticada, a Konrad Lorenz, que demonstrou a existência de uma agressividade natural no ser humano, tudo parece provar a onipresença e a utilidade de uma certa violência na economia cósmica.

L.d.V.: Bem, a agressividade é necessária, mas deve ser revertida. A não-violência é a cólera convertida. O ódio que se dirige naturalmente para o malvado deve ser direcionado para o mal; a cólera deve transformar-se em uma 'santa cólera'... A indignação está na raiz da não-violência. Os 'doces' das Beatitudes não são *fracos*; eles são os não-violentos ativos, aqueles que sabem 'sofrer perseguição pela justiça'.

J.B.: Gandhi, de quem você é discípulo, acreditava na transmigração das almas. Os cristãos, incluindo você, não acreditam. Que atitude você adota diante desse problema?

L.d.V.: Desde os primeiros séculos, em Alexandria, um dos pólos de um império do qual o outro era a

Índia, os cristãos encontraram essa doutrina. Eles rejeitaram essa visão porque a sentiram incompatível com a da *ressurreição*. Mas, podemos afirmar (ou negar) absolutamente algo a respeito de coisas que nos ultrapassam, coisas expressas em linguagem e imagens que passam por nós?... E, de início, uma observação raramente feita: como as duas doutrinas se opõem, se não estão no mesmo plano?... A ressurreição na luz é, para os cristãos, a salvação e a vida eterna. A reencarnação é, para o hindu, o temível castigo, para quem não está purificado, de permanecer em um lugar de expiação. O que amo nos hindus é a concepção do *carma*: que nossos pecados contêm suas consequências naturais de aflição para nós e para os outros, dentro dos limites desta vida e além dela... Acredito que Deus seja infinitamente bom, que faça cair sua chuva e chover suas graças e sua generosidade sobre os ímpios, como sobre os justos. Portanto, ele não nos castiga. Somos nós que nos infligimos as penas e ninguém pode impedi-lo... O que amo no conceito cristão de ressurreição é a permanência da identidade e do caráter da pessoa. Minha ressurreição – se por mérito e graça ela me ocorrer – somente a desejarei se for minha e se nela me encontrar. Ora, não sou um corpo e muito menos uma alma desprovida de forma. Minha alma é vida e a vida se prova produzindo sua forma.

J.B.: Para os místicos hindus a salvação suprema é perder-se em Deus como uma gota no mar, onde ela se torna o mar... É diferente para o cristão.

L.d.V.: O cristão não pode gozar da união divina se deixar de ser ele. Não gota no oceano, mas nota no concerto. E, entre as diferentes notas que formam o concerto, não há nenhuma que não conserve sua altura e seu timbre... Está bem claro que o "corruptível não herdará a incorruptibilidade", como diz São Paulo, que minha *carne* não é aquela que toco. Não se trata dela, que é pó e retornará ao pó, mas do princípio vivo que deu forma ao corpo carnal e dará forma ao corpo de glória.

J.B.: O que você pensa da evolução da Igreja Romana desde o concílio Vaticano II? O desaparecimento do gregoriano, o uso dos vernáculos, a missa de frente para o povo (e, portanto, de costas para o Oriente), a interpretação social de Jesus, enquanto que, a seu ver, o 'pobre' é o 'pobre para o Espírito'...

L.d.V.: Você sabe que foi em intenção do concílio que fiz minha greve de fome mais longa – quarenta dias –, e minha esposa, com vinte outras mulheres, fez durante dez dias, enquanto os nossos multiplicavam as solicitações e as visitas aos bispos e aos redatores dos textos. E aqui, também, não me sinto nem vencido nem decepcionado. É verdade que as reformas não são todas de meu agrado, que preferiria as missas em latim, ainda que mal pronunciado, e o *Kyrie* gregoriano e os monges com hábito de monges... Mas, em minha juventude, as igrejas estavam vazias ou meio vazias, mesmo aos domingos. Hoje, vejo-as cheias e todos os fiéis levantam-se para a comunhão... É verdade que não gosto do Evangelho acomodado ao tempero marxista; não gostava, também, da aliança do sabre e do aspersório. Mas, diga!... Quantas grandes coisas vimos, inimagináveis em outros tempos! O Papa indo à Índia e exaltando Gandhi; o Papa abraçando o patriarca Atenágoras; o Papa na Terra Santa, procurando a reconciliação com os judeus; o Papa atravessando o oceano para falar da paz nas Nações Unidas... As comissões vaticanas para os não-cristãos... As comissões vaticanas de *Justiça e Paz*... E considere! Dois bispos jejuaram comigo pela primeira vez na história!

J.B.: Todas as épocas acreditaram no fim do mundo e observavam os sinais do alto das colinas da angústia. Você não age da mesma forma e essa obsessão com o Apocalipse não seria um ressurgimento milenarista? Você não favorece a neurose geral, mantendo o ocidental na falta de confiança em si mesmo e em sua lembrança, afundando-o em sua má consciência? E você não se arrisca, assim, a reforçar ideologias que não desejam o bem nem ao Ocidente (que invejam e imitam) nem a você mesmo (enquanto cristão)?

L.d.V.: Meus anúncios da grande catástrofe nada têm de obsessivos ou de neuróticos. Eles são ditados pela simples lógica dos fatos. E como gostaria de estar enganado e que houvesse, no próximo século, homens caçoando de minha profecia!... Estamos sentados em cima de montanhas de bombas. Você acredita que nossa tranquilidade esteja assegurada? Envenenamos, sistematicamente, a água, o ar e a terra. Você acredita que isso pode durar muito tempo? Três quartos dos seres humanos passam fome. Você acha que tudo vai bem?... Não é o temor das pessoas que é alarmante, é sua terrível tranquilidade!

J.B.: Shantidās, quem é você?... Onde deve ser situado? Contestando a sociedade atual, a indústria, o dinheiro, o exército, o poder nuclear, para muitos você parece um homem de esquerda. Vendo, na democracia, o principal suporte da guerra total, condenando a revolução violenta, a prioridade do social, a noção de progresso, o catolicismo modernista, você parece, a outros, um reacionário. Você não é nem um nem outro, e muito menos um meio termo, que seria a síntese tépida dos dois, nem acima da batalha, pois você se engaja fisicamente, nem à margem, se for verdade que num mundo invertido, a periferia corresponderia ao centro. Seria você, em resumo, um cruzamento de paradoxos, no fogo onde os contraditórios se fundem em uma unidade superior e que teria o nome de *Reino dos Céus*?

L.d.V.: Quando me perguntam a qual partido pertenço, respondo, com efeito que sou partidário do Reino dos Céus e como nenhum candidato às eleições se apresenta com esse programa, não sei em quem votar!

JACQUES BROSSE

Viver o zen

... Definir-me?... Somente o poderei após minha morte. Mesmo então!

Por enquanto, – e é muito bom que seja assim – eu me sentiria, antes, indefinido.

Carta ao autor
6 de julho de 1995

A entrevista seguinte ocorreu em Paris, em 21 de julho de 1977. Jacques Brosse elabora atualmente um trabalho sobre Orfeu e o orfismo, em colaboração com Simonne Jacquemard.

As artes marciais, a decoração floral, a pintura a tinta, o *teísmo* e, sobre o oceano da Grande Vacuidade, arquipélagos de milhares de pequenas histórias, deliciosas e desconcertantes: imagens de Epinal do zen-budismo.

Um iniciador: Daisetz Teitaro Suzuki

Lembro-me quando vi, em Gretz, em 1955 , no āshram de Swāmi Siddheswarānanda, o professor de Kiōto, Daisetz Teitaro Suzuki, o primeiro a revelar o zen-budismo ao Ocidente. Um ser magro e diáfano, falando em voz neutra e monótona. Seus longos cílios negros eram penteados como dois anteparos protetores e mantinha os olhos permanentemente fechados, pois a quantidade de mal que lia nos seres humanos lhe causava sofrimento intenso. A sobrinha o guiava através da multidão, como Antígona guiando Édipo.

Lembro-me, também, de que sempre que lhe perguntavam: "Por que estamos nesta terra?" o venerável professor respondia: "Para conhecer a Essência".

Desde então, o zen me interpela: este mundo ao avesso, que é o mundo do lado direito; onde a lâmina da faca equivale ao cabo; onde os silêncios são mais ensurdecedores que as tempestades; onde, para dizer muito, diz-se pouco; onde as respostas às minhas perguntas são minhas perguntas produzindo eco; onde, quando bebo, é o outro que fica bêbado... Mundo ao avesso, mundo do lado direito; onde as montanha são e não são e voltam a ser montanhas; com seu- monges em pé, a noite inteira, debaixo da neve, esperando que dêem a ordem para abrir o mosteiro; golpes de bastão na mais pura tradição da farsa molieresca e rompantes do irracional; injúrias, sarcasmos do mestre, aos quais o discípulo, confuso com tanta cordialidade, replica com reverências furiosas. Tudo isso dentro de um clima de transparência, leveza, dando a estranha impressão de um passeio através de um jardim onde árvores mortas, acariciadas pela sombra do sábio, reflorescem.

"A grande lição do zen, dizia Suzuki, é morrer em todas as nossas maneiras de pensar, de ver e de agir..."

Além das palavras, das imagens, das idéias – ídolos –, mergulhar diretamente em sua natureza original. Destruir os saberes, queimar toda dialética, com seus sistemas de análises e de sínteses combinatórias, que não levam a nada. Simplesmente compreender que não há nada a compreender, que apenas a ignorância faz acreditar em uma separação entre o finito e o infinito.

"O mental, dizia Suzuki, estabelece distinções estéreis a partir de dualidades; ele as confunde com a vida, como aqueles que acreditam que a lua é somente o dedo que aponta para ela..."

A partir do momento em que o mental insinua-se entre o fato concreto e o eu, surge o problema, ou seja a neurose. *Penso, logo sofro.* Aqui jaz toda a ruína do hiperintelectualismo moderno. Daí o sucesso do zen entre nossos contemporâneos. Está na hora de usar a espada de diamante para decapitar o Sr. Teste. Hora de viver *hic et nunc.* "Quando tenho fome, como, quando tenho sono, deito-me", diz o sábio, em sua cabana. (Montaigne em seu castelo: "Quando danço, danço, quando durmo, durmo.")

Zen e zên

É preciso ter a ousadia de saltar para dentro do vazio, ou seja, manter o espírito dentro de uma dimensão impensável do Real.

"Não faça conjecturas sobre o zen, viva-o!..."

É o que faz, entre nós, Jacques Brosse, mergulhado, como nós, no mundo e em suas opacidades. Já muito longe, ainda bem perto. Vivendo o zen – a vida dentro da vida... É curioso que a pronúncia de *viver*, em grego, seja exatamente *zên*.

Viver é ser a verdade. A verdade é o que está além de toda reflexão especulativa, além de qualquer forma e de ausência de forma, além da palavra e da não-palavra. Ela somente pode ser experimentada interiormente; e tal experiência é incomunicável; é o *satori*, o despertar da consciência relativa, empírica, a visão intuitiva, fulgurante, noética, o conhecimento definitivo, irrefutável, a ruptura instantânea de toda limitação individual; a experiência das experiências, que não pode ser negada por aqueles que não a tiveram, porque não a tiveram, e que não pode sê-lo, também, por aqueles que a tiveram, porque eles a tiveram.

Assim, não farei perguntas a Jacques Brosse a respeito da iluminação.

O escritor confidencial

Nascido em Paris, em 21 de agosto de 1922, foi o

quarto de uma família de cinco filhos. Deu seus primeiros passos no Jardin des Plantes, concluiu o ciclo de estudos secundários em um colégio religioso, em Nogent-sur-Marne. Frequentou, por longo tempo, a Universidade: faculdade de direito e de letras (história e filosofia), ciências políticas, línguas orientais; aprendeu chinês. Apesar de sua avidez por conhecimentos, a rigidez, a abstração dos programas o desencorajavam. Sempre ocupado com leituras pessoais, teve pouco sucesso nos exames. Permaneceu, toda a vida, um autodidata. Sua curiosidade levou-o a frequentar os ambientes do ocultismo e da maçonaria teórica, dos quais há vinte anos se afastou.

Em 1943, convocado pelo Serviço do Trabalho Obrigatório (STO) na Alemanha, Jacques Brosse refugiou-se na clandestinidade. Passou pelo movimento de resistência de Gex e atravessou a fronteira suíça. Com residência forçada em Lausanne, beneficiou-se, em seguida, na universidade de Fribourg, de uma bolsa de estudos do governo da Argélia. Voltando à França em fins de 1944, retomou seus estudos sem grande entusiasmo.

Em 1947, visitando os Estados Unidos com um grupo de estudantes, Jacques Brosse decidiu ali ficar. Em Nova Iorque, onde não conseguiu encontrar trabalho, levou, durante longos meses, uma vida precária, enquanto frequentava uma sociedade de artistas e de escritores vindos de todas as fronteiras. Vivendo no campo, foi correspondente na Agência de Radio-difusão e Televisão francesa e trabalhou nas Nações Unidas.

Em 1949, ao voltar à França, também se instalou no campo, com a romancista Simonne Jacquemard, que conhecia desde a idade dos dezenove anos e viria a ser sua esposa[1]. Ambos moraram, sucessivamente, em casas emprestadas, alugadas ou compradas, constituindo, aos poucos, uma reserva natural, onde viveram em contato com muitos animais. Durante dois anos, Jacques Brosse ocupou um cargo na Direção dos Assuntos Culturais do Quai d'Orsay, depois entrou para as edições Robert Laffont, onde foi encarregado da publicação de obras enciclopédicas: *Dictionnaire des oeuvres de tous les temps et de tous les pays* (Dicionário das obras de todos os tempos e de todos os países); *Dictionnaire biographique des auteurs* (Dicionário biográfico dos autores); *Dictionnaire des oeuvres contemporaines* (Dicionário das obras contemporâneas); *Dictionnaire des églises de France, Belgique et Suisse* (Dicionário das igrejas da França, Bélgica e Suíça), em dezessete volumes. Paralelamente, dirigiu, nas edições Fayard, a coleção *Expérience psychique* (Experiência psíquica), que reuniu relatos de vida interior – psicológicos, religiosos ou místicos, do Oriente e do Ocidente –, assim como descrições metódicas sobre os fenômenos extra-sensoriais e documentos sobre o uso de drogas, a *expansão da consciência*. Todas as pesquisas convergiam para um objetivo distante, o da transformação da consciência humana.

Em suas horas de descanso no campo, Jacques Brosse também escreveu para si mesmo. Na verdade, sempre escreveu, mas seus primeiros ensaios, aceitos por Albert Camus para a *Nouvelle Revue Française*, no

---

[1] Simonne Jacquemard publicou mais de trinta obras, entre as quais *Le Veilleur de Wuit* (O Vigilante da Noite) (prêmio Renaudot, 1962), *L'Éruption du Krakatoa* (A Erupção do Kracatoa), *La Thessalienne* (A Tessálica), *Le Mariage Berbère* (O Casamento Bérbere), *Le Jardin d'Hérodote* (O Jardim de Heródoto), assim como ensaios, poemas, encantadoras histórias de animais e contos para crianças.

final não foram publicados em livros. Depois de grande silêncio, dedicou-se à elaboração de um trabalho ambicioso, que lhe parecia interminável, uma *Histoire générale de la conscience* (História geral da consciência) explicada através da evolução biológica e histórica. Durante vários anos, prosseguiu suas pesquisas nos mais diferentes tipos de domínios e escreveu muitos dos seis volumes previstos. A *Histoire de la conscience* nunca foi publicada: Jacques Brosse destruiu-a e também seus manuscritos precedentes. Mas, em contato com a natureza, nasceu um outro livro: *L'Ordre des choses* (A Ordem das coisas).

Ainda que este livro tenha sido prefaciado por Gaston Bachelard, circulou por três anos entre os editores, até que um deles decidiu publicá-lo. *L'Ordre des choses* teve uma excelente repercussão. *L'Éphémére*, espécie de diário da Natureza, ainda é bem recebido. Mas, pouco a pouco, por ocasião da publicação das obras seguintes, os críticos se calaram, provavelmente desconcertados com uma obra em que, a seu ver, faltava unidade. Realmente, sua obra passa do romance fantástico ao ensaio psicanalítico, das pesquisas botânicas a trabalhos lingüísticos. Agraciado pela estima de homens como Jean Cocteau, Henri Michaux, Claude Lévi-Strauss, nem por isso Jacques Brosse deixou de ser um escritor confidencial. Colaborou em vários jornais: *Arts, Le Figaro littéraire,* onde manteve por algum tempo uma seção de crônicas, *Les Nouvelles littéraires,* onde comentava os ensaios que apareciam.

De 1967 a 1969, Jacques Brosse submeteu-se, sob a direção de Gérard Mendel, a uma psicanálise didática, que se seguiu a uma longa auto-análise. Para desembaraçar-se das sequelas da experiência e ir mais longe, Jacques Brosse começou uma série de *mergulhos* sob a ação do ácido lisérgico. Imediatamente depois, partiu para a Índia, onde fez duas longas estadias. Durante dois anos, inventariou o mundo sensorial e psíquico revelado pelo LSD. Com um mestre indiano praticou, em seguida, a *hatha-ioga*. Esta experiência provocou consequências sobre sua saúde, obrigando-o a parar.

Então, Jacques Brosse encontrou o mestre Taisen Deshimaru, que viera trazer a prática do zen para a Europa.[2] Durante muitos anos, Jacques Brosse havia estudado o budismo japonês em livros, enquanto Simonne Jacquemard dedicava-se, há muito tempo, a essa forma de meditação. Por sua vez, sob a direção do mestre Deshimaru, ele se entregou a uma prática intensiva do *zazen* e, em 1975, recebeu a ordenação monástica. A partir de 1979, na qualidade de mestre delegado por Taisen Deshimaru, dirigiu os *sesshin*, períodos de retiros monásticos, acompanhados de conferências quase ininterruptas nos *dojo*[3] que fundou.

Para Jacques Brosse, no zen convergem, e se unificam, dois procedimentos até então separados: a procura do eu mais profundo e a comunhão com a natureza. Uma das atividades dos monges zen, a jardinagem, da qual Jacques Brosse é um adepto fervoroso, levou-o a publicar obras coletivas sobre esse assunto: *Arbres d'Europe occidentale* (Árvores da Europa ocidental); *Arbustes, arbrisseaux et lianes* (Pequenas árvores, arbustos e trepadeiras); *La Magie des plantes* (A Magia das plantas). Pelo menos uma vez por ano, Jacques Brosse fez viagens mais afastadas na qualidade de naturalista que o levaram a percorrer grande parte da África, da

---

[2] Taisen Deshimaru, que foi discípulo de Kodo Sawaki, chegou à França em 1967. Divertia-se lembrando que 'France' escreve-se *Fu Ransu*, o que quer dizer 'terra do Buda'.

[3] Sala reservada à meditação.

Ásia e das duas Américas.

O aventureiro das psiques

Em 1987, a obra abundante e variada de Brosse, reflexo de sua personalidade, recebeu o Grande Prêmio da Literatura da Academia Francesa. O escritor confidencial transformou-se em escritor conhecido, reconhecido, respeitado. O diretor das enormes organizações enciclopédicas duplica-se em um ser de luz: Jacques Brosse se interessa por tudo, é um Diderot que teria dito sim a Deus. Experimentador-verificador de perfeita sinceridade consigo mesmo, foi até o fim da aventura, arriscando, várias vezes, perder a alma. Escritor sutil, hábil em trincar as visões que gritavam em seu interior, esforçando-se para permanecer lúcido sob o assalto dos alucinógenos e relatá-lo em seu desencadeamento. Agrimensor de seus pesadelos e êxtases. O Alan Watts que nos faltava.

Inicialmente, tateou pela psicanálise e pelo psicodelismo. O desaparecimento dos limites; a dança dos objetos e das luminosidades; os movimentos gelatinosos, decompostos em câmara lenta; o ronco das grandes cascatas da energia; o refluxo bilioso das reminiscências; a contagem regressiva da coragem; o terror diante dos processos psíquicos desencadeados sem saber como detê-los. Nesse momento, não se é mais que uma folha morta, reduzida a uma fina renda de nervuras. "Aquele que não consentiu em sua anulação não pode saber o que é a felicidade..." Olhando-se, um dia, em um espelho, ele procura, inutilmente, seu rosto: primeiro véu da ilusão retirado.

Em seguida o caminho, o compromisso definitivo,

daquele do qual teremos muito a falar. O aprendizado do gesto necessário, o estar presente no momento presente, a aquisição da calma que confunde o adversário, o agir sem agir, a arte de deixar a vida ser, ela mesma, vivida em nós e, principalmente, a boa postura, o *zazen* que, sozinho, é todo o zen: "Uma certa maneira de girar os polegares, mas dificultosa, pois devem permanecer perfeitamente imóveis".

Jean Biès: Com rara coragem, você se aventurou pelos continentes interiores e teve a simplicidade de se ver sob os aspectos mais verdadeiros, ainda que menos lisonjeiros. Todo o seu trabalho fala desse cuidado constante com verificações *práticas* e podemos dizer que conseguiu realizar o que um René Daumal, precocemente morto, propunha-se a fazer. Você poderia dizer-nos o que o impulsionou para sua primeira experiência, a experiência onírica?...

Jacques Brosse: O caminho interior sempre exerceu um enorme atrativo sobre mim, desde a introspecção da adolescência. Quando encontrei as doutrinas psicológicas, compreendi que os livros que sobre elas discorrem não poderiam ser bem entendidos se não fossem postos em *prática,* individualmente, – o que se tornou, desde então, minha preocupação constante. Todas as vezes que tinha contato com uma disciplina, tentava praticá-la... Fiz uma psicanálise quase involuntária, no começo, partindo do fato de que Simonne Jacquemard sonhava muito. Ela usava seus sonhos interpretando-os. Eu, nada fazia. Tinha, até, a impressão de sonhar apenas acidentalmente. Estava convencido da presença de censura e tentei provocar o sonho em mim, armar-lhe uma cilada.

J.B.: É o que relata sua *Expérience du rêve* (Experiência do sonho), através da qual se percebe a disciplina que você se impôs.

J. Brosse: Aconteceu-me, durante esse período, colocar despertador para horas diferentes da noite. Rabiscava meus sonhos, tentava fazê-los chegar ao nível da consciência, o que nem sempre conseguia. Surgiu-me, então, um mundo fantástico, o mundo dos sonhos.

J.B.: E você começou a psicanalisá-los.

J. Brosse: De acordo com os métodos que me pareciam os mais rigorosos, os de Freud, durante oito anos... Uma auto-análise perigosa, pois cria tendências obsessivas. Ela induz a uma interpretação de tudo – é enlouquecedor!... Precisei passar para o nível da psicanálise didática com um psicanalista... O que fiz, por dois anos. Graças a ele, e a mim (pois o psicanalista é somente um espectador experiente), adquiri conhecimento interior, bastante completo, do mecanismo psicanalítico. O próprio psicanalista fez a interrupção: "Você chegou ao nível que buscava. Não há necessidade de continuar..." Há dez anos trabalhava meu interior...

J.B.: Essa psicanálise lhe reservava descobertas realmente curiosas sobre a sexualidade, sobre seus verdadeiros sentimentos em relação a seus pais, a seus amigos...

J. Brosse: E, acrescentaria, sobre mim mesmo...

J.B.: Há muito tempo você ouvira falar do ácido

lisérgico dietilamida, o LSD?

J. Brosse: Eu havia explorado os 'problemas' de um jovem escritor, muito perturbado, a quem dava conselhos psicanalíticos. O ponto de partida de seus distúrbios havia sido a ingestão, aos dezesseis anos, de LSD: um choque terrível; ele não havia sido prevenido da peça que lhe estavam pregando... Com minha ajuda, considerando-se 'liberto', em parte, de sua 'obsessão', ele disse que gostaria de tomar o LSD comigo, para ver... Foi, pois, bem acidentalmente que abordei essa nova aventura. Mas, é claro, desde que havia ouvido falar dos efeitos desse produto, estava só esperando uma oportunidade para experimentá-lo.

J.B.: Foi a aventura que contou no *Mahabalipuram*: o relato iniciático, em estilo adaptado aos homens do presente, de uma descida aos infernos e de uma subida, onde as viagens exteriores são apenas cenários. Você experimentou, assim, sensações estranhas como o aumento do corpo, o desabamento das resistências, a queda livre no vazio das imagens... Não sentiu medo da força do tabu?

J. Brosse: A droga transformou-se em tabu em consequência de um instinto de defesa da sociedade... Observe, também, que o LSD pode, efetivamente, tornar-se uma droga, mas, em si, não se trata de uma. É um instrumento de penetração das estruturas inexploradas do consciente e do inconsciente, de nossas próprias origens psíquicas. Não aprovo seu uso profético, bastante delirante, feito por Thimothy Leary. Mas, o LSD pode prestar serviços momentâneos, com um certo aproveitamento, um certo aprofundamento, uma submersão do consciente pelo inconsciente.

J.B.: O que os alquimistas denominam o "naufrágio no mar dos sábios"... Foi nele que se afogaram Nerval, Rilke, Nietzsche, Van Gogh, Artaud... Talvez, depois de uma obstinação mal colocada e incontrolada.

J. Brosse: Eles não haviam usado o LSD, que não existia nessa época, mas meios de acesso de certo modo bem mais perigosos... Minha curiosidade também era muito grande, muito ansiosa. Porém, de repente, tudo mudou de direção: encontrei-me, de novo, em meu próprio caminho e, pouco a pouco, comecei a considerar tudo aquilo como um jogo divertido, mas que perdera interesse... Havia sido uma experiência muito perigosa, pois acrescentara a psilocibine, o peiote e seus derivados, ao LSD. Fui parar no hospital Sainte-Anne; sem dúvida havia ido um pouco longe demais em minha procura – o que me valeu, aliás, um testemunho de satisfação de Henri Michaux: "Você pode falar a esse respeito, pagou para isso."

J.B.: Muito curiosamente, o LSD o levou à Índia...

J. Brosse: Sim, uma Índia que, até então, detestava... Ela representava, para mim, um mundo completamente estranho, obscuro e monstruoso, medonho, que me incomodava... Desde a adolescência, havia orientado minhas pesquisas para seu oposto, a China. Subitamente, com a experiência do LSD, foi a Índia que, com efeito, surgiu como o que eu denominaria, em termos freudianos, *a volta do reprimido.* O que havia negado, detestado, talvez fosse o que mais me atraía... E, para ser coerente, parti para a Índia, onde fiz duas permanências. Não procurei encontrar lá a *espiritualidade*, não fiz *peregrinação*; fui, simplesmente, para lá.

J.B.: Como a Índia lhe pareceu?

J. Brosse: Ela me pareceu como o domínio do *Divino imanente*. Apesar de seus terríveis defeitos, encontrei, em toda parte, a presença permanente do sagrado, em todos os seus atos da vida, na atmosfera, nos perfumes, na vida quotidiana mais ainda que nos templos. A Índia vive, ainda, dentro de uma dimensão sagrada e, talvez, seja o único país nessa situação, apesar do que pretenderam fazer ao ocidentalizá-la. No momento atual, apenas há alguns lugares, na Terra, onde as pessoas ainda não vivem no domínio profano. A dualidade mental na qual vivemos não existe na Índia.

J.B.: Você viveu em Dambulla, dentro de um templo-caverna, uma experiência bizarra; bastante confusa, parece-me.

J. Brosse: Foi em um mosteiro budista, *Hīnayāna*. Mas não sei exatamente o que aconteceu lá durante aqueles três dias. Havia tomado, antes, muito LSD; não consegui perceber muito bem sua influência sobre mim.

J.B.: Voltando da Índia, você praticou hatha-ioga...

J. Brosse: Em Paris, fui colocado em contato com um Indiano, mestre de ioga. Segui seus cursos durante certo tempo, até o dia em que esse mestre quis iniciar-me. Iniciação que foi extremamente dolorosa. Sofri, no mundo exterior, uma espécie de contrachoque muito estranho; a ele, seguiu-se uma série de perturbações fisiológicas que duraram mais de dois anos. Renunciei ao mantra que me fora dado, rompi as ligações com aquele mestre, continuando, simplesmente, a dedicar-me ao hatha-ioga como disciplina física.

J.B.: Foi, creio, ao fim dessa experiência longa e dolorosa, que você encontrou o *roshi* Taisen Deshimaru.

J. Brosse: Não o procurei, fizeram com que eu o encontrasse. Conhecia o zen, há muito tempo, havia lido as obras de Daisetz Suzuki. Dos livros, precisei, uma vez mais, passar à prática.

O Zen

Expressão direta do budismo mahāyāna, o tch'an *(do sânscrito* dhyāna, *'meditação') foi levado para a China, no século VI, pelo primeiro patriarca, Bodhidharma. O tch'an difundiu-se no Japão com o nome de* zen, *no século XII, por meio do monge* tendaï *Yôsaï, representando a escola Rinzaï, aristocrática herdeira de Lin-Tsi e no século XIII, com Dōgen, representante da escola Soto, mais popular, herdeira de Hsing-seu e de Che-t'eou.*

Filosofia essencialmente prática, o zen pretende ser experiência vivida. Seu objetivo é a libertação interior. Trata-se, com essa finalidade, de reunificar o corpo e o espírito, de adquirir uma visão não-dualista, de recuperar 'a feição de antes do nascimento', em outras palavras, sua 'budeidade', *realizando a sabedoria suprema, intuitiva e imediata* (prajñā), *inseparável da compaixão* (karuna).

A expressão derradeira da obtenção de tal objetivo é a renúncia ao objetivo.

Pobreza, nudez moral, pureza, simplicidade, tais são os aspectos mais exteriores do método. Existem outros. Se o zen conserva a invocação ritual do nome do Buda Shakyāmuni (o nembout-sou), *ele privilegia, no Rinzaï, os meios violentos ou extravagantes, dignos dos Matsou e dos Paï-chang, e a meditação intelectiva dos kōan, palavras absurdas ou enigmáticas, sistematizadas por Hakuin, assim como o* zazen *'com apoio'; no* soto, *o método suave e o* zazen *'sem objetivo nem objeto'; uma e outra escola estão de acordo para conferir, àquele último, o lugar mais determinante. O* zazen *designa a meditação sentado, com respiração abdominal, lenta e profunda ; um estado de recolhimento obtido por meio de um esforço de concentração, de interiorização, de suspensão de todo pensamento: as palavras, a razão discursiva são os piores inimigos do zen. A meditação leva ao 'pensar não-pensado'* (hi-shiryō) *e à vacuidade* (shūnyatā), *estado divino por excelência.*

Rejeição dos conhecimentos, portanto; mas, também, rejeição do carma *pelo agir sem agir, rejeição das projeções e preconceitos, do eu – o qual, aliás, não existe! –, rejeição do desejo, causa primeira de todo sofrimento. Eis o que vem a ser um descondicionamento radical, que chega até a recomendar que se mate o Buda, caso ele apareça, e a não imitar seu mestre, o* roshi.

O resultado dessa conduta abrupta é o satori, *que faz com que todas as construções mentais, imaginárias, desapareçam rapidamente e antecipa o acesso ao* nirvana. *Este não é anulação, assim como a vacuidade não é o nada, mas 'extinção' do desejo, da ilusão e da cegueira, passagem da existência ao ser.*

Obras como as Instruções para o Zazen *e o* Tesouro da Verdadeira Lei, *de Dōgen, a* Narrativa da Transmissão da Luz, *de Keïzan, que havia precedido, na China, o* Sutra do Caminho, *de Houeï-nêng, dão a mais exata descrição do budismo zen, apesar de sua concisão e, talvez, graças a ela.*

O zen manifestou-se nas mais felizes incidências da vida japonesa, particularmente no domínio das artes: o jardim, criado por Muso, o 'caminho das flores', a 'cerimônia do chá', o exercício do sabre, revelado por Takuan, o código de honra dos samurais: o bushidô, de onde se originaram as artes marciais, a caligrafia, o teatro nô; enfim, *o sumiye,* aquarela rápida e o *haï-kai* (Bashô), *poema de dezessete sílabas, tanto um como outro, manifestações da espontaneidade recuperada por meio da concentração e de uma vida derivada do princípio da indeterminação.*

J.B: Se, pessoalmente, você não atingiu o estado de *satori* – o que ninguém jamais saberá – nem por isso deixou de escrever que "esse estado..., sei agora por experiência que ele existe, que podemos atingi-lo, ou melhor, unir-nos a ele, que é o único sublime..."

J. Brosse: Simplesmente reconheço que estava numa fase em que entrevia a possibilidade de que o *satori* pudesse existir. Penso que uma pessoa que haja tomado o LSD em certas condições, pode entrever esse estado, mesmo sendo ele inacessível através do LSD. Como podemos ver a Terra da Lua... A defasagem é tamanha que se chega a ver de algum modo o *satori* do lado de fora; e diz-se, efetivamente, que talvez seja possível atingir esse estado, pois ele existe em si.

J.B.: Não lhe perguntarei o que ele é. Como não o tivemos, não podemos falar sobre ele e se o o tivermos tido, não falaremos sobre ele.

J. Brosse: Exatamente.

J.B.: Você discorre longamente, por outro lado, sobre a necessidade do mestre espiritual.

J. Brosse: Muitos praticam o *zazen* sem mestre, o que é uma pena. No *zen soto* (o que pratico), é o mestre e apenas ele que está apto a saber se você atingiu o *satori*. Com a intuição prodigiosa que possui – ele se comunica sem palavras –, o mestre conhece o estado em que você se encontra. Ele compreende perfeitamente o grau de sua transformação psicofisiológica; sabe em que momento você ultrapassou a fronteira. Você mesmo nada sabe; a única coisa que você consegue é viver nos fantasmas da ilusão. Apenas o mestre pode reconhecer a ultrapassagem da dualidade. Essa confirmação é indispensável e só pode vir dele... Se o mestre não confirmar o *satori* do discípulo, este não tem nenhuma comprovação verdadeira. É indispensável, antes, ter vivido a experiência pessoalmente, para reconhecê-la no outro.

J.B.: Podemos, ainda, perguntar se a questão do mestre espiritual é bem compreendida pelos Ocidentais.

J. Brosse: Alexandra David-Neel deu, em seu livro *L'Inde où j'ai vécu* (A Índia onde vivi), uma pequena informação fantástica sobre os *gurus*. Ela declara que são pessoas como as outras, mas penetradas por algo diferente. O mestre espiritual é o *repouso* de algo sagrado. Ele pode ser beberrão, mendigo... Em certo momento acontece algo *independente* do personagem; é então que ele passa a ser o mestre, a quem devemos respeitar.

J.B.: Na medida em que levamos em conta a decrepitude espiritual do Oriente, como você vê o futuro espiritual do Ocidente? Não estaria este último recolhendo, a bordo, o carregamento do navio *Ásia* a ponto de afundar?...

J. Brosse: Para sintetizar a questão, diria que foi um pouco por causa disso que escolhi o zen... Você sabe que, no século VI, o *tch'an* foi levado pelo príncipe Bodhidharma da Índia para a China. Neste, ele produziu uma brilhante linhagem de magníficos mestres, mas, também deu origem a um extraordinário desenvolvimento da civilização chinesa. O período dos T'ang, que coincide com o apogeu do *tch'an*, teve, em todos os setores, uma inegável magnificência. O *tch'an* entrou em declínio no século XIII, quando os japoneses vieram à sua procura para transplantá-lo no Japão. Dōgen recebeu a transmissão dos últimos grandes mestres chineses. E a civilização japonesa recebeu, dele, um impulso sem precedentes; a vida quotidiana guarda sua marca até os dias atuais. Fui ao Japão e só encontrei as ruínas do zen. Mas Suzuki soube, graças a seus livros, tornar o espírito do zen conhecido na América e na Europa; depois o mestre Deshimaru veio trazer a prática, o *zazen*. No Japão, sem dúvida, o zen está moribundo, mas pode reflorescer como uma nova planta em outro terreno. Foi o que sempre se fez... Aqui, provavelmente, ele dará flores e frutos admiráveis... Estamos numa época de transição.

J.B.: É preciso, entretanto, prever uma certa adaptação das doutrinas orientais que não signifique uma traição.

J. Brosse: Talvez não se possa aceitar essas doutrinas como são. Há aspectos do zen que provavelmente vão desaparecer no Ocidente. Porém, temeria, em particular, uma ocidentalização prematura. Aconteceu com a *hatha-yoga*, que se transformou numa simples ginástica corporal, reembolsada pelo Seguro Social! A ocidentalização deverá ocorrer com naturalidade. Por enquanto, é desejável que se atenha às tradições como são. Não precisamos *pensar* em fabricar um zen, uma ioga ocidental, seria completamente arbitrário. Isso acabará acontecendo... Se não se pretender fazer do zen uma ginástica será mais difícil traí-lo. Trata-se de manter uma postura difícil, dolorosa, de imobilidade. Podemos até dizer que tudo reside na postura. É uma grande oportunidade. Elimina do *dojo* os esnobes, os curiosos. Eles vão ficar com as costas e as pernas tão doloridas que nunca mais os veremos!... O zen não pode ser democratizado, ou melhor, ser sujeito a demagogias...

J.B.: Significa que iniciá-lo sem preparo é perigoso.

J. Brosse: É aconselhável a criação de cursos de iniciação, indicando as precauções a serem tomadas de ordem psíquica e fisiológica, a fim de evitar erros, desconfortos com a saúde... Nossos contemporâneos não se mantêm bem, apresentam mal equilíbrio físico, orgânico, glandular, nervoso. Esses cursos lhes serão de enorme utilidade.

J.B.: O certo é que se os Ocidentais têm recorrido a essas disciplinas é porque sentem sua falta ou as perderam.

J. Brosse: Atualmente, em certos mosteiros beneditinos e dominicanos, a prática do *zazen* é considerada necessária. Os monges, em contato com o Oriente, constataram que não tinham métodos para meditação, que há séculos haviam sido perdidos. Redescobriram que uma determinada postura é indispensável. Passei uma temporada em Pierre-qui-Vire: seus genuflexórios haviam sido eliminados, ficávamos de joelhos, sentados sobre os calcanhares, à moda oriental e essa mudança nos foi vantajosa... Os monges entenderam a importância do corpo, seu emprego correto nos exercícios de interiorização.

J.B.: Algo que o Oriente cristão nunca esqueceu, com as metanias e o hesicasmo.

J. Brosse: Certamente!...

J.B.: Você escreveu: "Conscienciosa e lealmente, tentei ser eu mesmo, coincidir o mais possível comigo mesmo; e, por isso, todas as espécies de tentativas e de excessos, a recusa às limitações da vida, os exageros, demasiado ou bastante sérios, uma busca ininterrupta, cansativa, às vezes escandalosa, quase mórbida, quase maníaca..." Você não corre o risco de ser acusado de narcisista?

J. Brosse: Há, certamente, um gosto obstinado, maníaco talvez, pela introspecção. Porém, o narcisismo não me parece, de modo algum, um termo desonroso. Muito menos agora, talvez, porque tenho uma ótica budista... A psicologia e a metafísica do budismo parecem-me os complementos indispensáveis da psicologia e da metafísica ocidentais... É a necessidade do *gnōthi seauton*, do *conheça-te a ti mesmo*, que me levou para as disciplinas orientais satisfazendo, sem dúvida, uma inclinação prévia dentro de mim. Sabemos que a psicologia indiana e a budista, que data de antes de Cristo, era bem mais avançada que a nossa. O conhecimento do mundo interior sempre foi a *especialidade* dos Orientais, como a nossa é a conquista do mundo exterior, com as consequências que vemos no momento. Ora, no quadro do budismo, esse 'narcisismo' não tem objeto, pois o indivíduo é somente um agregado psicofisiológico provisório. O *eu* não existindo, não pode ser considerado através do Eu intemporal. Não se trata de narcisismo, é algo bem diferente. O zen trouxe-me, justamente, aquilo de que sentia necessidade, ou seja, renunciar à minha personagem temporal, aceitando-a: um modo de vida provisório, delimitado, determinado, mas nada mais.

J.B.: Não podemos nos engajar em tais caminhos sem o concurso de circunstâncias.

J. Brosse: Aceitei as circunstâncias, agarrei-as. A principal condição para avançar é a intrepidez, a ausência de medo do desconhecido.

J.B.: É por isso que consideramos os buscadores espirituais como guerreiros, ou *ārya*, e que falamos da 'grande guerra santa'.

J. Brosse: Pensamos, também, no 'guerreiro' como aquele definido por Don Juan nos livros de Castaneda... É essa grande guerra interior que nos interessa, aquela onde realmente algo pode acontecer.

J.B.: A prática do zen não poderia trazer, entretanto, inúmeros perigos para os Ocidentais, levando em conta, como fez Jung, o atavismo cristão?

J. Brosse: Sim, pode haver perigo, se transportarmos certas atitudes, certas maneiras de pensar nascidas de uma formação cristã e completamente estranhas ao espírito do budismo: a noção de pecado, por exemplo, ou a de uma recompensa ou de um castigo eternos, aplicados por Deus após a morte. Não existe, em princípio, incompatibilidade entre zen e cristianismo. Conheço muitos praticantes do zen que julgam viver mais profundamente seu cristianismo e até o compreendem muito melhor depois que praticaram o *zazen*.

J.B.: E você?

J. Brosse: Penso que, ainda que monge zen, permaneci basicamente cristão e não somente isso, acredito, por força de hábito, mas talvez porque tenha percebido melhor o valor único e universal, senão do ensinamento das Igrejas, pelo menos da própria mensagem de Cristo, daquilo que ele veio trazer aos homens. Por outro lado, reconheço, na filosofia e na metafísica indo-budistas, uma superioridade muito grande em relação à filosofia e à metafísica ocidentais. Estas me parecem baseadas em racionalismos abstratos, separados da vida e, com frequência, simples considerações do espírito, enquanto o pensamento indo-budista está baseado na experiência fundamental da prática da meditação. A concepção budista do homem, da vida, da natureza, em sentido amplo, parece-me infinitamente mais vasta, mais aberta, pois só ela transcende o dualismo onde permanecemos fechados por causa de nosso ego, de nosso antropocentrismo.

J.B.: Você poderia citar as contribuições, os benefícios do zen para você mesmo?

J. Brosse: A prática diária da meditação na postura do *zazen* tornou-se indispensável, para mim, porque senti, muito rapidamente, seus efeitos sobre minha vida diária. Um certo desapego (que nada tem a ver com a indiferença, menos ainda, aliás, com a privação), um certo distanciamento em relação a mim mesmo, uma forma mais objetiva e mais eficaz de encarar as coisas, os acontecimentos, e também as pessoas e, mesmo que seja seu aspecto negativo o primeiro a saltar aos olhos, sempre considerar seu lado positivo e assim tirar melhor proveito. Por fim, e, talvez, principalmente, a aceitação pacífica do eu, do que não pode ser mudado, na medida em que ele é apenas relativo e, em resumo, ilusório.

J.B.: Já que você pratica o *zazen*, gostaria que detalhasse algumas noções obscuras aos profanos. Por exemplo, o que pode ser entendido por *face anterior ao nascimento*?

J. Brosse: Essa é uma noção que não pode ser esclarecida na realidade a não ser pela força da prática, pois se trata de um dos maiores efeitos do *zazen*. Não é uma noção que possa ser imaginada ou pensada, mas algo que acontece espontaneamente, à sua revelia, sem que, de início, você tenha consciência. Algo que surge por si, das profundezas do inconsciente, como se, de repente, você deixasse de ser o amnésico que era antes. E esse algo cuja existência você até então desconhecia, essa presença bem no fundo de você, surge imediatamente como muito mais você, do que você mesmo. Digamos, se preferir, que a face original, a *face anterior ao nascimento*, é aquilo que realmente somos, autenticamente, além das aparências, além das mentiras que dizemos a nós mesmos, sobre nós mesmos. É aquele ser interior que pode olhar o *eu* como se estivesse por fora e dizer *eu*; ele é o ser anterior a todos os condicionamentos, a todas as determinações que constituem nosso eu aparente, nosso eu social; o ser puro de qualquer destino, verdadeira fonte de vida, eterno, verídico, sendo apenas um com o universo inteiro, o Buda que está em todos nós, mas, que somente a meditação pode fazer surgir a nossos olhos. Ele é, realmente, original, anterior a nosso nascimento, ou seja à cegueira do desejo de existir como unidade separada do todo e levando-nos a encarnar. A face anterior ao nascimento é precisamente o *nirvāna*, que não é diferente do *samsāra*, do ciclo interminável das mortes e das existências fenomênicas. O *nirvāna*, que é, simplesmente, aqui e agora, o estado de beatitude na extinção do eu.

J.B.: Porém, por que escolher o budismo, uma doutrina asiática?... Realmente nada temos de equivalente no Ocidente?...

J. Brosse: Para mim, em todo caso, somente o budismo permitiu ultrapassar as insuportáveis contradições do pensamento ocidental, daquele círculo onde ele mesmo se confinou, girando em voltas, esgotando-se, como vemos atualmente. O budismo forneceu a explicação para esse fenômeno: trata-se do jogo do mental. Como a filosofia permanece especulativa, ela não consegue escapar, caindo em sua armadilha. Esta é o dualismo que nos convida a superar o budismo, como também um ramo do hinduísmo, o *Advaïta-Vedānta*, do qual, aliás, procede a filosofia budista. Para mim, não existe, no mundo da filosofia, 'ciência da sabedoria' mais profunda e também mais rigorosamente racional que aquela, por exemplo, de Nāgārjuna. Nunca os Ocidentais foram tão longe, com tanta intrepidez ou clarividência, na análise da condição humana. E isso, porque ela exclui o ego, o puro mental, que é a perpétua oscilação entre o sim e o não, o bem e o mal: porque ela visa diretamente ao centro e nele se estabelece, o que somente pode acontecer na e pela meditação.

J.B.: Há, para encerrarmos, uma noção particularmente importante que você gostaria de transmitir?

J. Brosse: Não tenho mensagens para enviar e será que estamos autorizados a dar conselhos?... Entretanto, se posso fazer uma recomendação aos jovens que buscam, é para evitar a dispersão. Quantos entram com fervor por um caminho, percebem que não lhes é conveniente, engajam-se em outro, retiram-se de novo e misturam tudo, zen, ioga, bioenergética, e não sei que mais!... É muito mais recomendável seguir com constância, com paciência, uma certa disciplina, por um certo tempo, nem que seja como experiência temporária. É preciso experimentá-la durante meses, anos. Caso contrário, somente entramos, fazemos julgamentos sobre tudo, passamos do entusiasmo à depressão, é o fracasso. É preciso entrar por um caminho sabendo de antemão o que ele é. Ir suficientemente longe para verificar se nos convém. Assumir suas responsabilidades. Todos esses borboleteamentos são falta de responsabilidade... Alguns itinerários de pessoas de trinta ou trinta e cinco anos entristecem-me... Os charlatães são perigosos, mas rastreáveis. Os indivíduos confusos o são muito mais: pessoas que fazem sínteses de elementos díspares, encobertos por escolas pseudo-iniciáticas... Em Paris, há pelo menos quarenta dessas escolas, quatrocentas nos Estados Unidos. Os resultados são lamentáveis.

J.B.: É o que René Guénon denunciava com o nome de *contra-iniciação*.

J. Brosse: René Guénon é um precursor. Ele a pressentiu, mas atualmente ela triunfa. Ele fez um assombroso trabalho de limpeza.

J.B.: Só nos resta esperar que suas propostas sejam ouvidas, que insufle, em outros, seu gosto pela aventura interior, façam-nos descobrir, como diz mestre Deshimaru, "a luz original na terra de nosso coração", ou seja, em toda parte!

ÉTIENNE PERROT

A alquimia entre nós

Semur-em-Auxois

Há pouco, tive um sonho.

Conversava com uma psicóloga junguiana que, surpresa agradável, consultava os livros de alquimia, entre os quais um intitulado Liber mirum (associado às estrofes do Dies Irae: "Tuba mirum... Liber scriptus profetur"). Eu lhe dizia que fazia parte de minhas leituras e me acompanhava. Ela me disse, de repente: "Você deveria contar sua vida". Protestei. Ela insistiu: "Isso poderá ajudar muito".

É chegado o momento de desempenharmos nossa tarefa comum.

Carta ao autor
14 de agosto de 1977

A entrevista seguinte ocorreu em Paris, em 26 de agosto de 1977. Étienne Perrot publicou-a em 1990: Chroniques de la vie libérée (Crônicas da vida libertada).

Para Étienne Perrot, por volta dos quarenta anos, a alquimia surgiu como *o caminho ocidental de realização interior*. Essa descoberta veio concluir uma longa e difícil jornada, onde não estiveram ausentes nem os medos nem os perigos inerentes a toda busca digna desse nome, como relata Castaneda, ao lutar contra os espíritos.

Eis, de início, algumas das etapas percorridas por aquele que se destaca, nos dias atuais e em meio a um mundo psiquicamente arruinado, como autêntico xamã, profeta escondido de uma nova humanidade.

No negro mais negro que o negro

Nascido em 1922 em Audierne, no extremo da Cornuália bretã, em um ambiente impregnado pelo catolicismo tradicional, Étienne Perrot passou sua infância nos portos onde o pai ocupou postos modestos na Marinha Nacional, Cherbourg, depois Brest. Os virtuosos estudos que fez nos colégios religiosos foram acompanhados, em contrapartida, por uma preocupação não formulada, cujo significado compreenderia mais tarde: a presença de um apelo interior, de fato o da realização do eu (do Eu jungiano); a transmutação alquímica. O que fazer, na hora de escolher uma carreira, exceto dar, a essa exigência, a única forma oferecida pelo meio sociológico? A entrada para a vida religiosa representava, para ele, o equivalente do que havia sido, para seu futuro mestre, Carl Gustav Jung, 'a entrada no inconsciente'. Era o outono de 1940, ocasião em que os livros de Jung, que já havia denunciado o nazismo como ressurgência da barbárie, estavam na lista de Otto, o índex alemão, e suas traduções eram sistematicamente destruídas[1].

Entre as circunstâncias que deram ao método de Étienne Perrot um caráter decisivo, figura, em primeiro lugar, o encontro com um padre místico, que se tornou seu 'pai espiritual'. A experiência revelou-se desastrosa, provocando uma perturbação psicológica tão forte que assumiu, para Étienne Perrot, o sentido de uma morte vivenciada. Ele precisou recorrer a um psiquiatra e arrastou, durante sete anos, o que denomina seu cadáver. Em Paris, em 1947, foi colocado em contato com um psicoterapeuta da linha de Gurdjieff, que praticava uma técnica de sonho lúcido dirigido, aprendida de um aluno de Caslant. "Ele foi, contou Perrot, o primeiro ser que entrou em meu inferno. Durante sete anos, não vivi nem dentro nem fora. Comecei a reocupar minha alma e meu corpo."

Essa fase preliminar de sua vida apresenta um valor decisivo aos olhos do futuro alquimista. Ele considerou que os frutos colhidos vinte anos mais tarde foram nela germinados. "Se o grão não morrer..." A leitura do livro de Aldous Huxley, *La Philosophie éternelle* (A Filosofia eterna), publicado no momento em que se esboçava sua 'cura', em junho de 1948, mostrou-lhe o caráter universal da experiência interior e trouxe-lhe a justificativa histórica e intelectual do método que seguia sem referência exterior. Sua vida de homem organizou-se: casou e tornou-se pai de uma filha, Yvonne.

---

[1] Ver sobre essa questão, especificamente, o *Cahiers de psychologie jungienne*, n. 12, 1977: "Jung face au nazisme" (Jung diante do nazismo).

Após conseguir um diploma de estudos superiores de letras clássicas na Sorbonne, preferiu continuar em um cargo obscuro, de empregado, no ministério da Reconstrução, para poder dedicar-se a suas pesquisas pessoais. Tentativas de contato com alguns representantes de 'escolas espirituais' continuaram improdutivas. Tomou consciência do caráter solitário de sua jornada, estudou os caminhos orientais, depois o sufismo. Seus mestres do pensar são então Guénon e Huxley, aos quais vêm se juntar Krishnamurti e Simone Weil.

O caráter negativo do ensinamento de Gurdjieff, tal como havia recebido, veio à tona durante um episódio dramático. Sentiu necessidade de voltar às origens cristãs. Reconciliação sobretudo estética: liturgia, canto gregoriano. Percebeu, nesse retorno, a necessidade de colocar entre si e o fogo de uma consciência lúcida, facilmente luciférica, o véu das imagens e dos ritos ancestrais, véu inteiramente impregnado da umidade da 'Mãe divina'. É um primeiro indício de sua orientação para a alquimia. Paradoxalmente, seu guia espiritual continuava a ser, na época, João da Cruz, em quem reconhecia, como seu, o caminho de despojamento e de nudez.

Da vida poderosa à Grande Obra

Em 1957 a alquimia, cuja menção havia encontrado em Guénon, surgiu para ele como a aventura irresistível. Nela, ele entrevê a tradição autóctone, 'o antigo caminho' a reabrir. Descobriu, mais tarde, que assim foi conduzido para a 'luz moderna', nome dado pelos alquimistas à sua 'pedra'. Os raros livros disponíveis na época continuavam fechados para ele. O candidato a operador tropeçou no primeiro arcano: *a matéria prima* da Obra. Onde encontrar essa substância misteriosa, ao mesmo tempo espírito e corpo, que deve ser transformada em pedra filosofal? A pergunta ainda não havia sido respondida quando seu destino exterior sofreu uma notável mudança: Étienne Perrot foi chamado para o secretariado do General de Gaulle, levado ao poder em julho de 1958. Permaneceu onze anos à sombra do 'grande homem', dando prosseguimento, no entanto, a seus estudos alquímicos.

Durante o verão de 1959, uma nova e grave crise levou-o à casa de saúde de Ivry para sonoterapia. Esta terminou com um *grande sonho,* do qual ele acordou *curado.* Nele reconheceu uma visão de iniciação alquímica. Foi durante sua convalescença que descobriu, por acaso, *Psychology and Alchemy,* de Jung. Acreditou ter encontrado na descrição, fornecida por esse 'psiquiatra', do longo *processo de individuação,* analogias com o itinerário que o mantinha em suspense há quase vinte anos. Sempre acolhendo com reservas a identificação, feita por Jung, desse caminho com a Grande Obra tradicional, mergulhou na leitura dos livros herméticos dos quais o médico de Küsnacht lhe dera a pista.

O *Lever de l'Aurore (Aurora Consurgens)* (Surgimento da Aurora), tratado do século XIII atribuído a Tomás de Aquino e publicado por Jung, juntamente com o terceiro volume de seu testamento alquímico, *Myste-rium conjunctionis,* trouxe-lhe, em agosto de 1960, a revelação decisiva do universo e da linguagem alqui-micas. A partir de então, mergulhou nas grandes coleções clássicas, revivendo, assim, a aventura de seus ancestrais, onde "um livro abre um outro livro"; podendo dizer, com um deles: "Quanto mais os lia, mais os compreendia". Paralelamente à leitura desses documentos históricos, estudou, traduzindo-os, os dois primeiros volumes do *Mysterium conjunctionis* e 'refez seus estudos humanos' à luz da visão alquímica.

Acontecimentos internos poderosos, com o valor de confirmações, começaram a ocorrer. Ao fim de 1964, sentiu-se impelido a compartilhar sua experiência, convencido do caráter capital da de Jung e, apesar de a autobiografia deste último ainda lhe ser desconhecida, convenceu-se de que a tarefa mais premente e a mais simples era a de preocupar-se com a publicação, em francês, de *Psychologie et Alchimie* (Psicologia e Alquimia). O editor acabou enviando-o ao responsável pelas traduções, que o contratou como colaborador. Étienne Perrot traduziu, oficialmente, *Mysterium conjunctionis*, 'para ser editado mais tarde', e, em 1967, *Les Racines de la conscience* (As Raízes da consciência). Por ocasião desse último trabalho, um grave desentendimento surgiu entre o serviço editorial e ele, obrigando-o a assumir sua autonomia. Durante esse período, terminou duas partes da 'análise', da qual a segunda ensinou-lhe o caráter essencialmente *onírico* do caminho jungiano e lhe forneceu a iniciação efetiva. Sonhos vieram confirmar-lhe a identidade dessa via e da Grande Obra. A leitura da autobiografia de Jung, *Ma vie* (Minha vida), inúmeras manifestações oníricas, nas quais aparecia o anacoreta de Bollingen, o confirmaram em sua convicção: a alquimia, tal como foi vivida por Jung, é um novo modo de consciência. Não se tratava, a seus olhos, de um conceito ou de um assunto de conferências, mas de uma *realidade vivida*. Agora, restava saber onde e como ele poderia ser seu testemunho, de acordo com a imperiosa pressão que ela exercia sobre ele.

Face a uma demanda que se foi intensificando, principalmente depois de sua publicação da tradução do *Yi King, le Livre des transformations* (I Ching, o Livro das Mutações), segundo a versão alemã de Richard Wilhelm, Étienne Perrot foi levado a estudar a possibilidade de dar a seus trabalhos uma audiência maior. Abriu, em outubro de 1969, no Museu social em Paris, um 'seminário alquímico' – devendo o nome ser entendido em seu sentido etimológico. Seu título foi: *A alquimia e o sentido do homem.* Foi a primeira manifestação pública da alquimia, apresentada diretamente por um alquimista, como via prática de transmutação.

Apresentando-se como discípulo de Jung, Étienne Perrot deu preferência, em suas exposições, ao símbolo e não ao conceito, em razão de seu *poder transformador.* "A palavra é *também* poética, até mesmo profética." O seminário continuou até 1973, tornando-se semanal. A expressão tornou-se cada vez mais direta. No último ano (1972-1973), com o título *La Consolation d'Isaïe,* Étienne Perrot apresentou, todas as semanas, uma versão inteiramente moderna da sabedoria imemorial a partir de *sonhos* recolhidos em seu círculo. Ao fim de quatro anos, recolheu-se ao silêncio com aqueles que compreenderam a natureza interior e solitária do 'trabalho alquímico'.

A partir de 1970, deixou suas funções administrativas para dedicar-se exclusivamente à difusão da alquimia, tanto no plano individual como no coletivo. Viúvo, casou-se pela segunda vez com uma psicóloga jungiana, Francine Saint-René Taillandier, que compartilhava suas preocupações. Em 1978, fundaram, juntos, as *Éditions La Fontaine de Pierre,* para publicar os trabalhos da herdeira alquímica e filha espiritual de Jung, Marie-

Louise von Franz[2]. Retomou a mensagem pública da transmutação com o título: *A alquimia, ciência alegre, sonhos e realidade do homem.* A pedido de Henri Gougaud e de Jacques Pradel, iniciou, no rádio, uma série semanal de interpretações de sonhos de ouvintes, antes de recolher-se, uma vez mais, ao silêncio.

Quando os ovos têm a palavra

Há tempos, como vimos, Étienne Perrot se transformou em pastor de sonhos e seu intérprete. Há muitos anos, minha esposa, intrépida amazona do reino de cetim, teve o seguinte sonho: "Estava cozinhando ovos. Um deles começou a falar e me disse: "A certeza é sua LEI, a incerteza é sua PARTE."

Submeteu o sonho a Étienne Perrot, perguntando-lhe o que achava daquela mensagem onírica, cujo aspecto surrealista a impressionara, e daquela frase, digna de aparecer em um amuleto das tapeçarias do inconsciente. Ela recebeu a seguinte interpretação, que não resisto em apresentar, resumindo-a, para o prazer dos que se interessam pela análise jungiana.

"A partir do momento em que abandonei minhas próprias opiniões para receber, em sua totalidade, o que viesse, incorporei-me à riqueza total da vida. Minha po-

---

[2] Francine Saint-René Taillandier é a tradutora dos trabalhos de Marie-Louise von Franz, especialmente: *Interprétation d'un conte, l'Âne d'or* (Interpretação de um conto, o Asno de ouro); *L'interprétation des contes de fées* (Interpretação dos contos de fadas), *La Voie de l'individuation dans les contes de fées* (O Caminho da individuação nos contos de fadas), *La Femme dans les contes de fées* (A Mulher nos contos de fadas), *L'ombre et le mal dans les contes de fées* (A sombra e o mal nos contos de fadas), *Alchimie et imagination active* (Alquimia e imaginação ativa), La Fontaine de Pierre (transformada em coleção nas éditions Jacqueline Renard – Le Dauphin).

sição está, assim, de acordo com a *Lei* do mundo; essa *Lei* tornou-se minha verdade e fez-se certeza dentro de mim. Mas, essa certeza é o centro de um ser humano que compartilha todas as condições da encarnação. Fechar-me dentro dessa certeza seria subtrair-me à regra comum. Para ser um apoio aos outros, devo ser semelhante a eles, 'sujeito à fraqueza'. A cada instante, meu ser limitado se desfaz, em uma imolação renovada sobre a cruz – ao mesmo tempo ocultação da clareza do eu e fonte do fogo da vida; cruz onde o T de PARTE reproduz graficamente o símbolo."

O homem-alquimia

Uma exegese como essa me prendeu, me intrigou. Decidi entrar, por minha vez, em contato com o estranho personagem, que havia compreendido tantas coisas em tão poucas palavras e pertencia, sem dúvida, à raríssima espécie daqueles que têm olhos para ver. Não tinha, até então, pessoalmente, senão uma vaga idéia dos trabalhos de Jung. Mas havia ficado, várias vezes, perturbado pela ocorrência daqueles 'princípios de relações não causais', as sincronicidades, que demonstram a existência das correspondências secretas entre os diversos acontecimentos que tecem nosso universo.

Magro, alto, elegante na postura e na palavra, marcado por uma forte cultura cristã, greco-latina e oriental, Étienne Perrot surgiu-me como uma espécie de 'artista', fazendo de sua alma uma lira, lendo em nós, melhor que nós mesmos, alegrando suas proposições com o vinho dos trocadilhos, movendo-se com rara facilidade no meio das ligações misteriosas em meio aos intersignos, às lendas mitológicas, às premonições. Rápido e leve como a vida, flexível de corpo e de espírito, impalpável como Proteu – símbolo do mercúrio hermético –, imprevisível como Al-Khidr[3].

Viver no campo magnético de tal homem era conhecer a atmosfera encantada dos contos de fadas. Citarei, apenas, um exemplo. No dia de nosso primeiro encontro em Paris, Étienne Perrot e eu atravessamos a rua Harispe. "Um nome basco", disse ele. Essa observação fez, de repente, com que me lembrasse de um sonho que tivera na noite anterior, onde, justamente, aparecia aquele nome – escrito sem H – e no qual *Alguém* me dizia que era de origem basca. Algumas horas depois, procurando 'Harispe' no dicionário, li que se tratava de um general do Império, nascido em Saint-Etienne-de-Baïgorry. Percebi a interferência dos dois *Étienne* e notei, além disso, que esse vilarejo era a terra natal de minha avó paterna. Ora, a Grande Mãe[4] é um dos nomes da alquimia e o tema de nascimento de meu interesse pela alquimia, nessa ocasião, juntava-se, evidentemente, ao de minha antepassada.

Preciso dizer que, desde então, aqueles *acasos objetivos* não pararam de acontecer e confesso ter, mais de uma vez, quase caído para trás sob rajadas de 'santas cronicidades' subindo do círculo mágico onde Étienne Perrot reina. Quanto às palavras que vamos ler a seguir, pretendem ser o eco fiel de nossas primeiras conversas, ou melhor, das respostas obtidas às minhas perguntas de profano.

Jean Biès: Incontestavelmente, respiramos, com as novas gerações, um perfume de irracionalidade, um gosto

---

[3] Al-Khidr designa, no Corão (XVIII, 66 *sq.*), um personagem misterioso, companheiro de Moisés, de comportamento paradoxal e desconcertante.
[4] N. T.: Grande Mére, Grande Mãe em francês, significa avó.

por tudo o que diz respeito à exploração do inconsciente. Isso é, antes de mais nada, um fenômeno que constitui um 'sinal dos tempos' não negligenciável para o Ocidente.

Étienne Perrot: Em lugar de pintar um enorme afresco, gostaria de assinalar um aspecto maior desse símbolo, sob o risco de parecer cultivar lugares comuns. É aquele que iluminou, há mais de trinta anos, o céu da América e do Japão, antes de propagar-se *do Oriente ao Ocidente*: o raio atômico. Enfoco, unicamente, seu aspecto filosófico. Transformando a matéria em energia, a física racional anulou o materialismo e, com ele, o racionalismo ligado ao *sensível* e ao *tangível*. Essa ruptura está presente no inconsciente de nossos contemporâneos. É um componente importante da psicologia dos jovens. A explosão externa tem, como paralelo, tendências à explosão interna. E isso provoca a busca de um novo equilíbrio, incluindo as enormes forças colocadas em movimento no interior. É o problema do domínio da energia nuclear, mas no plano interno. Atualmente, o que é sobretudo sensível, é o primeiro estágio do processo: a *desintegração*. Sua manifestação, entre nós, foi a rebelião de maio de 1968. As questões, então colocadas com violência, durante uma espécie de psicanálise selvagem coletiva, ficaram sem resposta e não param de perseguir o indivíduo.

J.B.: Esses resgates com as realidades interiores, um homem, no Ocidente e em pleno século XX, celebrou-os com uma obra capital, parcialmente traduzida, ignorada pela crítica racionalista. Estou falando de Carl Gustav Jung, de quem sabemos, principalmente, que rompeu com Freud. Os dois sistemas são, de fato, opostos, e em quê? Não seriam também complementares?

É.P.: Jung nunca foi aluno de Freud. Ele havia realizado um trabalho científico e gozava de sólida notoriedade quando entrou em contato com o autor de *L'Interprétation des rêves* (A Interpretação dos sonhos). Procurou-o como um sábio, indo até outro sábio que se interessava pelo mesmo assunto que ele. E foi arrebatado de entusiasmo que Freud viu-se sendo procurado, segundo testemunho de Ernst Jones (seu aluno e historiador), por 'grandes professores de uma célebre clínica psiquiátrica', a de Burghölzli, em Zurique. Jung sempre repetiu que era um empirista, submetendo-se, em tudo, aos fatos. Desde o começo, sua posição em relação a Freud foi clara: de um lado, estudo fiel dos fatos e cooperação nesse nível; de outro, recusa de todo sistema paralisador da busca e deformador dos resultados. A ruptura era inevitável, diante da vontade declarada de Freud de impor o dogma pansexualista do qual viria a ser o papa.

J.B.: Muitas vezes, Jung é reprovado por negligenciar a sexualidade.

É.P.: Isso é ridículo. Ele foi, simplesmente, mais longe. "Nós limpamos as estrebarias de Augias, um dia disse Freud a René Laforgue, para que você construisse catedrais." Jung realizou a intuição de seu antepassado. O procedimento terapêutico de Jung foi descrito em sua célebre frase: "A neurose é o sofrimento de uma alma em busca de seu sentido". E esse sentido não é, finalmente, nem mais, nem menos, que uma realização espiritual. É o sentido do homem e o sentido do mundo percebido no homem. É a luz mergulhada nas trevas de nosso inconsciente. É o deus interior, o Eu jungiano, consciência situada para além do eu. Deixando-a florescer, o homem dá nascimento ao deus que traz em si. O caminho de Jung conduz à encarnação da divindade. Naturalmente, existem muitos chamados e poucos eleitos. Estes são os seres que se entregam inteiramente à aventura, com lealdade, coragem e humildade, ou seja, aceitação de tudo o que a exploração de si mesmos fará vir à consciência. "Não é olhando a luz que ficaremos iluminados, disse Jung, mas mergulhando em sua obscuridade, o que é bem mais difícil". É inegável que esta obscuridade em grande parte é, ainda, representada, entre nós, pelo domínio sexual. É aí que tropeçam tantos impulsos 'espiritualistas' em direção à 'sublimação'. Jung oferece a fórmula desta última sob a forma de *integração* dentro de uma consciência plena.

J.B.: Essa questão parece essencial. Qual o objetivo da psicologia profunda?

É.P.: Jung distingue a *pequena psicoterapia*, que cura os sintomas e permite uma *boa adaptação* à sociedade, da *grande psicoterapia*, ou processos de individuação, que corresponde ao que acabamos de falar. À medida que Jung avançava, esse segundo domínio assumia cada vez mais importância em suas obras para, finalmente, ocupá-lo por inteiro. Essa mudança aconteceu em duas etapas: a primeira, é o corpo a corpo com o 'inconsciente', sustentado por Jung de 1913 a 1918, do qual ele saiu transformado; a segunda, foi por volta de 1930, com a descoberta da alquimia, que lhe forneceu a linguagem para descrever o que havia acabado de viver e o que acompanhava em muitos de seus pacientes.

Tinha então, cinquenta e cinco anos. A partir desse momento, tudo o que escreveu de essencial girava em torno da realização transpessoal, denominada, pelos alquimistas, 'pedra filosofal' e, pela Índia, *ātman*. Jung a chama *Si-mesmo*[5], o que é a tradução de *ātman*. Para ele, o Si-mesmo não é um conceito metafísico, é a designação de um estado empírico de consciência 'objetiva' e 'justa', em oposição à 'subjetividade' e à arbitrariedade do eu.

Ele observa, entretanto, que o Si-mesmo revela os atributos que, ordinariamente, ligamos às descrições da divindade. A observação levou Jung a descobrir a *realidade da alma*, que ele viu grande como o universo. "Sou acusado de deificar a alma! – ele clama; não sou eu, foi Deus quem a deificou." É 'o homem criado à imagem de Deus'. Jung redescobre, empiricamente, os elementos da *filosofia eterna* e abre um caminho para sua realização.

J.B.: Segundo a perspectiva de Jung, portanto, tudo é de ordem prática. Mas quais são os meios concretos usados para facilitar a comunicação entre o eu e o não-eu, o consciente e o inconsciente, para operar essa transformação alquímica do ser humano?

É.P.: Você tem razão ao destacar o aspecto prático do caminho de Jung. Há, nele, uma obstinação sem mácula, na recusa de qualquer qualificação como teórico. A seu ver, um dos maiores males do espírito ocidental é contentar-se com noções, profissões de fé e siste-

---

[5] N. T. Soi significa Si, si-mesmo, e na teoria junguiana é o conteúdo inconsciente impessoal e coletivo da psique constituído pelos arquétipos.

mas para dispensar a experiência vivida. Jung mostra a *realização* interior. Esta é *realidade* vivida, experiência. A teoria somente poderá perturbá-la, se não for esquecida para passar à prática. É, seguindo a imagem zen, o dedo que mostra o céu e pelo qual ficamos hipnotizados, em vez de olhar o próprio céu. O caminho de Jung é nosso zen. Abraçado em toda a sua amplitude, ele leva ao *satori*, à iluminação, à totalidade psíquica, que é o não-mental, e à consciência cósmica do zen. Todo ensinamento de realização, de 'salvação', é a elaboração de uma experiência... Tome o cristianismo. Seu vasto edifício saiu de duas experiências, das quais a primeira produziu a segunda: a de Jesus e a de Paulo. Os doutores vieram em seguida para dividi-los em sistemas, que são os *darshana* hindus, os 'pontos de vista' sobre o infinito! Se você me permitir uma imagem, a experiência, são os blindados que fazem a trilha; a infantaria dos doutores vem em seguida para dividi-los em sistemas.

J.B.: Para você, Jung inaugura uma nova civilização. Como a vê? Quais os meios para realizá-la?

É.P.: Jung é o tronco de uma nova civilização. Porém, como você sabe, esse tipo de fato só é percebido séculos mais tarde. Essa civilização será feita a partir de seres autônomos, integrando autoridades exteriores e fiéis somente em relação à autoridade interior, ao que existe de mais secreto em si mesmos. Isso requer, evidentemente, grandes cuidados e, de início, uma ligação estreita com outros seguidores do mesmo caminho, com os quais podemos e devemos nos confrontar. É, se você preferir, a independência na interdependência... Entretanto, você me perguntava sobre os meios. Um discípulo zen iria questionar, antecipadamente, sobre o método, a seu mestre? Seria como desativar sua força. O caminho é o inesperado da vida, o que poria em xeque o mental racional, seus hábitos e previsões, para deixar passar a energia vital liberada, portadora da consciência total.

J.B.: Ou seja, a importância do onírico nos reencontros com o mundo das profundezas.

É.P.: Os sonhos, corretamente interpretados e vindos do fundo insondável, são como 'pequenos *satori*' conduzindo ao grande, que é o Si-mesmo. Acrescentemos a leitura correta do sentido dos acontecimentos e de seus encontros significativos, a *sincronicidade* de Jung. Assim, o alerta fica cada vez mais completo, tanto de noite como de dia... O caminho de Jung é uma iniciação a esse zen. É a comunicação de uma realização por alguém que a conseguiu; é um fogo inflamando um outro fogo. Em uma carta de 1933, Jung o confirma com gravidade e emoção: "O que denominamos exploração do inconsciente desemboca no antigo, no imemorial caminho da iniciação. Unicamente um cavaleiro ousa a *queste* e a *aventura*." Jung incorpora-se, assim, na linhagem dos cavaleiros do Graal. Esse tema está muito presente no inconsciente de nossos contemporâneos. Podemos vê-lo surgir entre pessoas que dificilmente sabem alguma coisa a respeito dos nomes Artur, Galahad e Merlin... Entrar em contato com um ser 'desperto' provoca movimentação do inconsciente. Não somos nem psicólogos nem psicanalistas. Somos xamãs, como era Jung. As reações de nossos interlocutores vão do sentimento de dilatação ou de liberação ao do pânico. Este se manifesta sobretudo entre pessoas bem organizadas e ligadas a seus valores racionais. Sentem que é preciso passar para outro registro, o da experiência, da vida, do amor. Para tanto, vão precisar desnudar-se e abandonar roupas e acessórios no vestiário... Lembro-me de um eminente erudito espiritualista que, à saída de um jantar, confidenciou-me costumar acordar com sonhos 'curiosos', por exemplo, uma espécie de quadrinha infantil que começava com: "Sou negro e estou nu". Infelizmente, ele nunca tirou conclusões a respeito. Podemos entendê-lo!... Em termos físico-químicos, podemos dizer que a radiação da Pedra (do Si-mesmo) torna radioativo o corpo colocado em seu campo.

J.B.: É o aspecto essencial da famosa 'transferência', acerca da qual os psicanalistas arrancam os cabelos.

É.P.: Basicamente, é a comunicação iniciática, o que não impede as complicações concretas, por causa da inevitável mistura do arquétipo e do individual, do humano e do divino, da carne e do espírito e de nossa recusa em nada deixar de lado no diálogo iniciático.

J.B.: Não existe, aí, um fenômeno privilegiado caracterizando o que você qualifica como radioatividade?

É.P.: É o aparecimento de uma nova coloração nos sonhos, em sua focalização, em seu centramento. Existe uma pedagogia interna nos sonhos. A escuta do mestre interior, que neles fala, é a base de nosso trabalho, mais do que o relato do passado e a análise das sombras e das pulsões, que podem prolongar-se por toda uma vida sem real oportunidade de transformação. A anamnese acontece quando o inconsciente se decide por si próprio. O caminho de Jung é o da iluminação conferida pela sabedoria interior, exprimindo-se, de início, nos sonhos. Como eles, com frequência, falam uma linguagem diferente daquela da consciência diurna, em geral, é necessário um intérprete, ao menos durante a iniciação. Mas esta somente poderá desempenhar seu papel a partir da luminosidade interior, que deve fazer cintilar, ou seja, a partir do Si-mesmo. Assim, a luz revela a luz. É a cadeia da iniciação.

J.B.: Você parece confundir as alucinações com os sonhos, cuja origem é diferente, correndo o risco de colocar no mesmo plano o psíquico e o espiritual. Mas, voltemos à clássica questão: para psicanalisar os outros, é preciso que você seja psicanalisado; mas quem psicanalisou o primeiro psicanalista?

É.P.: A questão merece ser examinada, mesmo que Jung não tenha muito a ver com a psicanálise. É o problema da transmissão, ou, como declarou Guénon, da 'regularidade iniciática'. A autobiografia póstuma, *Ma vie*, não deixa nenhuma dúvida quanto a isso! Em 1913, quando Jung, sozinho depois da ruptura com Freud, decidiu mergulhar corajosamente no inconsciente, viu surgir, em sonho, aquele que viria a ser seu mestre: um ancião que lhe pareceu vir do Egito alexandrino, o da fusão entre a Grécia e o Egito, o da gnose e da alquimia. Ele disse chamar-se Filêmon. Este mensageiro do invisível foi seu instrutor durante anos. Por vezes, Jung passeava junto com ele no jardim, conversando. Ele percebeu que não se tratava de um fenômeno isolado, no dia em que um visitante hindu declarou-lhe, o mais naturalmente possível, ter tido como *guru* Shankarācharya, o grande filósofo e reformador do vedanta, morto há mais de mil anos.

J.B.: Seria esse o motivo pelo qual Jung, viajando

pela Índia, não teria ido ao encontro dos sábios que lá se encontravam? Confesso que tal atitude me surpreendeu e decepcionou.

É.P.: Ele tinha seu *guru*, seu *dharma*. Além disso, como conta, estava em plena confrontação com a alquimia ocidental. Um encontro externo teria sido uma interferência. Teria corrido o risco de provocar a 'confusão dos *dharma*'... Conheço muitas pessoas que, como Jung, foram visitadas por um mestre interior personalizado. Todo o resto fica, então, muito esmaecido. Até o dia em que o guia lhes mostra que seu papel com elas está terminado e as conduz a outros. É *isso* o caminho interior e não um programa universitário para o qual procuramos os melhores mestres.

J.B.: Seria por razões análogas que Jung não parecia acreditar na virtude da ioga para o homem ocidental?

É.P.: Eu lhe direi, citando a frase de um sonho: "O caminho de Jung é autóctone, original, completo". Ele não precisa de artifícios estranhos. Se elementos estranhos aí se instalam, será sob a forma de um enxerto, cuja iniciativa pertence ao mestre interior. Veja o lugar dado por Jung ao *I Ching*. Ele transformou-se em seu livro de cabeceira. Por força de seu espírito foram feitas traduções da obra. E, posso dizer-lhe, em meu caso, não tive escolha; o estímulo de uma necessidade imperiosa me lançou em uma empreitada de tradução que tornava tudo absurdo aos olhos da razão. O *I Ching* passou a ser *nosso* livro, da mesma maneira que os padres cristãos apropriaram-se da Bíblia hebraica. Tal enxerto é uma integração. Nada tem de sincretismo. Este denota falta de vitalidade. Um caminho interior autêntico é um organismo vivo que assimila o que é bom para si e rejeita os corpos estranhos. Não há, aí, nenhum desprezo por eles, mas é a expressão da lei biológica, a afirmação de uma originalidade e autenticidade. Por outro lado, o sincretismo é estéril. O espetáculo dos ecumenismos de todo tipo aí está para confirmá-los. Prestar homenagem a um outro caminho diferente do seu não significa que devemos pedir-lhe empréstimos. Seria uma espécie de roubo. Insisto, novamente, é o interior que decide. Poderia contar-lhes a história de empréstimos 'inocentes', com consequências catastróficas porque ilegítimas. Tudo isso é muito sério. Não estamos no domínio inofensivo da troca de idéias ou de técnicas, mas no do emprego de forças que tendem à deificação do homem. É um fogo com o qual não se brinca. Somente podemos entregar-nos a ele e aceitar sua lei.

J.B.: Mas que justificativa teórica você poderia dar para essa atitude diante da ioga?

É.P.: A ioga pretende produzir, diretamente, uma consciência mais aguçada e mais aberta. É que o hindu está (ou estava), no princípio, no inconsciente. Para nós, é o contrário. Somos muito conscientes, cortados de nossas raízes e precisamos inicialmente aceitar a ocultação da consciência para que a luz do Si-mesmo nasça da noite. Caso contrário, alcançaríamos um endurecimento do eu em vez de um abrandamento. Posso citar uma história. Uma de minhas alunas, inteligente e culta, reprovou-me por não explicar minha posição diante da ioga. Não passou um mês e o grande Ramana Maharshi pessoalmente veio dizer-lhe em sonho: "Ioga não é para os Ocidentais!" (O humor é um dos traços constantes da sabedoria onírica...)

J.B.: Essa fórmula parece um pouco exagerada para um oráculo. Gostaria que você a explicasse.

O I Ching

Fou-Hi, rei mítico, fundador da identidade chinesa, é considerado o inventor do I Ching, o Tratado do camaleão *(que muda de cor dependendo do lugar onde se encontra), mais comumente chamado o* Livro das Mutações. *Conhecido desde o século XVII na Europa – Leibniz pensou ter encontrado nele seu sistema numérico baseado no 0 e no 1 –, teve um curso discreto até que se associasse, no século XX, sua dupla polaridade ao "binário" dos computadores e seus sessenta e quatro hexagramas aos sessenta e quatro elementos do DNA.*

Observadores e concretos, os Chineses haviam observado até às mais ínfimas variações, o universo e suas perpétuas transformações. O texto do I Ching *não hesita em propor suas comparações na natureza: o céu, a terra, o relâmpago, o rio, a montanha, o vento, o fogo, o lago. Todo momento é movimento: o apogeu contém o declínio, a derrota prepara a vitória. Convém não identificar-se com nenhuma situação, principalmente quando for extrema.*

Essas eternas passagens, mutações, voltas, derivam do Tao, *da Unidade cósmica, que simboliza o* T'aï-ki, *a 'viga mestra', a origem primeira de tudo, representada por um círculo dividido em uma metade branca, o* yang, *e uma metade preta, o* yin. *O* yang *corresponde ao claro, ao quente, ao masculino, ao positivo; o* yin, *ao sombrio, ao frio, ao feminino, ao negativo. Todas as criaturas nascem de suas inúmeras dosagens e misturas.*

No Livro das Mutações, *o* yang *está representado por um traço cheio, o* yin *por um traço interrompido.* Yang *e* Yin *representam uma série de oito trigramas. As combinações dois a dois dos trigramas dão sessenta e quatro hexagramas, onde cada um é, de algum modo, a radiografia do momento presente.*

O I Ching *é, à primeira vista, um livro devinatório. Consultado com a ajuda de cinquenta varetas de aquiléia, ou três moedas jogadas para cima, fornece o número correspondente a tal hexagrama. Este indica aquilo que tem toda a possibilidade de acontecer em função do que aconteceu, aconselha a perseverar ou recuar. O que acontecerá poderá ser o conflito ou o apaziguamento, ou um estado provisoriamente estacionário, o obstáculo, a ruptura ou a vitória total.*

Mas o I Ching *é, também, e principalmente, um livro de sabedoria. Ele exige que se medite sobre suas respostas. É uma proteção contra a 'loucura da juventude', aprendizado da perspicácia, da atitude correta, feita de prudência, de humildade, de circunspecção. Ele é, nesse aspecto, uma verdadeira arte de viver, hábil na alternância da ação e da retirada, da moderação capaz de atravessar as circunstâncias.*

O tradutor alemão do I Ching, *Richard Wilhelm, nele via "o tesouro mais acabado da sabedoria vital da China". C. G. Jung, que o descobriu em 1924, nele veria, por sua vez "a obra mais profunda do Oriente". Fascinado pela exatidão de seus oráculos, acrescentaria: "Este livro nunca se engana".*

É.P.: Com o maior prazer. Explorei suficientemente a Ásia para perceber a importância prática desse assunto. Lembro-me de uma reflexão de meu primeiro iniciador não-cristão no domínio interior. Perguntei-lhe, um dia: "Por que não buscar em nossa terra?" E ele me respondeu: "Porque nada mais existe entre nós". Um bom exemplo desse estado de espírito e de seus resultados é a aventura desse irmão mais velho, inspirado pelo gênio, que foi René Daumal. Podemos compará-lo a uma outra alma apaixonada pelo absoluto: Simone Weil. Ela não procurava na Ásia, mas na Antiguidade grega, o que era outra maneira de repudiar a herança judaico-cristã. Ora, a experiência não pára de nos mostrar que toda realização interior completa passa pela integração efetiva da herança ancestral. Devemos, cada um a seu modo, verificar, às nossas custas, a palavra de Jesus: "Não vim para destruir, mas para realizar". A flor dourada do conhecimento libertador está essencialmente ligada à raiz obscura, mesmo não se parecendo muito com ela. O espírito divino, essência do homem, é universal; a libertação é realização do infinito e do eterno. Os caminhos não são por isso intercambiáveis. Cristo não é Buda e Buda não é Cristo, mesmo se um e outro conduzirem o ser humano a seu secreto divino. A escolha do caminho não cabe a nós, mas sim ao deus dentro de nós.

J.B.: É justamente aí que começa a dificuldade.

É.P.: O problema não é procurar o caminho mais 'elevado', o mais 'atraente'. Trata-se de reconhecer-me, na verdade, como sou, colocar-me à escuta de minha natureza profunda para que ela me mostre o que quer de mim: "Ensina-me Teus caminhos", diz o salmo. Esta pode e deve ser nossa primeira prece, nosso primeiro mantra. A visão da 'vontade de Deus' sobre mim, necessita de um delicado discernimento entre o que é do homem e o que é de Deus. E isso começa pela aceitação de meu ser e de toda a sua bagagem adquirida, assim como herdada. Minha individualidade é a porta, em mim, do infinito. Não me cabe querer mudá-la, distorcendo-a ou aperfeiçoando-a, mas sim aceitá-la plenamente. Graças a esse 'sim', esse *Fiat*, todo o resto passará através e o reino de Deus me será dado como decorrência. É isso, o lótus que não abrimos com nossos dedos. De acordo com o adágio alquímico, a Grande Obra é a obra da natureza e não do artista. E, para nós, essa natureza é, ao mesmo tempo, sobrenatural; ela é divina.

J.B.: Todos estão de acordo a respeito do princípio, mas, quando se passa à aplicação, tudo fica corrompido, esterilizado. Vemos belos movimentos começados, entusiasmos inflamados (reina uma expectativa tão grande, uma aspiração tão grande!). E, em seguida, é a desilusão, a amargura. Como isso acontece, em sua opinião?

É.P.: Pela falta de um enraizamento autêntico, o europeu do século XX se condicionou de tal forma que lhe é praticamente impossível encontrar, por si mesmo, a 'via natural', o *tao* verdadeiro, deixar acontecer em vez de fazer, colocar-se naquela atitude de docilidade que é a verdadeira fidelidade à vida, o caminho da experiência da divindade em nós e no mundo. Estamos de tal forma submersos por informações e técnicas 'espirituais', que só podemos nos perder logo no início. É a grande feira da iluminação, com seus palhaços, seus charlatães, seus 'falsos profetas' que, aliás, na maioria das vezes, são em parte sinceros. Pratiquei suficientemente a *meditação* e a *oração* para conhecer seus méritos e seus limites. Posso dizer que, para aqueles ou aquelas que iniciaram um trabalho de realização a meu lado, as maiores dificuldades aconteceram entre os que seguiram 'caminhos' e 'métodos', por mais sedutores e respeitáveis que fossem. Esses trocam os lugares das coisas e incitam à substituição da realidade, que é sempre nova e imprevisível, pelos sistemas de pensamento ou de práticas. Nosso espírito está de tal forma acostumado a funcionar absolutamente sozinho, que codificar a experiência provoca seu desaparecimento. Ela passa para um segundo plano, em proveito da descrição.

J.B.: Exatamente. Não faz muito tempo vimos florescer, entre nós, correntes de pensamento qualificadas de 'existencialistas'. Os 'valores de existência', portanto da experiência lhes forneciam material para novas racionalizações.

É.P.: Você toma 'vida' e dela obtém *vitalismo*[6]; 'experiência'. E você muda a palavra para *empirismo* e começamos a discutir indefinidamente... A alquimia tem como lema: "Deixe acontecer". Diz Jung "Não fui eu quem me criou. Antes nasço a mim mesmo". Mas, uma vez mais, exatamente como na guerra, citando Napoleão, essa arte *simples* está inteiramente na execução. Nossa Grande Obra é uma realização 'espontânea', normalmente induzida a partir de um ser, ele mesmo, 'realizado'. O papel do guia é catalizar a experiência daquele que acompanha, de fornecer-lhe uma 'zona de liberdade', feita de sua acolhida e de sua amizade (tenhamos a coragem de dizer de seu amor, um amor que não exclui o rigor, mas o engloba!). Nessa realização, o homem

---

[6] N.T.: Doutrina que afirma a necessidade de um princípio irredutível ao domínio físico-químico para explicar os fenômenos vitais.

limita-se a responder e a aderir ao impulso da vida divina em si. Assim, ele não é um buscador, mas um *encontrador*. Encontra a totalidade divina e humana porque deixou-se, em primeiro lugar, ser encontrado por ela: "Deus nos amou em primeiro lugar", disse São João. Ele nos fala e sua voz é, antes de tudo, a dos sonhos. Essa palavra está na base de tudo. Essa voz é caminho. O Cristo, Palavra de Deus declara: "Eu sou o caminho, a verdade, a vida". Isso se realiza em cada um de nós. Se precisássemos caracterizar nossa ioga, nós a chamaríamos a 'ioga dos sonhos'. Esses podem levar-me para o Oriente, mas também afastar-me dele; o que é correto hoje, pode tornar-se falso amanhã e vice-versa. Em todo o caso, serei, por eles, posto em contato com *minhas* verdadeiras raízes, como elas *hoje* se oferecem a mim. A melhor maneira de fazer desabrochar a 'flor da iluminação' não seria provocando o *satori? Ioga* não significaria 'junção', portanto 'contato'? E o contato vital não é, para mim, aquele de minha essência íntima, que é, de início, individual e contém a herança que é minha?

J.B.: Mas o mestre interior pode convidar-me a fazer meu, este ou aquele aspecto do ensinamento universal. Em nossa época, é o fim da separação.

É.P.: Sim, mas é ele e não eu quem discernirá e me mostrará, de momento em momento, o que me é oportuno e nutritivo. Assim, fui levado a ajudar um cristão a aceitar uma iniciação onírica vinda do Egito, da Índia ou do México, ou, ao contrário, como acabou de acontecer, fazer com que um muçulmano aceitasse – em certo grau – que Freud assumisse para ele o lugar do *morshid*, do mestre espiritual.

O Tao-Tö King

Tendo, por muito tempo, servido como arquivista e astrólogo na corte dos Tcheou, Lao-tseu, o "Velho Mestre" (século IV antes da era cristã), retirou-se para longe para viver escondido. Chegando à 'passagem do Oeste', ele teria, atendendo ao pedido do guarda do posto, escrito um texto de cinco mil caracteres, o Tao-tö king, *resumo de seu ensinamento.*

Esse Tratado do caminho e de sua virtude *divide-se em dois livros de trinta e sete e quarenta e quatro capítulos curtos versificados. Obra obscura e difícil, lacônica, paradoxal, enigmática, contraditória às vezes, sempre sutil, cujas sentenças sugerem a essência do taoísmo.*

Existe um Ser infinito, único, imutável, onipresente, inalterável, 'Mãe dos dez mil (seres)', ou seja de tudo o que existe; designado pelo termo tao, *diferentemente traduzido por 'princípio', 'caminho', 'grande estrada', 'sentido'; mais negativamente definido como* wou, *'não-ser' e 'não-ter', em oposição a* yeou, *'ter', para designar o mundo fenomenal. O* tao *é vacuidade, mas cheio de potencialidade: é na peça central vazia da roda que se apóia a* eficácia *que a faz girar. Inativa por si mesma, é causa de toda ação. Toda ação produz uma reação concordante; toda realidade volta, cedo ou tarde, para seu contrário: dia/noite, vazio/cheio, aumento/diminuição, força/fraqueza.*

No plano prático, o mais importante para o espírito chinês, esses princípios encontram sua aplicação na vida do sábio. Semelhante ao tao, *este sabe fazer-se vazio e adquire, assim, a verdadeira liberdade. Não agindo por agir, nada existe que ele não faça. Ligado à origem, tem a espontaneidade natural* (tseu-jan) *da criança. Ultrapassando as dualidades, não teme nem a vida nem a morte. Conciliando os contrários, está no 'meio termo' de aparência medíocre, mas de realidade transcendente.*

Ele conhece o valor do conhecimento e do auto- domínio, a leveza do caniço e a humildade da água, o silêncio e o contentamento. Em sua perfeita quietude, "o sábio, diz Tchouang-tseu, vê tudo na unidade primordial indiferenciada". É o que fará com que ele duvide se é Tchouang-tseu ou borboleta!

J.B.: Exclamarão: "O zen não diz outra coisa", ou "O que você afirmou poderia ser de Aurobindo", ou ainda: "Você não sabe que, para os sufistas, o nome supremo de Deus é *Al-Happ*, a Realidade?"

É.P.: O que isso prova, se não a necessidade de entrar, efetivamente, no caminho, no limiar do qual há, em algum momento, contato com um ser humano que já tenha entrado? É a porta da iniciação. Todo o resto é literatura: literatura mística ou esotérica e, mesmo, alquímica ou psicanalítica, mas literatura da mesma forma, ou seja, passageira.

J.B.: Para você Jung é, pois, definitivamente, um mestre, um iniciador, que reencontrou e mostrou o caminho ocidental sob a forma da alquimia. Poderia dizer um pouco mais a esse respeito?

É.P.: Viajando desde 1940, rapidamente fiz às minhas custas o balanço da decrepitude do cristianismo como caminho de realização interior. Li tudo que existia e bati em todas as portas. A psicanálise representava, para mim, o nível do certificado de estudos primários. Não podia ajudar-me em nada. Precisei procurar o caminho ocidental; *sabia* que seria a alquimia. Nada conhecia sobre ela, mas estava pronto, se fosse preciso, a acender um 'fogo de fornalha' e a trabalhar sobre os metais vulgares: sou incapaz de fazer o que quer que seja com as mãos, mas o quê? Pelo reino dos céus, estamos prontos a tudo. Foi então que, em 1960, descobri, 'por acaso', *Psychology and Alchemy*. Vi-me, imediatamente, diante de um tipo de desafio: haveria entre nós um homem com nome conhecido, que propunha, com muita honestidade, mas ao mesmo tempo com seriedade e autoridade, aquilo que íamos buscar no Oriente: "O caminho da libertação". Precisei de cinco longos anos para ler outros trabalhos não traduzidos de Jung e os livros alquímicos, cuja pista ele me dera, para me levar a aceitar o inacreditável. Acontecimentos internos e poderosos ocorreram. Fiz o que se chama uma 'análise junguiana' – termo horrivelmente inadequado a meu ver. Ao mesmo tempo, o *I Ching* forçou-me a traduzi-lo. Tudo isso foi o começo de uma nova vida. Diante do que acontece atualmente, não posso deixar de duvidar da realidade de 'nossa pedra'. As palavras de um antigo autor vêm à minha boca: "Não parava de maravilhar-me com a força daquela pedra, infundida nela pelo céu". Desde então há, à nossa volta, na França e fora dela, no limiar do século XXI, um número crescente de seres para os quais a 'luminosidade química' é mais evidente que o dia. É uma nova visão do mundo, uma nova arte de viver baseada na adesão aos contrários e em sua reconciliação. A transmutação alquímica está, já, ao alcance de quem quer que se sinta atraído por ela e deseje participar.

J.B.: Os panoramas que você acabou de expor são compartilhados pelo conjunto da escola de Jung? Penso ter ouvido falar de tensões, desacordos...

É.P.: A obra escrita por Jung é enorme. Estendeu-se por mais de cinquenta anos. Seu autor a oferece como subproduto de uma evolução interna. Ou seja podemos tomá-la em todos os níveis, em todos os estágios de uma busca. Então, cada um pode extrair dela, à vontade, o que for conveniente. É o destino de todas as grandes obras. Veja Platão... A comparação é do próprio Jung. A um americano que havia escrito a respeito dele com informação insuficiente, ele disse: "Se alguém quiser escrever sobre o Sr. Platão, precisará começar lendo todas as suas obras e não somente a primeira metade". Infelizmente, muitos acomodam-se muito bem com aquela primeira metade e sentem-se desconfortáveis na segunda, a do Jung alquímico. Eles não parecem dar-se conta de que precisamente aquele Jung, revelado a si mesmo pela alquimia, é o guia exigido pela juventude da era atômica. Essa juventude, como dissemos no começo, aspira, com todo o seu ser, a uma transmutação interna suscetível de fazer contrapeso àquela operada pelos físicos. A prudência de expressão de Jung explica-se por seu meio e sua época. Ele nunca quis desviar-se de seu papel de sábio. Sua vida foi uma longa e dolorosa luta com o anjo, quero dizer o profeta dentro de si que, a todo instante, manifestava-se sob o psiquiatra... Só que já não estamos em 1930. Os acontecimentos se desenrolam depressa. A espera é cada vez mais aguda, a abertura cada vez maior. Chegou a hora de dominar, abertamente, a linguagem da transmutação 'divina'. E já que evoquei Platão, trata-se de fazer com Jung o que Plotino fez. Não comentá-lo e analisá-lo, mas continuá-lo, extraindo todo o ouro que carrega e divulgar, em toda parte, o que ele murmurava aos ouvidos e está pronto para ser recebido pelo 'espírito da época', a chegada do 'homem divino', que alguns denominam o homem de Aquário.

J.B.: Estou curioso para saber como pretende realizar esse programa.

É.P.: Da maneira mais simples: ficar à escuta da alma e fazer eco à sua linguagem, de forma que "a natureza se alegre com a natureza", que a alma dê liberdade à alma, que o deus liberte o deus. Para tanto, a realidade sagrada do homem exige nosso reconhecimento e amor, o que somente poderá ter lugar em uma atitude de adoração e humildade. A experiência o mostra. Atualmente, o deus grita muito forte na alma. Apenas, não sabemos ouvi-lo. Temos nossas idéias e nossas percepções a seu respeito, o que nos mantém resguardados de seu fogo transformador. Sabemos, melhor que Ele, quem é Ele. Temos, ou uma ortodoxia autóctone (por exemplo a referência ao Cristo histórico que me dispensa de realizar o Filho de Deus *em mim,* da maneira que Ele me mostrará e caçoará, sem dúvida, dos modelos exteriores), ou uma revelação, ou um método exótico, importado com grande esforço. Ou então, não temos absolutamente nada e a voz da alma não será considerada como heresia, mas, inteiramente como delírio, no sentido mais cientista e patológico do termo. Nossos hospitais psiquiátricos abrigam mais de um profeta, que só teria precisado de *educação*, ou seja, de escuta inteligente e amorosa, para integrar aquilo que era dito nele e assim fazer uma contribuição para a coletividade.

J.B.: Seria como sacrificar-se a um certo modismo e fazer a 'apologia do louco'?

É.P.: Conheço suficientemente a dificuldade sobre-humana para dominar a energia nuclear que é a força do deus e do demônio no homem! Quero dizer, apenas, que esse confronto, essa *luta com o Espírito,* visando sua integração, é a totalidade de nossa obra. Não fabricamos o Espírito, não o incutimos, nós o reconhecemos e nos colocamos diante dele, com ele, contra ele se for preciso, a fim de que se torne o espírito do homem, o espírito do deus no homem... Como o menino do conto de Andersen, não queremos nos extasiar com as roupas novas do imperador, porque são feitas de ilusão e o imperador está nu. Essas roupas são os sistemas e os pensamentos despojados de substância vital; sua afirmação, por hábil que seja não produziu resultados, estando, assim, privada de toda realidade. Mas, por outro lado, temos olhos e ouvidos de ingênuos para discernir e captar a realidade *divina*, onde quer que ela se apresente e na forma que tiver. Se alguém vier me ver, oprimido pelo peso da experiência interior que lhe coube, abrirei completamente meu coração e meu espírito para sua confidência. O deus reconhecido nele nascerá neste mundo; ele se 'encarnará' e eu, seu parteiro, ficarei igualmente enriquecido com esse nascimento. Toda encarnação divina é uma bênção para toda a humanidade e, de início, para aqueles que são seus instrumentos e primeiras testemunhas.

A Alquimia

A alquimia (do árabe al-khêmya, 'terra negra', em alusão ao lodo do Nilo, pelo menos se considerarmos a etimologia clássica), surgiu na Europa por volta do século XII. Herança de Hermes Trimegisto (A Tábua de esmeralda), *dos alquimistas alexandrinos (Zozime) e árabes (Jābir), sem recusar as contribuições da tradição judaico-cristã e da mitologia grega, ela se propunha a transformação da matéria e a aceleração de sua maturação. Se os espagíricos, ignorando o simbolismo e antepassados da química moderna, porque queriam extrair ouro do chumbo, receberam somente desprezo por parte dos verdadeiros alquimistas, estes queriam espiritualizar a matéria e corporificar o espírito. Sua visão repousa sobre o princípio de que todos os fenômenos inscritos na natureza procedem de um e é possível transmutá-los.*

Para evitar tanto a avidez daqueles que tomavam os alquimistas por fazedores de ouro material, como as condenações de uma Igreja unilateral em sua insistência sobre a luz, em detrimento da sombra, a alquimia precisou recorrer a uma linguagem obscura, hermética, com imagens desconcertantes, até mesmo vulgares, sob títulos bizarros: O Livro mudo, O Anfiteatro da sabedoria eterna, A Entrada aberta do palácio fechado do rei, A Luz saindo sozinha das trevas. *Todos elementos polisemânticos, incompreensíveis para aquele que não possuísse as chaves – especialmente, os trocadilhos da linguagem dos pássaros –, e destinados a desencorajar os buscadores não autênticos.*

O adepto não deixará de saber que 'athanor' não é

somente um forno, mas indica o ser humano com todos os seus componentes, como a pedra filosofal, seu perfeito equilíbrio. Quase nada sabemos dos próprios autores, Arnaud de Villeneuve, Raymond Lulle, Nicolas Flamel, Basile Valentin, Bernard de Trévisan, Eyrénée Philalèthe, Corneille Agrippa, Michel Maïer.

A grande obra desenvolve-se em uma série de experiências descendentes e ascendentes. As transformações sofridas pelo sujeito dependem de sua decisão, mas são inseparáveis das influências cósmicas externas: nunca o observador está separado da coisa observada.

Três agentes são necessários ao trabalho: o enxofre – o princípio ígneo, a energia que quebra as gangas, dissolve as impurezas, ao qual correspondem os elementos secos, masculinos e ativos; o mercúrio – o clima natural sobre o qual age o enxofre, ao qual correspondem os elementos úmidos, femininos, passivos, o 'dissolvente universal' que purifica e ordena o caos original; o sal, que possui o embrião do 'novo Adão'.

O trabalho realiza-se em três fases.

A obra em negro (Nigredo): a mortificação, que consistia em morrer para o eu, em deixar-se desmembrar, como Osíris, desintegrar-se entregando-se inteiramente ao questionamento, privando-se de seus pontos de ancoragem.

A obra em branco (Albedo): da putrefação da matéria-prima são liberados o rei (o enxofre) e a rainha (o mercúrio) que se casarão em 'núpcias químicas' das quais nascem o sal filosofal, o andrógino, reconciliando os opostos. A obra em branco completa-se com alternância, de acordo com a lei do Solve ('Dissolvido'): o abandono ao inconsciente e a do Coagula ('Coagula'): o reforço do consciente.

A obra em vermelho (Rubedo): coroamento da obra,

marca o aparecimento do 'corpo de luz', a obtenção do ouro filosofal a partir dos metais vis que não foram recusados e rejeitados como no caminho exotérico, mas devolvidos e transmutados em sua positividade.

Por muito tempo adormecida, em vez de esquecida, e misteriosamente continuada por Pernety, Canceliet, Fulcanelli, a alquimia conheceu, no século XX, uma revitalização graças aos trabalhos de Carl Gustav Jung. Este colocou em ordem uma volumosa confusão e fez da alquimia uma aplicação psicológica das mais interessantes, traduzindo-a em uma linguagem adaptada à época contemporânea. Enganam-se aqueles que o acusaram de ter mudado de rumo a arte real. Por um lado, Jung não trabalhou unicamente com 'doentes'; por outro, ninguém pode se vangloriar de ser totalmente isento de traços de neurose.

J.B.: O que você quer dizer com isso, exatamente?

É.P.: Meus propósitos traduzem uma experiência quotidiana, banal. É a atitude que me esforço para tornar minha, diante de toda a experiência que me é apresentada. Acolho-a, confirmo sua realidade, interpretando e retificando o que deve ser. Mas, para isso, preciso 'equilibrar a balança', ter realizado o equivalente energético da experiência que me apresentam: "Sozinho, Deus vê Deus". Para conduzir tais colóquios é preciso, você mesmo, tornar-se espírito. Em um dos mais antigos textos alquímicos, o relatório de Zósimo, o *mestre* que se revela em sonho declara: "Sou espírito e guardião de espíritos".

J.B.: Esses 'novos alquimistas' que você apresentou não lembram os poetas visionários anunciados por

Rimbaud?

É.P.: Eles são os *vates*[7] que serão necessários no próximo século. Sua linguagem brota de si mesma; ela tem o deus como princípio, como sujeito e como fim. A linguagem do deus os coloca na alegria da poesia renascida, *linguagem dos pássaros*, linguagem dos anjos falada por humanos inseridos dentro de seu contexto histórico e social. Tal é a vocação à qual respondemos: a libertação da alma pela alma. Ela acontece quando proferimos o Verbo divino que é, antes de tudo, a linguagem do sonho, que Jung chamava 'o pai de todos os profetas'.

---

[7] Em latim: poetas, adivinhos, ligados ao mundo do conhecimento.

ÉMILE GILLABERT

O Evangelho segundo Tomás

Em JESUS, há EU SOU.

Palavra ao autor

A entrevista seguinte ocorreu em 15 e 16 de julho de 1977. Émile Gillabert faleceu em 1994.

Jesus disse:

"Eu fui um fogo sobre a terra e eis que o preservo até que se inflame."

"Feliz aquele que já era antes de existir. Se vocês forem meus discípulos e escutarem minhas palavras, estas pedras lhes servirão."

"Se a carne foi produzida por causa do espírito, é uma maravilha; se o espírito foi produzido por causa do corpo, é uma maravilha de maravilha. Mas eu, maravilho-me com o seguinte: como tão grande riqueza foi colocada nesta pobreza."

"Os fariseus e os escribas tomaram as chaves do Conhecimento e as esconderam."

"Se lhes perguntarem: Qual é o símbolo de seu Pai que está em vocês?" respondam-lhes: "É ao mesmo tempo um movimento e um repouso."

"O Todo saiu de mim e o Todo voltou para mim. Cortem a madeira: eu estou aí; levantem a pedra, aí vocês me encontrarão."

"Vocês não compreendem que aquele que criou o interior foi também o que criou o exterior?"

"Aquele que bebe de minha boca se transforma em mim; eu me transformarei nele e o que está escondido lhe será revelado."

"Toda mulher que se fizer homem entrará no reino dos céus."

Tais são alguns dos cento e quarenta *logia*[1] que li

---

[1] Um *logion* (plural=logia) designa, em grego, um versículo, uma palavra das Escrituras.

com estupor no *Evangelho* de Tomás. Soavam de forma tão estranha que eu não podia parar. Algo exigia a atenção de dias de pesquisa.

Assim, fiquei sabendo da existência de um quinto Evangelho, descoberto em um jarro, em 1946, no Alto Egito. Foi escrito em língua copta e há pouco tempo traduzido. De acordo com alguns exegetas da Escola Bíblica de Jerusalém, esse texto seria mais antigo que os Sinóticos. Transmitiria, portanto, as próprias palavras pronunciadas por Cristo e transcritas por Didyme Judas Tomás. Texto revelador de um mestre e de um ensinamento, em todos os aspectos semelhante aos da Ásia tradicional; expandindo as origens do esoterismo cristão e colocando, ao mesmo tempo, em questão, a maior parte da religião cristã tal como a conhecemos.

Constatar que os Evangelhos canônicos são o resultado de redações sucessivas e tardias, encontrar as verdadeiras palavras de Cristo por trás das sedimentações de exegeses, de interpolações, de acréscimos, opor à 'civilização cristã' uma mensagem original, atemporal e universal, o que poderia ser mais perigoso e, ao mesmo tempo, mais apaixonante?

Fui visitar o autor dessa revelação.

Émile Gillabert recebeu-me em sua bela casa provençal de Marsanne, ocre no meio dos campos de giestas e de alfazema. Encontrei-me diante de um homem afável, tranquilo, despojado do pedantismo comum em pessoas eruditas; ao contrário, caloroso; um místico, sensível às coincidências, um poeta apaixonado por provas e minúcias, uma 'criança' no sentido de Tomás. Um daqueles seres fora do saber mental e dualista, nem descuidados nem divididos, mas concentrados, trabalhando para "construir o exterior assim, como o interior, e o dois, Um", e dos quais se costuma dizer que "o

Reino lhes pertence".

"Devo tudo à minha infância, diz Émile Gillabert. Foi dela que extraí o vigor para projetar-me no tempo e no espaço. A respeito dessas *projeções* teria muito a dizer, se tivesse prazer em escrever minhas Memórias... Mas foi nela, também, que encontrei forças para *voltar para casa*. E é o mais importante."

A partida do pastor pródigo

Nasceu em Champéry, no Valais, em 5 de março de 1914. Até os dezessete anos teve uma vida de transumância, um meio termo entre nômade e sedentário. Pastor, no verão, sob as estrelas, estudante durante o inverno. Viveu de acordo com o ritmo das estações e o canto dos *bisses*[2], espectador e ator da luta eterna entre os elementos: "O homem conduz a manada, a neve conduz o homem". No mês de agosto, a mais de dois mil metros, as pastagens ainda estão cobertas de neve. A vegetação é rara entre os rochedos e a chuva; quando se atarda, transforma-se em geada, em pleno verão. Sob o olhar da criança amedrontada, a águia leva um cordeiro em suas garras. Mas a terra é também cúmplice do menino que fica encantado vendo as soldanelas (couves-marinhas) furar a neve.

Ele sabia que Deus ama os pastores, mas também que, antes de subir 'as montanhas da aliança, entre os lírios', é preciso descer à terra dos homens. Ele veio pois, para perto dos que vivem nas grandes cidades, apaziguou sua paixão por descobrir o mundo, terminou uma

[2] Riachos, em dialeto valesiano.

licenciatura em letras. Ei-lo em Paris, dirigindo uma pequena casa de edição e, durante vinte e cinco anos, conhecendo o sofrimento da profissão. Disse, através da imagem, que "a verdadeira vida está em outro lugar".

Para tentar esclarecer as regiões de sombras paralisantes, começou a fazer psicanálise, entregando-se, durante três anos, ao desconforto do divã; mas uma melhor inserção social não preencheu aspirações profundas. Uma frase de Bernanos vinha-lhe constantemente ao espírito: "Pouco me importa a vida! Apenas desejo que ela seja, até o fim, fiel à criança que fui..." Émile Gillabert conservou, de sua juventude, uma nostalgia que nenhuma filosofia conseguiria apagar.

O editor teria preferido depor as armas quando encontrou o homem que deveria introduzi-lo aos grandes ensinamentos orientais: o doutor Hubert Benoît, especialista do budismo japonês[3]. Émile reconheceu nele um mestre, seguindo sob sua direção, durante cinco anos, a exploração do pensamento oriental. A paixão por conhecer o universo calou-se diante da necessidade de estudar o mundo interior. Situar-se em relação ao que se foi, ao que se é, àquilo que se aspira, tal era a perspectiva que se lhe ofereceu então. Longe de afastá-lo de suas origens, as tradições orientais que descobriu mostraram-lhe, ao contrário, que o mundo terreno constituía o fundamento antropológico universal.

A volta para casa

Então, produziu-se o maior acontecimento de sua

---

[3] Autor, em particular, *La Doctrine suprême selon la penseé zem de Lâcher prise* (O Correio do Livro).

vida: a leitura do *Evangelho de Tomás*. Efeito fulminante. Naquelas palavras de fogo, tudo lhe foi dado ou devolvido: o *Vedānta*, o zen, o tao, o sufismo. Lá, encontrou as respostas a suas preocupações constantes e que não conseguira compartilhar com os comentadores e apologistas oficiais em quem tinha colocado esperanças frustradas.

Em sua solidão de então, certas palavras de Jesus adquiriram um relevo singular: "Escondi tudo isso dos eruditos e dos esclarecidos e revelei-as aos pequenos...". Émile Gillabert, que gostava de se comparar ao pobre Gaspard de Verlaine atormentado pelos grandes espíritos ("Eles não me consideraram perverso"), descobriu que os clérigos tinham uma escala de valores que só podia torná-los estranhos a uma prioridade não estabelecida por eles... Prioridade notavelmente restaurada por *Tomás*, enquanto palavra das origens, em sua concisão diamantária e sua essência metafísica. Aos discípulos que desejavam um Sábio conforme suas projeções e lhe perguntavam: "Em que dia te veremos?", Jesus responde: "Quando se despojarem de sua vergonha, depuserem suas roupas a seus pés como as crianças e sapatearem, então vocês verão o Filho daquele que está vivo".

A 'volta para casa' corresponde ao impulso do coração, à intuição fundamental. Ela se opõe às motivações dos que, forjando mitos, fabricam Deus à sua imagem. Reconsiderar o questionamento é um processo longo, laborioso mas incontornável. Enquanto Philippe de Suarez traduzia para o francês, pela primeira vez, o *Evangelho de Tomás* e se entregava a um enorme trabalho de concordâncias exaustivas, notas e comentários, Émile Gillabert, isolado em Drôme, dedicava seu tempo e forças ao estudo e à propagação desse Evangelho, ajudado por sua esposa, Monique, inteiramente devotada à sua obra. Homem de maturações lentas, aos sessenta anos publicou sua primeira obra, dedicada a *São Paulo* e estigmatizando os malefícios de uma religião exclusiva do Deus homem que evacua a Mãe Natureza. Um segundo livro, *Paroles de Jésus et Pensée orientale* (Palavras de Jesus e Pensamento oriental), destinava-se a dissociar o ensinamento autêntico de Jesus de um messianismo literal e a confrontá-lo com a metafísica para daí extrair as constantes universais. Finalmente, *Moïse* (Moisés) tentava voltar à origem do mito a partir do qual o cristianismo assegurou a substituição, fazendo de Jesus o realizador das profecias.

Metanóia

Graças ao *Evangelho de Tomás*, reencontrar e restabelecer 'o ensinamento autêntico' de Jesus, era o objetivo visado por essa trilogia. Émile Gillabert fundou, no mesmo período, uma associação, *Métanoïa*[4], que continua a pesquisa iniciada por suas obras. Principalmente consagrada à interpretação do novo Evangelho, ela estuda do mesmo modo as condições e o meio que o viram surgir.

O que os membros de *Métanoïa* tentam experimentar se parece bastante, *mutatis mutandis*, com o que fizeram os primeiros *Tch'an* em relação ao budismo. Sabemos, efetivamente, que eles desembaraçaram o budismo dos floreios dogmáticos, dos embotamentos e monotonias devocionistas que o desfiguravam há sé-

---

[4] *Métanóia* significa em grego: 'mudança, volta, reviravolta' e, consequentemente, 'conversão'.

culos. Os *Metanoïa* trabalhavam igualmente para encontrar um caminho de origem e para desobstruir a fonte. Como no caso dos *Tch'an*, esse saneamento é feito não por religiosos, mas por laicos; ele se realiza fora da Igreja instituição. Descobrindo 'o laço da vida', o antigo pastor dos Alpes valesianos, irmão dos gnósticos e dos cátaros, reencontrou o lugar de sua infância onde, como escreveu em um de seus poemas, "as flores de um dia viviam um verão eterno".

De fala comedida, cauteloso, preocupando-se com o termo mais fiel a seu pensamento – como quem avança na selva do mistério o é com o menor de seus gestos – , Émile Gillabert abriu-me caminhos insuspeitos, transformou-me em um contemporâneo de Galileu e fez-me entrever o que o cristianismo teria sido, talvez, se nada o tivesse desviado dele mesmo desde seu obscuro nascimento.

Jean de Biès: Moisés e Paulo são, para você, os dois grandes paranóicos que isolaram e abafaram a verdadeira mensagem de Jesus. Você os considera, realmente, como responsáveis pela crise do Ocidente, que lhes deve sua ânsia de conquista, seu espírito jurídico e literal, a destruição da natureza e da feminilidade, o 'sentido da história'.

Émile Gillabert: O povo de Israel, sobretudo na origem, era um povo belicoso, que precisava conquistar a Terra Prometida. Tinha, antes de mais nada, necessidade de soldados. Todos sabem que a mulher, 'repouso do guerreiro', torna-se perigosa na economia dos meios de conquista. Por intermédio de Moisés, Israel fez leis onde a mulher e a natureza eram consideradas perniciosas. Moisés recebeu essas leis no Sinai, sem que o povo pudesse vê-lo. Aí começou o discurso paranóico: admiravelmente construído, mas estabelecido sobre premissas inverificáveis: "Jeová disse-me...". Moisés foi o único a possuir a verdade; ele se mostrava intransigente, xenófobo, fazia com que seu povo vivesse em um clima de culpabilidade e de medo permanente. O povo, impedido de manter um contato direto com Jeová, era também impedido de viver uma aventura espiritual pessoal: a intimidade com Deus lhe era praticamente proibida. A única aventura permitida era coletiva: a guerra.

J.B.: No entanto, é possível interpretar os Salmos em um sentido simbólico de guerra interior, como se fez para a *guerra santa* islâmica, ou para a de Arjuna no *Bhagavad-Gita*.

É.G.: Sem dúvida. Não impediu que Israel quisesse inscrever-se no futuro histórico, inscrever sua ação no espaço-tempo. Escolhendo-se como guia todo poderoso, inspirado pelo Deus dos exércitos, optou por uma transformação exterior.

J.B.: Esse instinto belicoso provém de uma sociedade patriarcal. Poderíamos pensar que o órfão Moisés fabricou-se um pai tão mais autoritário quanto tão duramente vivida tenha sido a sua carência.

É.G.: O culto prestado ao pai o fez condenar e maldizer, conjuntamente, a mulher, a mãe má, a natureza, assimiladas à morte. Isso é encontrado até em Freud. Moisés confundiu a sexualidade e o pecado; daí o cuidado obsessivo com as purificações ritualísticas e as expiações. A agressividade de Israel combatente vem da renúncia sexual, da autopunição ligada à noção de pecado. A deusa-mãe foi banida: a unidade do Céu e da Terra, rompida. Nasceu o dualismo carne-espírito, instinto-razão: vemos, atualmente, as consequências catastróficas desta falocracia... No próprio cristianismo, o culto da Virgem Maria pôde temperar os rigores da Lei, mas não assumiu a sexualidade. Para o judeu, como para o cristão, separados da natureza, tornou-se impossível integrar-se a um tempo cíclico, descobrir uma harmonia universal. Não somente o homem apenas existe coletivamente como seu objetivo é transformar essa natureza inimiga. No fim, aparece Marx.

J.B.: Paulo, a seu ver, não fez mais que suceder a Moisés em uma perspectiva cristã. Você estabelece vários paralelos entre seu ensinamento e a ideologia dos essênios: mesmo sonho de hegemonia, mesmo dualismo fundamental, mesmo cuidado de justificação pelas Escrituras, mesma impaciência messiânica. Você explica sua paranóia evocando uma necessidade de sobrepujança e de posse exclusiva da verdade e reduz Damas a uma alucinação.

É.G.: A partida de Paulo não me satisfaz mais que a de Moisés. Não podemos verificar essa experiência de fé baseada em um Cristo ressuscitado, na reanimação de um cadáver... O discurso é organizado, lógico, eficaz; a ausência de provas subsiste. Sim, Damas é, para mim, uma alucinação, uma percepção sem objeto, em termos psicanalíticos, uma 'regressão'. O psicótico privado do terceiro testemunho só pode contemplar sua própria imagem.

J.B.: Paulo teria, portanto, acentuado, segundo você, o processo de *yangização* do Ocidente?

É.G.: Percebi que ele apenas havia continuado um trabalho já bem avançado, subestimando o elemento feminino – *yin* –, muito mais próximo que o masculino – *yang* – dos ciclos naturais. Paulo insistiu sobre a Lei, representada pelo pai: autoridade, severidade, condenação. Foi o pai, não Jesus, quem matou o 'velho homem' em Paulo. Em suas Epístolas, a mulher carrega o peso do pecado original. A carne está identificada com o mal. Ele fala do mar apenas para mencionar seus naufrágios; da noite, para destacar seu aspecto negativo; não faz nenhuma menção à mãe de Jesus... Compare com *Tomás*, onde Jesus devolve seu verdadeiro lugar à mulher, reabilita a mãe divina: "O reino do pai é semelhante a uma mulher".

J.B.: Ele o compara, também, a um pastor, a um comerciante, diz que o reino é para "toda mulher que se fizer homem". Mas não vamos discutir... Você julga que o aspecto messiânico dos Evangelhos é igualmente uma assinatura de Paulo.

É.G.: As palavras que os redatores evangélicos emprestam a Jesus, para mostrar que ele vinha realizar as profecias, são adições ou interpolações. Até a exegese confessional concorda com isso. Confundiram Jesus com o messias dos profetas (principalmente Daniel). Fizeram os textos serem manipulados tendo em vista as necessidades da catequese. Principalmente em Mateus...

J.B.: Entretanto, todas as tradições conhecem a noção de fim de ciclo e você mesmo não a nega.

É.G.: Estamos, efetivamente, no fim de um ciclo. Mas a própria noção de ciclo está ligada ao mundo manifesto. É estranha ao essencial, que é a vida interior, a única que interessa a Jesus. O que nos é pedido, é voltar à origem dos tempos. Os Judeus e os discípulos de Jesus, em seguida, esperavam um messias e Jesus não apresentava as características requeridas. O messias deveria surgir das nuvens do céu, ao som de trombetas, em uma espécie de confusão cósmica... Ora, aos olhos dos não-iniciados, nada distingue um iniciado de alguém que não o seja. Durante toda a vida de Jesus, constatamos que os discípulos não o compreenderam. Já haviam forjado uma personagem em função das profecias; viviam em cima de preconceitos, de projeções. Na verdade, essa espera messiânica era somente uma prodigiosa utopia; essa fuga no sonho tinha como objetivo descarregar a alma coletiva de sua culpabilidade.

J.B.: Eu o ouço falar de Jesus, não de Cristo. Ora, toda mensagem traz dois nomes, um humano, outro divino.

É.G.: Cristo é um termo judaico e paulino ao mesmo tempo, designando o ungido do Senhor. Portanto, ele se encaixa na perspectiva messiânica que acabo de denunciar. O messias deveria nascer da raça de Davi e receber a unção. Fizeram Jesus nascer em Belém, porque Belém é a terra de Judá, portanto da tribo de Davi. Entretato, atualmente, os exegetas nos dizem que Jesus não poderia ter nascido em Belém, considerando a data do recenseamento de César. Querem fazê-lo nascer em Nazaré, mas encontram uma nova dificuldade: Nazaré não aparece em nenhum mapa antigo, em nenhum livro de história...

J.B.: Como o Jérimadeth de Hugo!... Para você,

isso não tem importância. Para um Claude Tresmontant, o problema não se coloca nesses termos. Jesus é *nazôraïos*, decalcado do hebreu *nazir*, 'consagrado a Deus'; é o 'santo de Deus', o 'profeta' esperado... Que importância ou credibilidade você atribui aos milagres de Jesus? Você diz que eles figuram nos versículos acrescentados.

É.G.: Havia, há muito tempo, antologias de milagres. Daí os evangelistas os extraíram, acrescentando-lhes, ainda, a imaginação oriental, para elaborar seu mito. A ressurreição parece-me um fenômeno explicável, mas pertencente, como todo fenômeno, à ordem da manifestação e, portanto, secundário do ponto de vista esotérico. Ora, Jesus disse: "Pelas coisas que vos digo, não sabeis quem eu sou?" Ele chama a atenção para sua *palavra*, não para o aspecto maravilhoso dos milagres. Quiseram fazer dele um faquir, conquanto ele recusasse qualquer meio de ação física.

J.B.: Quer dizer que Jesus nunca teria feito milagres? Todos os sábios foram investidos de 'poderes', ainda que, mais tarde, tenham renunciado a eles.

É.G.: Provavelmente ele os fazia. Se foi originário do meio essênio, como alguns pretendem. Sabemos, pelos textos de Qumrān, que os Essênios eram curandeiros. Jesus pode muito bem ter sido um terapeuta.

J.B.: De fato, todo homem realizado o é por meio da eficácia de sua palavra. Ela é o 'meio justo usado pelo homem justo', do qual fala o taoísmo.

É.G.: Exatamente... Porque existe nele adequação

entre a palavra e o real, e porque ele ajuda o paciente a ver o real, a incorporá-lo no momento presente.

J.B.: Quanto aos outros milagres, não seria possível dar-lhes uma interpretação alegórica, como o fizeram certos Padres da Igreja sobre as bodas de Canaã ou a caminhada sobre as águas?

É.G.: Não nego esses milagres, prefiro deixá-los de lado. Eles são, para mim, de ordem exterior.

J.B.: Alan Watts diz algo semelhante: cristianismo e marxismo unem-se, de um lado, na espera pela segunda chegada aguardada do Cristo (mesmo sendo, para eles, de natureza muito diferente); por outro lado, na curiosidade indiscreta a respeito do fenômeno material.

É.G.: O verdadeiro ensinamento de Jesus não está aí. Eu o encontro em *Tomás*, que não menciona a segunda chegada mais que os milagres.

É.G.: O que vem a ser esse Evangelho do qual nunca ouvimos antes?

É.G.: Trata-se de um texto copta, descoberto perto da localidade de Nag-Hammādi e cujas primeiras traduções datam de 1959. O manuscrito encontra-se no museu do Cairo; possuímos seu fac-símile. Uma verdadeira conjuração de silêncio cerca essa descoberta, que coloca em questão as próprias bases do cristianismo tal como nos foi transmitido.

J.B.: Você citou em algum trecho que esse Evangelho teria sido ditado por Jesus a seu discípulo Tomás.

Seria um estereótipo das próprias palavras do mestre.

É.G.: As primeiras palavras desse Evangelho são as seguintes: "Eis as palavras secretas (e não apócrifas!...) que Jesus disse em vida e que foram transcritas por Didyme Judas Thomas..." Podemos supor que Jesus, sentindo-se ameaçado tanto pelos fariseus como pelos Romanos, ditou o essencial de sua mensagem ao discípulo capaz de preservá-las.

J.B.: Algo me intriga... Cristo não falava copta, língua dos Egípcios cristianizados, que parece datar do século III. O professor Puech presume que seja um original grego e dá ao texto uma data muito mais tardia. Jean Doresse chega à mesma conclusão. Claude Tresmontant, já citado, coloca o Evangelho de João como o mais antigo. Como podemos, então, considerar essas palavras como tendo sido pronunciadas por Cristo?

É.G.: Quando há diferentes versões de um mesmo texto, a mais antiga é a mais correta. As palavras de Jesus, em *Tomás,* são mais condensadas que as dos Evangelhos canônicos. Estes conheceram a lei da entropia que se exerce no sentido da inflação... Não podemos afirmar que Jesus não falasse a língua copta, pois esteve no Egito e a copta *saídica*, que é a língua de nosso Evangelho, existia em seu tempo. Segundo o professor Puech, por enquanto, não podemos retroceder a data de *Tomás* além da segunda metade do século II. Ele se coloca no plano da exegese; esta pode progredir graças a novos estudos. Está estabelecido que os paralelos gregos desse Evangelho – os manuscritos de Oxyrhynque – são anteriores ao fim do século II e que representam um estado intermediário entre *Tomás* e os Sinóticos. Isso não prova que o texto original seja copta, mas é perigoso partir do pressuposto grego.

J.B.: Você se satisfaz igualmente assinalando que, ao contrário dos outros Evangelhos, esse último foi enterrado quase imediatamente depois de divulgado e que assim permaneceu ao abrigo de qualquer manipulação.

É.G.: Sim. Os gnósticos, perseguidos, esconderam o texto. Nele, não encontramos nenhuma das ampliações próprias aos Sinópticos. Estes resultam de redações sucessivas e as versões de que dispomos são de terceira ou quarta mão; Paulo as modificou com toda a sua influência (Marcos principalmente). Muito depressa o ensinamento de Jesus viu-se recuperado, degradado e traído.

J.B.: A conjuração do silêncio, à qual você fez alusão, se explicaria muito bem, na medida em que a Igreja, há muito, recusa qualquer noção de esoterismo.

É.G.: É cômodo, mas abusivo, incorporar a *gnose* de Tomás, como 'conhecimento iniciático', aos gnosticismos absurdos dos primeiros séculos. Jesus disse: "Vocês esconderam as chaves do conhecimento; não somente não entraram, mas impediram os outros de entrar". Da mesma forma, 'o cachorro na manjedoura' não come nem deixa os bois comerem. E ainda: "Eu falo de meus mistérios àqueles que são dignos de meus mistérios..." A incompreensão não podia deixar de ser total: um diálogo de surdos, com discípulos infantis, interpretando as parábolas em sentido quantitativo e histórico e fechados a qualquer noção de interioridade e de eternidade. A aventura do reino é interior e individual; ela foi compreendida como exterior e coletiva. O despertar da consciência foi confundido com a 'ressurreição dos mortos'. Comer o pão da palavra, saciar a sede no cálice do ensinamento transformou-se na ceia (ao passo que o próprio João não identifica, absolutamente, a carne e o sangue do filho do homem com o corpo e o sangue de uma vítima oferecida em sacrifício: a redenção pelo sangue é uma idéia de Paulo...). A provação salvadora daquele que assumiu a própria responsabilidade degenerou em salvação pela cruz daquele que foge da própria responsabilidade. O retorno ao Um, ao Ser intemporal, o fim do dualismo transformaram-se no 'fim dos tempos' (enquanto foi demonstrado que Jesus jamais pronunciou um discurso apocalíptico). A revelação do Espírito, quando cessa nossa cegueira, foi tomada como aparição de Jesus *post mortem*.

J.B.: Então, a ressurreição de Cristo seria uma fábula?

É.G.: Não reduzimos a morte de Jesus a uma fábula. Simplesmente, afirmamos que a história contribuiu com quase nada sobre a vida e a morte de Jesus. Não negamos sua crucificação, nem seu corpo baixando à sepultura. Recusamos o papel de redenção que o fizeram desempenhar e consideramos, como secundário, o aspecto taumatúrgico de sua existência... Quanto ao sudário de Turim, é um pouco como a autenticidade do túmulo de Pedro: a fé substitui a ausência de provas científicas. A fé é tipicamente cristã, ela não é gnóstica. A *gnose* é o *conhecimento* de nossa verdadeira identidade. Ora, *os fariseus e os escribas apossaram-se das chaves da gnose e as esconderam*. Colocando-se na perspectiva da salvação messiânica judaica, os cristãos, por sua vez, substituíram as chaves e perseguiram os gnósticos, que permaneciam fiéis ao ensinamento de Jesus.

J.B.: Inversamente, esse ensinamento assimila Jesus aos mensageiros, aos *Avatares* das grandes tradições. Unifica o conhecimento metafísico situado além dos exoterismos religiosos e tal como a Ásia o conservou.

É.G.: Uma prática prolongada, atenta, dos *logia* de Jesus revela um pensamento que atesta correspondências surpreendentes com os grandes ensinamentos orientais. Por exemplo, com o *Bhagavad-Gītā* e os *Upanishad*, a poesia mística dos sufis, os aforismos do tch'an, os *kôan* do zen. Pude estabelecer analogias entre palavras de Jesus e Buda, Lao-tseu, Lin-tsi, Hui-meng, Gaudapada. Mas ainda é do *tao,* enquanto caminho da 'circunspeção', que esse ensinamento mais se aproxima... As analogias apóiam-se sobre o espírito da infância e da pobreza, sobre a não-violência e o descompromisso, as ilusões do mental, a eliminação do ego, a necessidade de viver *hic et nunc,* a conciliação dos contrários, a androgenia primordial, o Vazio metafísico, o Pai enquanto aspecto não-criado – o *brāhman* único –, e o Filho, enquanto realidade manifesta – o *ātman*.

J.B.: Inútil, consequentemente, imaginar uma viagem de Jesus à Índia ou ao Tibete!...

É.G.: Comparada aos ensinamentos iniciáticos da Ásia, essa mensagem revela-se em suas dimensões de universalidade e permite, ao Oriente e ao Ocidente, falar a mesma linguagem.

J.B.: Pretendeu-se que o *Evangelho de Tomás* procurava 'dessexualizar' o homem. 'As mulheres não são dignas de viver', etc.

É.G.: Quanto mais nos aprofundamos em *Tomás*, mais nos convencemos que se trata menos de afastar-se do mundo do que de mudá-lo, mas mudá-lo assumindo-o plenamente. Ora, como assumi-lo sem permitir, graças ao jogo das compensações, uma *estruturação* do homem e da mulher, equilibrada e sólida? A sexualidade deve poder entrar nesse jogo sem ter que sofrer pressões e resistências que se traduzem por bloqueios e neuroses. Trata-se de ir no sentido da vida, permitindo-lhe seu desabrochar.

J.B.: Então, a eternidade não pode ser encontrada recusando-se a sexualidade?

É.G.: No *Evangelho de Tomás*, Jesus mostra que a eternidade 'precisa' do tempo, que a realização não poderia abstrair-se do corpo. O verdadeiro conhecimento não é questão apenas de conceito. Jesus fustiga os doutores da lei: "Aquele que conhece o Todo, se estiver privado de si mesmo, estará privado do Todo". Pelo jogo das compensações, aprendemos a conhecer o mundo. Podemos nele afundar e perecer, ou transcendê-lo e, graças a ele – não sem ele –, salvar-nos. "Aquele que conheceu o mundo encontrou um cadáver e aquele que encontrou um cadáver, o mundo não é digno dele."

J.B.: *Tomás* obrigaria, pois, a uma revisão completa dos dogmas da Igreja...

É.G.: Podemos esperar por revisões dolorosas e patéticas. É o preço que temos de pagar para reencontrar a verdade original e conseguir a liberação. Poucas palavras autênticas de Jesus restam nos Evangelhos canônicos. O esvaziamento do esoterismo, desde o começo, condena a Igreja, atualmente, tanto a recuar para posições históricas e seguras cada vez menos toleráveis, como a embrenhar-se no social. Ora, nada podemos compreender desse esoterismo sem o prévio retorno, a indispensável *metanóia* de todo o seu ser, para voltar à 'fonte efervescente' que Jesus havia 'determinado'.

J.B.: Esse retorno pode provocar medo, realmente. Significa abandono de qualquer segurança dogmática e moral.

É.G.: "Quando tiverem rejeitado seu vinho, então mudarão de mentalidade." Penso que *Tomás* somente poderá encontrar eco entre aqueles que iniciaram seu próprio questionamento e estão dispostos ao completo sacrifício do eu. Não podemos compreender e viver a mensagem de Jesus a não ser que consigamos nos libertar das forças paralisantes de nosso inconsciente, impregnado de legalismo judeu e de dogmatismo cristão. Esse trabalho requererá diversas gerações.

J.B.: Alguns, referindo-se à lei segundo a qual todo fim de ciclo une-se ao começo de outro, poderiam acreditar que a descoberta desse quinto Evangelho, de fato, o primeiro, constitui um indício do fim do ciclo cristão.

É.G.: Para mim, indicaria, antes, o renascimento da espiritualidade ocidental. Essa descoberta é uma extraordinária possibilidade oferecida ao homem de nosso tempo, exatamente na hora em que as Igrejas já não podem responder a suas interrogações essenciais. Para doença mortal, remédio radical... Enquanto o judaísmo cristão morre sob nossas vistas, reduzido a um epifenômeno de civilização, o *Evangelho de Tomás* inaugura um novo ciclo, abre o caminho de realização aos homens de amanhã.

J.B.: Se esse Evangelho não pode ser taxado de dualismo, podemos dizer o mesmo da Gnose, em geral, à qual esse texto está, visivelmente, ligado?

É.G.: Inicialmente precisamos nos interrogar sobre o que foi a Gnose e sobre o que é realmente. Se ela estiver marcada por um dualismo alucinado, caracterizado pelo desprezo da carne e uma visão pessimista da existência, não podemos acusar esse Evangelho de ser gnóstico. Mas a Gnose talvez seja diferente daquilo que nos foi contado.

J.B.: Você poderia nos explicar seu pensamento?

É.G.: Um antigo processo de acusação, do qual somente nos teria chegado o relatório das testemunhas de acusação, eis, em resumo, aquilo de que dispúnhamos antes das descobertas recentes. Conhecíamos os gnósticos, praticamente, apenas através das obras de 'heresiólogos' como santo Irineu, Hipólito, Epifânio... Duas descobertas vieram abalar e renovar as noções que podíamos ter da Gnose. Por volta de 1930, foram encontradas, perto de Fayoum, várias antologias gnósticas e, quinze anos mais tarde, em Nag Hammadi, doze manuscritos, entre os quais *Tomás*. Atualmente, a pesquisa dispõe de textos e não mais de citações truncadas, oriundas dos próprios meios que as utilizaram.

J.B.: O gnóstico sabe que sua origem se confunde com o reino. Sua grande questão é como reencontrá-lo, como reencontrá-lo onde estava, onde realmente está?

É.G.: Sim. É o conhecimento que lhe deve fornecer a resposta; um conhecimento que se obtém pela identificação do sujeito que procura com o objeto que se faz conhecer. Em outras palavras, entrego-me, *aqui e agora*, à presença de Deus. Antes, eu devia constatar que esse conhecimento estava, muitas vezes, ou sempre, ausente: não me tinha dado conta. E eis que a presença dissolve a doença e a morte: "Os vivos não morrem", disse Jesus. Devemos despertar em nós a parcela divina e nos integrar, novamente, ao mundo superior que nos é consubs-tancial... Restabelecer a verdade significa, exatamente, inverter os símbolos. Não somente *Tomás* não é dualista, mas a Gnose, em sua necessidade essencial de superar nossas antinomias, tampouco o é.

J.B.: Segundo tal perspectiva de reabilitação, a heresia torna-se ortodoxia e a ortodoxia, heresia...

É.G.: O broto transforma-se em tronco e inversamente. Esse tronco não é outro senão o da árvore da vida da metafísica tradicional, tal como aparece nitidamente no sufismo, o *Advaïta-Vedānta*, ou no zen. Foi preciso chegar ao último quarto do século XX para essa constatação se impor. Os transtornos consequentes ainda não são mensuráveis, mas podemos pensar que serão determinantes para a orientação da busca relativa ao destino humano no transcorrer do terceiro milênio.

Quinto Evangelho?

Após a entrevista (1977), as paixões em torno

do Evangelho de Tomás *acalmaram-se um pouco; o interesse não acabou. E cada um escolheu seu campo. Se o conteúdo do texto ainda me cativa, questiono-me a respeito de sua origem.*

Devemos acreditar na existência de um quinto Evangelho? Se "o testemunho de um homem for insuficiente, devemos ter pelo menos três", declara o Deuteronômio *(XIX,15). Como quatro é o número ideal das testemunhas na jurisprudência hebraica, é perfeitamente satisfatório pensar que dois discípulos escreveram seus Evangelhos pouco tempo depois de Cristo: Mateus, insistindo sobre sua humanidade, e João, sobre sua divindade; e dois outros escreveram os seus como testemunhos dos dois principais apóstolos (São Pedro e São Paulo): Marcos, em intenção dos Latinos, Lucas, dos Gregos.*

Não há como negar o interesse de Tomás. *As correspondências orientais são evidentes. Se o autor daquelas* logia *for aquele que passa por ter evangelizado a Índia, temos o direito de pensar que ele adaptou o ensinamento de Cristo ao espírito dos hindus –, a ponto de torná-los nestorianos. O extremo despojamento de* Tomás, *impessoal, desencarnado, de alguma forma apolíneo, sem considerações de tempo e de lugar, além do anedótico, tem como agradar aos homens atuais, habitualmente céticos em relação ao sobrenatural e desejosos de concisão. Há, nessas 'palavras secretas', profundidade, mistério e beleza, devidos, talvez, à sua própria ambiguidade.*

Inicialmente, no entanto, observemos que quase nada de um número importante de logia *encontra-se nos Evangelhos canônicos. Não vemos o que acrescenta* Tomás *(5, 3-4): "Aquilo que te é escondido te será desvendado, porque nada existe de escondido que não aparecerá", quando Lucas (XII, 2) declara: "Nada existe de velado que não deva ser desvendado, nem de encoberto que não deva ser conhecido"... A sinopse foi estabelecida pelo próprio Émile Gillabert para cada versículo.*

Outros temas formulados em Tomás *são expressos e ampliados pelos Padres da Igreja, que não o conheciam. Assim, numerosas conciliações de contrários: o 'movimento' e o 'repouso', por exemplo* (Tomás, *50, 18; Máxima o Confessor)*[5]. *Melhor informados, os cristãos do Ocidente não precisarim ir procurar em* Tomás *tudo o que se encontra expresso e ampliado no cristianismo oriental: a* Sophia, *a Super-Essência, a transfiguração do mundo. Até a 'mulher que se fará homem'* (Tomás, 104,9) *figura nas* Apotegmas *sob a forma de Amma Sarra.*

Finalmente, há outros elementos puramente gnósticos, sem dúvida os mais tardios, empréstimos aos apócrifos (no segundo sentido do termo) e citações canônicas manipuladas (portanto heréticas), que contribuem para fazer do Evangelho de Tomás *uma 'colcha de retalhos'.*

Se aproximações com o Oriente forem desejáveis, as fontes oficiais do cristianismo podem bastar para a tarefa, sejam elas conhecidas ou por redescobrir. Uma obra como Doctrine de la non-dualité et christianisme (Doutrina da não dualidade e cristianismo), *de um monge do Ocidente (Dervy, 1982), é prova disso, é um modelo a ser seguido.*

---

[5] *Questions à Thalassius (Questões a Talássios), 60.*

FRITHJOF SCHUON

Uma face da sabedoria eterna

A vida é um sonho e pensar Deus é despertar.

Inédito

As entrevistas seguintes ocorreram em Pully, na Suíça, em 26 de julho de 1967, 9 de setembro de 1968 e 25 de agosto de 1971. Frithjof Schuon vive, atualmente, nos Estados Unidos.

Sob a diversidade dos símbolos tradicionais e das formulações metafísicas, a noção da existência de uma verdade una e imutável não é, certamente, nova, mas precisa expressar-se, sem cessar, em formas adaptadas às diferentes épocas. Essa é a tendência dos intérpretes da *Philosophia perennis* e é, no mundo atual, a de Frithjof Schuon, em seguida à de René Guénon.

Em 1943, Ananda Coomaraswamy escreveu, em seu 'Prefácio' ao *Hindouisme et Bouddhisme* (Hinduísmo e Budismo): "Na verdade, chegou a hora em que um resumo da *Philosophia perennis* precisa ser escrito, baseado, imparcialmente, em todas as fontes ortodoxas, quaisquer que sejam". Podemos considerar que, após a obra de Guénon, a de Frithjof Schuon constitui uma contribuição decisiva para a reconstituição dos elementos desse resumo.

Sabemos que no esoterismo hebraico, Elias representa o tipo do 'mestre oculto', iniciando a elite não somente nos mistérios da *Torá*, mas no esoterismo de todas as tradições autênticas do Oriente e do Ocidente. Com isso, ele se junta àquela Tradição primordial – o *Sanātam-Dharma* dos hindus, que é, também, na Bíblia, a 'língua única' anterior ao desmoronamento de Babel. Elias voltará no fim dos tempos, estendendo sua missão ao conjunto das religiões, descendo secretamente entre os homens para proclamar a paz entre eles e assim revelar sua 'unidade transcendente', que deverá, na volta do Messias, manifestar-se em sua forma *unânime*. Um aspecto singular da função de Elias reside no fato de ela poder ser exercida por outros além dele. Sua missão é, então, atualizada por delegação, com o concurso de representantes privilegiados das diversas religiões. Cada um deles revitaliza a sua a partir de seu esoterismo e pode também, eventualmente, revitalizar as outras. Esse papel está reservado, no Islã, ao *khidr*[1], o 'Verdejante', mestre espiritual sempre vivo.

Mas, tal retrato e função lembram, estranhamente, a imagem de Frithjof Schuon entre nós. Sem dúvida, ele clama no deserto, mas talvez, também, prepare os caminhos do Senhor. Parece ter exercido, para sua época e em seu meio, *mutatis mutandis*, uma função análoga à de Elias; e isso, contribuindo para 'restabelecer todas as coisas', dando a explicação esotérica de versículos ou de textos ocultos, unindo as tradições entre si na perspectiva do único ecumenismo aceitável, resolvendo diversas dificuldades doutrinais, dirigindo, enfim, determinados indivíduos em seus respectivos caminhos.

Frithjof Schuon contribuiu para a preparação do estado final da humanidade, revelando a essência comum a todas as tradições consideradas em sua ortodoxia interna; construiu, podemos afirmar, pedra sobre pedra, livro após livro, o futuro escatológico; e isso, a despeito das armadilhas do adversário, das quais a maior é tramar o silêncio em volta das obras. Nem por isso, deixou de abrir seu caminho nas consciências. A 'função de Elias' intensifica-se na proporção mesma do obscurecimento do mundo. É exatamente o que podemos constatar a respeito do trabalho de Frithjof Schuon; único no gênero, mas também, uno no conteúdo, uni-

---

[1] N.T.: *Hidr* ou *Khidr* também é identificado ao profeta Elias; ele é o mestre espiritual invisível. Tendo bebido da água da imortalidade, não conhece nem a velhice nem a morte. É o 'Eterno Adolescente'. (Henry Corbin, *L'Imagination créatrice dans le soufisme d'Ibn'Arabi*, cap. "Le disciple de Hidr" pg. 48, ed. Flammarion, Paris, 1977.)

versal em sua natureza.

Frithjof Schuon é autor de uma obra filosófica considerável – ainda não foi publicada por inteiro – que o torna o grande metafísico do século XX. Obra madura apartada do espalhafato publicitário e cuja importância e influência só fazem aumentar com o tempo. Somando, à amplitude das visões, um absoluto rigor doutrinal, essa obra descompromissada refere-se, além de todo sincretismo, ao sufismo, ao *Vedānta*, ao budismo do Grande Veículo, ao esoterismo cristão e até ao xintoismo e à tradição dos Índios da América do Norte.

As poucas pessoas que tiveram o privilégio de aproximar-se de Frithjof Schuon são unânimes em dizer ter nele reconhecido a imagem arquetípica do 'homem tradicional'. Os três encontros que tivemos só fizeram reforçar essa opinião.

Então, ele morava nos altos de Lausanne, em Pully, em uma pequena casa escondida sob as folhagens. Revejo, nitidamente, a espécie de cela onde me recebeu; esteiras no chão, mobília simples, de estilo marroquino. Uma janela filtrada por uma tela dava para o lago Leman, Évian e os Alpes. Na parede, o nome de ALÁ em caracteres *koufiques* e o retrato do xeque Al-Allawī de quem havia sido discípulo de 1930 a 1933. Sentados, cada um sobre uma almofada alta, encostados na parede, separava-nos uma mesa baixa, com sua bandeja de cobre redonda, coberta de papéis. Nós nos víamos de lado. (Ele lembrou-me que, na Índia, nenhum discípulo podia ficar diante do guru e isso para evitar que a ação do *prāna*, ligado à respiração e à voz, produzisse um 'choque' no plano psíquico). Eu não era discípulo de Schuon, mas achei expressiva essa atitude; significativa, também, a dificuldade que tive para abrir a portinhola do jardim, cuja fechadura não funcionava direito: aí estava, para mim pelo menos, que precisei de longos minutos para abri-la, uma espécie de *provação* simbólica a vencer no portal.

Schuon tinha a feição dos seres espirituais; a feição que nunca havíamos visto antes e que, no entanto, reconhecíamos imediatamente. Mas, como sugerir mais que características físicas, quando a própria essência que emana do ser não pode ser limitada por nenhuma norma de estilo? Testa grande, barba grisalha curta, cabelos brancos abundantes puxados para trás, nariz bem arqueado, dedos longos e afilados de pianista. Seus olhos chamam menos a atenção do que seu olhar. Seus gestos têm vivacidade, são ritualizados até nos menores detalhes: convidar para sentar, pegar uma caneta, são gestos importantes... Usava um caftã marrom com uma echarpe de seda clara que caía em cima de seus braços e ombros.

Durante as entrevistas deslizava, de uma mão para outra, um pequeno terço de contas de marfim. Sua capacidade de acolhida e de atenção para o outro era completa; parecia, sempre, profundamente interessado por aquilo que lhe perguntavam, mesmo que fosse a maior banalidade. Exprimia-se com leve sotaque germânico – por ser originário da Basiléia –, articulando as frases com clareza, deixando transparecer convicção ardente, autoridade categórica, ênfase majestosa. Falava com pronúncia de origem as palavras latinas, gregas, árabes ou sânscritas, embelezando assim suas afirmações.

Schuon vive nessa casa modesta, desapercebida, ele mesmo desapercebido da intelectualidade oficial, dominando com toda a profundidade de seu pensamento todos os pseudo-filósofos do momento, cuja obra faz tanto mais barulho quanto mais desesperadamente vazia é. Ali vive ele, entre a oração e a obra, lentamente elaborada, na paciência e no segredo, como os antigos 'reclusos', os *sequestrati*, sem cuja solidão o mundo, há muito, teria deixado de existir. Contemplando aquele companheiro do 'refúgio celular', da *khalwah*, penso nos versos do xeque al-Akbar em seus *Futūhat*: "Retirei-me com Aquele que amo apaixonadamente". Fechado em sua câmara iniciática, é aqui que ele faz menção a Deus para ser mencionado por Ele, é aqui que ele aumenta sua ciência "fechando as aberturas", como diz Ibn Arabī, "para que nenhuma corrente de ar afete o equilíbrio", mas para que seu pensamento reflexivo receba, apenas, o *fayd al-ilāhī*, a 'confissão divina' dos conhecimentos. Que Deus conceda suas graças de união e paz a esse sábio eminente!

Entrevista de 26 de julho de 1967

Minha primeira entrevista com Frithjof Schuon foi, principalmente, de ordem teórica. Como para as duas seguintes, somente relatarei as passagens que pude transcrever logo em seguida, quando a memória ainda não traía as palavras ouvidas. Consciente de estar vivendo momentos importantes, esforçava-me por prestar a maior atenção ao que me era dito.

Estava, então, muito ocupado com a questão dos ciclos cósmicos e com sua implicação em consequências coletivas e pessoais a longo e médio termo. Estaríamos na última fase do *Kali-yuga*[2]?

— Estamos, respondeu Schuon, na última fase do

[2] O quarto e último ano de um ciclo cósmico maior, ou Manvantara; "a era das trevas", a era dos conflitos.

Kali-yuga, o que não quer dizer a última, que é, falando claramente, o reinado do Anti-Cristo e que precederá, imediatamente, a dissolução final, o *pralaya* dos hindus.

Jean Biès: Que crédito podemos dar às datas que foram marcadas quanto ao fim da "idade das trevas"?

Frithjof Schuon: Nenhum. Essas datas são aproximativas; podem também se tratar de números simbólicos. Somente é possível fixar o fim do ciclo com uma margem aproximada de cinquenta anos.

J.B.: Se o fim do *Kali-yuga* está próximo, o que Shrī Rāmakrishna[3] queria dizer quando predizia que voltaria daqui a duzentos anos?

F.S.: Duzentos anos é simbólico. Provavelmente, ele queria dizer que logo haveria um fenômeno como o seu, permitindo insistir sobre a unidade das religiões, o que é o próprio fundamento de sua mensagem.

J.B.: Esse fim do *Kali-yuga* é uma queda vertical?

F.S.: Seria melhor falar de um movimento ondula-tório descendente. Há degradações cada vez mais evidentes, comprometendo cada vez mais o futuro. Mas também há compensações. Há meio século, na Universidade, era a noite intelectual. Continua sendo a mesma noite, mas podemos falar de ioga, de *Vedānta*[4],

---

[3] Shrī Rāmakrishna (1836-1886), grande sábio e místico bengali, considerado na Índia como "Descida" divina.
[4] O fim do "Veda", o coroamento do Conhecimento.

em alguns meios. Absurdos oficiais, contra os quais nada se podia fazer, eram ensinados. Hoje, somos menos ingênuos; há enorme curiosidade pelo Oriente e orientalistas cujos méritos é impossível negar.

J.B.: Como você vê o futuro da Universidade nos próximos trinta anos?

F.S.: Isso se arrastará até o fim... A Universidade sempre encontrou seu *modus vivendi*. Decadência é isso; haverá reerguimentos parciais e momentâneos. A atitude a adotar é dizer o que pode ser dito. Simples questão de discernimento e oportunidade.

J.B.: Você constatou que, entre os jovens, alguns não querem a *cultura* que lhes é imposta, suspeitando da existência de algo mais e manifestando uma bonita curiosidade espiritual?

F.S.: Essa disposição deve ser encorajada. Mas, os jovens são habitualmente dialéticos e ficam discutindo ninharias. É preciso ir ao essencial com eles.

J.B.: Você lembrou, em *Unité transcendante des religions* (Unidade transcendente das religiões) o atual reaparecimento da *Sophia perennis*, em virtude da lei da compensação ao materialismo corrente. Você julga, xeque, que, além dos trabalhos realmente demasiado especializados, tenha chegado o momento de uma revelação do esoterismo, pelo menos aos ouvidos dos que podem escutar?

F.S.: Esse, também, é um caso de discriminação. É prudente ver o grau de maturidade dos interlocutores;

uma vez isto feito, é possível falar de esoterismo em alguns casos.

J.B.: Observei que você se mostra muito mais severo em relação aos artistas plásticos do que em relação aos poetas e músicos. Você até chegou a declarar, em *Príncipes et critères de l'art universel* (Princípios e critérios da arte universal) que, na época do Renascimento e nos anos seguintes, a degeneração da música e da poesia era infinitamente menor que a das outras artes. Por quê?

F.S.: A decadência das artes plásticas é bem maior que a das artes sonoras. A causa não tem explicação... Os sonetos de Michelangelo são muito superiores à sua estatuária, que é das menos espirituais, como toda a arte humanista. Dante e os trovadores foram verdadeiros poetas; mas eles estavam integrados em uma sociedade espiritualmente normal. Encontramos, ainda, bonitos resultados nos séculos XVIII e XIX, na literatura alemã, em certos quartetos de Beethoven.

J.B.: Você julga, entretanto, xeque, que um 'renascimento' já tenha, apesar disso, começado na penumbra e que esse 'renascimento' possa ter sua origem no Ocidente, como sugere, por exemplo, Julius Evola?

F.S.: Não se vê o sinal de um 'renascimento' efetivo. Evola coloca os *kshatriya*[5] acima dos *brāhmana*[6]; ele confunde o papel do Oriente com o do Ocidente e escolhe Mussolini! Podemos somente dizer que há

[5] A casta cavalheiresca na sociedade tradicional indiana.

[6] A casta sacerdotal.

aqui, como em toda parte, individualidades isoladas que redescobrem, sozinhas, as sabedorias tradicionais.

J.B.: O que, então, quer dizer *hadīth*, segundo o qual, ao fim do ciclo, o sol e as estrelas se levantarão no oeste?

F.S.: Significa, em primeiro lugar, que, a partir de uma certa época, os grandes santos do Islã seriam principalmente os Maghrébins. Foi o que constatamos. Em seguida, que o Mahdi viria do oeste. E, finalmente, que o Oriente tem necessidade, hoje, não certamente das lições do Ocidente moderno, mas de uma certa ajuda do gênio ocidental valorizado pelo espírito metafísico e tradicional, portanto, em grande escala, pelo Oriente. A parte positiva de seu espírito crítico, assim como algumas de suas qualidades morais, os Ocidentais curados da aberração moderna podem legar aos Orientais envenenados ideologicamente, indolentes e privados de método.

J.B.: Você esteve duas vezes com René Guénon no Cairo; sei que está longe de concordar com todos os seus pontos de vista. Como constituir a 'elite virtual' desejada por Guénon, quando o mesmo autor escreve que a passagem de um ciclo para o outro é 'instantânea', ou seja fora do tempo?

F.S.: É uma contradição. O que podemos visualizar, por enquanto, é somente uma 'salvação' individual. A elite precisa sobreviver para conservar a Verdade. Não é o próximo ciclo que precisa da elite, somos nós!... Por outro lado, devemos pensar que não é toda a humanidade que irá desaparecer...

J.B.: Como conciliar um descompromisso político com a idéia de que "outros – como você declarou – encarregam-se de pensar e agir por aqueles que não desejam fazê-lo"?

F.S.: A verdadeira *apolitéia* não consiste, somente, em não esperar nada de bom dos políticos da moda, mas em trabalhar em si para se transformar em um homem antigo, para tornar-se capaz de seguir um caminho, antes mesmo de querer segui-lo... Todos os reflexos do homem moderno chocam-se contra os exercícios e as atitudes espirituais: ligar o rádio, pegar o telefone, ler o jornal, dirigir um carro são alguns dos automatismos destrutivos... É preciso esforço para evitá-los por todos os meios, assim como às ideologias e filosofias atuais; nunca nos foi pedido para ingerir venenos e sujeiras. É preciso adquirir o espírito de um metafísico e conservar a alma de uma criança, permanecer em contato com a natureza, amar as flores, ler velhos livros simples como a *Légende dorée* (Lenda dourada)... Quanto ao restante, procurar fazer o mínimo mal possível...

J.B.: Como você veria um acordo entre religiões, baseado em interesses comuns, diante de perigos comuns?

F.S.: Não podemos pedir o impossível aos fiéis. Mas seria preciso fazê-los compreender que um primeiro acordo urgente e fácil impõe-se e que, face ao materialismo, ao cientifismo, ao ateísmo, eles têm idéias e tendências semelhantes. Sei que o 'narcisismo religioso' impede que enxerguemos a verdade nos outros.

Quando o cristão pensa no Islã, pensa somente na poligamia! Mas há muçulmanos castos; e quantos católicos não têm duas ou três mulheres e o escondem? Os muçulmanos, os hindus, os budistas fazem preces, jejuam, fazem vigílias e se ajoelham. Ainda hoje. Quantos cristãos o fazem? Conheço revistas que ainda associam o Islã a Satã!...

J.B.: Quais seriam as modalidades desse acordo?

F.S.: Precisaria haver uma conferência entre diferentes emissários, todos de acordo quanto à luta contra o ateísmo. Pelo menos, entender-se sobre os princípios. O ecumenismo tal como é praticado atualmente é absurdo. O acordo só será, de fato, possível a partir das convergências do esoterismo... Um católico compreendeu o Islã: Massignon, que o julgou até uma Revelação autêntica.

Entrevista de 9 de setembro de 1968

Minha segunda entrevista com Frithjof Schuon versou principalmente sobre a unidade das religiões. Sentia, inicialmente, necessidade de ser esclarecido sobre como elas encaram a sucessão temporal, segundo uma concepção geralmente cíclica, mas linear no cristianismo, o que pode dar lugar a uma contradição. Se Cristo, encarnando-se, transfigurou o tempo e quebrou o ciclo 'infernal' das emanações, haveria conciliação com o que ensinam, por exemplo, os *Purāna*[7]?

---

[7] As *Antigas Narrativas* do hinduísmo, juntando lendas, mitos e várias tradições.

Schuon respondeu que se tratava menos de uma 'visão', propriamente dita, do que de um 'ponto de vista' metafísico, um *darshana*. Todos os Padres da Igreja aceitaram a doutrina cíclica. O cristianismo só foi levado a preferir a concepção linear do tempo porque devia, para impor-se a um mundo hostil, sustentar exatamente o contrário das filosofias da época. Concentrando toda sua atenção sobre o fenômeno crístico, o tempo foi dividido em uma fase anterior e em uma fase posterior ao Cristo... Questão a tal ponto complexa que cada religião forma um ciclo maior formado de ciclos secundários.

Minha segunda questão era de ordem mais dogmática: poderíamos conciliar o dogma cristão, segundo o qual o Cristo, Filho 'único' de Deus, encarnou 'uma única vez' e 'de uma vez por todas', com a doutrina dos *Avatares*[8] sucessivos, onde o Cristo não é senão um entre outros?

Schuon respondeu nos seguintes termos:

"Uma religião semítica sempre se limita a um 'fenômeno' somente e o exoterismo cristão insiste, principalmente, sobre o aspecto 'histórico' do aparecimento do Cristo. Para os judeus, os cristãos e os muçulmanos, só é verdadeiro aquilo em que acreditam. Confunde-se uma verdade principial com um fato ocorrido no tempo humano; cria-se uma ligação sentimental com um fato, uma idéia... O Cristo atualiza uma manifestação divina; mas o *Veda* faz o mesmo. A metafísica situa-se para além do 'fenômeno' como tal. "Eu sou o Caminho, a Verdade e a Vida": para o cristão, 'Eu' designa Jesus Cristo; mas do ponto de vista metafísico, 'Eu' corresponde ao Logos, o qual pode se manifestar em toda parte."

---

[8] "Descidas" de Vishnu no mundo manifesto, encarregadas de proporcionar ensinamentos espirituais.

Minha terceira questão relacionava-se à transmigração: existiria um ponto de contato entre a doutrina da transmigração (mesmo interpretada em sua acepção simbólica) e a doutrina de uma vida terrena única, da unicidade da 'pessoa humana' como aborda a teologia cristã?

"Nisso também, disse Schoun, a doutrina judaico-cristã continua parcial. Daquilo que não diz respeito ao ser humano como tal, ela é vaga e hesitante. Ou melhor, ela declara o Inferno eterno quando nada pode ser eterno além do Absoluto! Ora, se Cristo não fala da transmigração, ele não a condena, em lugar algum. A Índia fala, ao mesmo tempo, de um Paraíso eterno, o *Brahmaloka*, onde não há renascimentos, e da transmigração, que podemos associar aos 'limbos', extrinsecamente ao menos."

Jean Biès: Você gosta de citar a frase de São Irineu: "Deus fez-se homem para que o homem se fizesse Deus". Seria, ainda, possível, xeque, nas condições do mundo atual, trabalhar nessa alquimia interior que permite passar do *Samsāra*[9] ao *Nirvāna*[10]?

Frithjof Schuon: Sempre é possível. Desde que intercalemos pausas meditativas em nossas ocupações, regular e diariamente. Mas, é preciso começar pela prática de um severo ostracismo: banir tudo o que não for 'estritamente necessário', desfazer-se, inicialmente, de toda vaidade, não antecipar 'possibilidades', 'fenômenos', nem procurá-los, não seguir um caminho atrás de uma 'experiência espiritual': o momento da morte, eis

---

[9] O mundo do futuro e do múltiplo, no hinduísmo.
[10] A extinção do eu e da ilusão.

uma experiência!... É preciso lembrar que as próprias bases de toda vida interior são, *primeiro: discernir* o real do ilusório, *Ātma* de *Māyā* – e *segundo: concentrar-se* no real. E isso, segundo algumas condições intrínsecas que são, de um lado, a 'ortodoxia formal' e, de outro lado, as 'virtudes'. A 'ortodoxia formal', ou seja a harmonia sagrada das formas das quais nos cercamos e cujos protótipos são a natureza virgem, a arte sacra, a civilidade tradicional. As 'virtudes' estáticas, como a resignação, a paciência, a pobreza, a modéstia, a humildade, a consciência de seu nada ontológico; e dinâmicas, como o fervor, a confiança, a vigilância, a generosidade... Nada deve permanecer fora da vida espiritual, porque ela convoca o homem por inteiro, portanto tudo o que for humano, na medida em que temos a escolha.

J.B.: A Igreja romana 'protestantizada' não tem mais nada a ver com aquela na qual Guénon baseava alguma esperança. Que atitude você aconselharia aos católicos de hoje?

F.S.: Muitos dizem que se lhes tornou impossível aceitar os exageros demagógicos do modernismo. Como se tornou um sofrimento muito grande assistir a uma missa onde tudo é feito ao contrário, eles podem rezar em casa, estar presentes somente na eucaristia.

J.B.: Você ainda julga possível, xeque, seguir um esoterismo cristão verdadeiro?

F.S.: Trata-se de entender o significado da palavra esoterismo. Tudo, no cristianismo, é, em princípio, esotérico, ao contrário do Islã, que distingue *Sharī'ah*, o exoterismo social e legislativo, de *Tarīqah*, o caminho iniciático. No cristianismo, como em toda outra religião, os dogmas podem ser interpretados esotericamente, à luz da gnose universal. O que pode ser mais esotérico do que o vinho litúrgico?...

J.B.: A seu ver, os sacramentos não se degeneraram?

F.S.: Eles não podem sê-lo.

J.B.: O que você entende por aquela 'décima parte da Lei', mencionada por um *hadīth* e que é exigível dos homens do fim do ciclo? Seria suficiente recitar uma vez por dia o *Pai Nosso*, como a Virgem pede aos pastores de Salete, ou essa décima parte exige uma vida quase eremita?

F.S.: No início do ciclo, era preciso cumprir os nove décimos: é o que mostram os *Shastra*[11]. No fim do ciclo, a décima designa, evidentemente, o mínimo. No Islã, as cinco preces diárias e a caridade; para os cristãos, confessar-se uma vez por ano, celebrar a Páscoa...

J.B.: Você é hostil à psicologia, enquanto aprendizagem do conhecimento de si mesmo, e, especialmente, ao freudismo e à psicanálise em geral. A única psicologia que você reconhece é a 'ciência dos temperamentos', que estuda as causas de nossas atitudes e de nossas ações ou reações, os núcleos de erros inarticulados no subconsciente. Você disse: "É conveniente trazer à luz esses núcleos e esvaziá-los; é o que faz a vida espiritual", mas não

[11] As regras e preceitos, entre as quais as *Leis de Manou*, no hinduísmo.

se chega rápido demais a um tipo de pisoteio?

F.S.: É inevitável... O escultor precisa bater o metal, muito tempo, em vão; mas no centésimo golpe, ele se quebra. O mesmo acontece com a alma. Ela é feita de gelo, de paixões obscuras e servis, mas também de um elemento luminoso que deseja ser libertado de seu invólucro. Trata-se de destruir a crosta, não a energia passional. Esta não é má em si mesma; é neutra. É preciso fazê-la voltar, interiorizar-se. O elemento imortal em nós, o *intellectus increatus et increabilis* de Eckhart, pede para ser libertado da camada de trevas. Somos aqui embaixo o que seremos além... A ascese requer, sempre, uma certa violência; ela é uma 'conversão', uma libertação do ser para tornar-se o que ele é. É o esforço de uma vida inteira; o resultado pode chegar somente na hora da morte; mas ele acontece e a alma, então, se derrete como cera.

J.B.: Esse trabalho de transformação interna não sofre o risco de criar uma distorsão perigosa em contato com o meio?

F.S.: Podemos, sinceramente, representar a comédia...

Entrevista de 25 de agosto de 1971

Circunstâncias diversas impediram-me de encontrar Frithjof Schuon nos dois anos seguintes. A sensação de ter recebido muito de suas palavras e de sua presença, assim como preocupação com a discrição, dispensavam-me de querer mais, antes de ter assimilado o que me havia sido confiado e que era completado, aliás, pela publicação regular de seus trabalhos, assim como pelo recebimento de várias cartas. Entretanto, o interesse crescente que me impelia à prece do coração como ioga cristão fez-me solicitar um novo encontro.

Encontrei um Schuon nada mudado, apenas um pouco mais envelhecido. Mas, em volta da pequena casa, haviam sido construídos edifícios enormes, esmagando-a com seu peso e fazendo desaparecer qualquer esperança de vista para o lago e as montanhas. Havia uma espécie de sinal de que o lugar de Schuon já não era mais aquele. Ele já devia estar pensando em partir; soube, alguns anos mais tarde que havia, efetivamente, emigrado para os Estados Unidos, onde o esperava a comunidade de seus discípulos sufis.

Jean Biès: Apreciei particularmente as páginas que você dedicou ao hesicasmo. O que poderia dizer sobre essa 'prece do coração', que sempre me pareceu o coração da prece?

Frithjof Schuon: Você deve ter lido, muitas vezes, que para o homem do *Kali-yuga*, o que vale, acima de tudo, é a 'lembrança de Deus'. Aí está a quinta-essência da religião. O importante é *lembrar-se*. Invocamos Deus, sem apego, nem espera de uma recompensa, porque Ele é a única Realidade. Em seguida, vem o motivo do amor. O homem procura a felicidade; ele tem o direito de procurá-la, porque é feito para ser feliz. Ora, onde posso encontrar essa felicidade, senão no amor do Amor? Invoco Deus porque quero e devo ser feliz. "Amo porque amo", diz São Bernardo: é uma elipse metafísica admirável. Finalmente, o motivo do temor. O homem é pecador, arrisca o sofrimento do Purgatório, ele o sabe.

Ele sabe que deve salvar-se. Como fazer? Nada apazigua mais a cólera de Deus que a invocação de Seu Nome com fé, humildade e perseverança.

J.B.: Algumas pessoas falaram da existência de uma iniciação hesicasta. Xeque, acha necessário obter essa 'bênção'?

F.S.: A iniciação cristã é o batismo, a comunhão, a confirmação. Eis o esoterismo cristão. Deveríamos acrescentar-lhe, em primeiro lugar, a doutrina: *Atma*, o Real, transforma-se em *Maya* , o ilusório, para permitir a *Maya* transformar-se em *Atma*. Em segundo lugar, o método: a prece de São Paulo, "Reze sem parar", a parábola do juiz iníquo... Há bênçãos particulares: quando pronunciamos votos monásticos; mas sua quinta-essência é a oração contínua. Pobreza, castidade, obediência são suportes sem valor se a prece estiver ausente. É preciso fazer voto de oração contínua e, então, a bênção se derrama... Não é obrigatório estar no mosteiro; podemos estar no mundo, como o peregrino russo.

J.B.: Como fazer esse voto de oração?

F.S.: Podemos, diante da imagem da Virgem, fazer o voto de nos comprometer a pronunciar, por toda a vida, a fórmula consagrada e tradicional, o *mantra* cristão por excelência: IÉSOUS; ou KIRIE IÉSOU CHRISTE, ÉLEÏSON ME; e obtemos, diretamente, a bênção do Céu. Fazer ao Céu essa promessa de prece, mantê-la retirando-se, todos os dias, um quarto de hora pela manhã, ao meio dia e à noite e orando, sempre que possível, o resto do tempo; e todos os meios do vishnuista são, então, fornecidos... A invocação do Nome salvador é capaz, à perfeição, de proporcionar uma iniciação crística autenticamente tradicional. O homem do *Kali-yuga* pode, de uma hora para outra, não ter ninguém com quem contar. Nada mais lhe resta senão recorrer ao Nome.

J.B.: Como um laico atual pode praticar a prece jaculatória?

F.S.: A Igreja cristã propõe fórmulas jaculatórias visando diversas indulgências e as fórmulas contendo o nome de Cristo, às vezes também o de Maria (como sua *Shakti*), podem, em princípio, ter a função de método invocatório, baseado nos sacramentos, e a de voto apropriado. Digo em princípio, porque basta uma idéia falsa ou uma tendência de desarmonia para comprometer tudo. Na Idade Média, esse problema não se colocava. Tampouco, ainda hoje, no monte Athos.

J.B.: Como repetir o Nome durante o trabalho superintelectual ao qual está limitado o homem moderno?

F.S.: Não trabalhamos como uma máquina. Sempre há momentos perdidos... Mas, quando se trata de orar, achamos que não temos tempo.

J.B.: Aí, também, não haveria perigo de automatismo?

F.S.: Nesse caso! Viva o automatismo!...

J.B.: Quais devem ser o traje e a atitude daquele

que reza?

F.S.: O traje europeu não tem nenhum argumento a seu favor. Ora, também somos responsáveis por nosso traje... Podemos usar, para rezar, um vestido, um caftã, uma djellaba, tanto faz! Desde que a roupa profana esteja escondida. Devemos nos vestir com uma roupa universal. E, por outro lado, sentar sobre um assento baixo, permitindo que os pés fiquem cruzados, assegurando a simetria ao corpo, ou sobre um banco rústico. Ou, ainda, no chão, na posição de lótus.

J.B.: Os procedimentos psico-fisiológicos, a descida do *noûs* no coração podem dizer respeito aos laicos atuais?

F.S.: É querer ir para o Inferno e nunca mais voltar! Essas coisas não foram escritas pensando no homem do século XX. Basta, apenas, a repetição do Nome, ajudada e sustentada pela respiração.

J.B.: Como apagar as lembranças, associações, idéias errantes? A oração, frequentemente, apenas *borboleteia* na superfície do Nome.

F.S.: Há o uso dos argumentos. Por exemplo, aquele que consiste em dissociar o real do irreal, para se concentrar no primeiro. O argumento da felicidade: a única felicidade reside no Nome divino. O argumento de confiança: o mundo arde, tudo nele é sofrimento. Portanto, vamos correr para Deus com confiança.

J.B.: Aplicar o Nome divino às pessoas, aos animais, colocá-lo como uma marca sobre os elementos naturais, isso não se assemelha a um certo 'teilhardisme'[12]?

F.S.: É tempo perdido e um erro. Mas ainda é melhor um erro que uma heresia.

J.B.: A prece do coração não seria uma forma de eucaristia verbal?

F.S.: Pelo enunciado do Nome, o homem assimila-se à presença divina, cujo Nome é o suporte consubstancial. O simples enunciado é análogo à enunciação primordial do Ser. O Nome foi revelado por Deus; implica em uma Presença que se torna operante na medida em que o Nome se apropria do mental de quem o invoca.

J.B.: Nesse clima de apocalipse, o que fazer para *agradar a Deus* e realizar inteiramente o que somos?

F.S.: Se eu tiver cumprido o essencial, essas questões deixam de existir; se sei o essencial, sei, por isso mesmo, o secundário. Deus pede tudo a todo homem. Deus quer nossa alma... Se nós a dermos, saberemos certamente o que Ele exige a mais, se for o caso. Devemos proceder do conjetural para o evidente, do possível para o necessário, do facultativo para o obrigatório. Para sermos realmente úteis, precisamos esquecer quem somos: Deus nada pode fazer com o ambicioso. A vocação certa de todo homem é dar-se incondicionalmente a Deus, esquecer-se n'Ele e, assim, fazer ato de presença espiritual no mundo.

---

[12] Segundo Teilhard de Chardin.

JEAN HERBERT

Intérprete dos deuses e dos sábios

Pergunta: *Jean. Você se considera um sábio?*

Resposta: *Oh! não, é claro que não. Mas tive o extraordinário privilégio de encontrar sábios que me falaram dos deuses e me pediram para transmitir-lhes o que me haviam dado.*

Encontro de Vandoeuvres
Abril de 1974

A entrevista seguinte foi realizada em Vandoeuvres, na Suíça, em 13 de março de 1974.

Jean Herbert morreu em 20 de agosto de 1980.

Gandhi, Vinōbā Bhave, Shrī Rāmakrishna, Swāmi Vivekānanda, Swāmi Rāmdās, Shrī Aurobindo, Ramana Maharshi, Mā Ananda Moyī... Os 'sábios da Índia contemporânea'... Esses nomes estão ligados ao de Jean Herbert, sem o qual pouco ou absolutamente nada saberíamos deles. Nomes que são, também, palavras de vida, ensinamentos capitais, onde o Ocidente à deriva absorve os elementos da eterna sabedoria e as possibilidades de uma humanidade futura. Desse modo, Jean Herbert não surge apenas como um tradutor ou um divulgador de talento, mas como um humanista e um precursor, ao mesmo tempo sensível à aproximação dos povos do Oriente e do Ocidente e preocupado com uma unidade mundial em nível elevado.

Diante dele, estávamos na presença de um homem que havia passado cinquenta anos de vida percorrendo a Ásia, permanecendo junto de seus mestres espirituais. E os cinquenta volumes que dedicou ao Oriente – dos quais alguns são verdadeiras enciclopédias – demonstram a extensão e a importância da pesquisa. Esta não é uma elaboração universitária abstrata; mergulha nas próprias profundezas de uma sabedoria sempre vivenciada, sempre visível – basta ir lá ver com os bons endereços –, e propõe soluções eminentemente práticas.

Se os últimos sobreviventes de uma humanidade destruída, refugiados em uma ilha deserta, tivessem o direito de trazer apenas alguns livros para poderem reconstruir o futuro, certamente seriam os das 'Espiritualidades vivas', como os traduzidos e transmitidos por Jean Herbert.

O soldado

Nasceu em Paris, em frente à Sorbonne, em 27 de junho de 1897. O pai, que ensinou durante sessenta anos na *École des sciences politiques*, e a mãe, igualmente professora, desejavam vê-lo trilhar o mesmo caminho. Saindo do colégio Chaptal, conseguiu uma bolsa para preparar-se para a *École Normale Supérieure*. Mas a Primeira Guerra Mundial, que o surpreendeu de férias em Edimburgo, interrompeu seus estudos. Ficou na Escócia um ano mais, ensinando francês no *George Watson College*. Seus estudos, prosseguidos com dificuldade durante e após a guerra, concentraram-se nas letras e no direito, na Sorbonne, no russo na *École des langues orientales*. Mas as circunstâncias o fizeram, muito cedo, desistir do ensino; no secundário, pelo menos (pois deveria dar aulas, mais tarde, durante dez anos, na universidade de Genebra).

Convocado, em 1915, para o primeiro regimento de zuavos, depois de alguns meses foi transferido para a artilharia. Teve a responsabilidade excepcional de comandar, no caminho dos Dames, a algumas centenas de metros das linhas inimigas, a seção encarregada de contra atacar o canhão 'Grosse Bertha', que então bombardeava Paris. Esse jovem sub-tenente tinha, em seu posto de comando, uma linha direta com o ministério da Guerra, que o avisava quando um obus caía sobre Paris. Nunca caíram dois no mesmo dia, o que lhe valeu a cruz de guerra. Após a ofensiva alemã do mês de abril, graças a seus conhecimentos de inglês, foi enviado como oficial de ligação junto a uma divisão inglesa de artilharia e, depois, como conselheiro técnico junto a uma divisão americana de artilharia, que acabava de desembarcar e com a qual terminou a guerra.

Em 1939 foi mobilizado outra vez e durante um ano atuou, em Valence, como chefe do estado-maior de uma unidade encarregada de formar regimentos de artilharia pesada. Quando ocorreu a grande debandada, seu chefe encarregou-o de levar rapidamente, para qualquer lugar, cerca de dois mil recrutas alsacianos que haviam acabado de ser incorporados e que, se fossem pegos pelos alemães, corriam grande risco de fuzilamento. Sem dinheiro nem meio de transporte, praticamente sem oficiais, ele conseguiu levá-los em segurança, todos, sem exceção, até os Pirineus. Depois disso, desmobilizou-se do cargo e refugiou-se em uma fazenda isolada dentro da mata, nos maciços de Maures. Lá ficou até o fim da guerra, sem que as tropas alemãs de ocupação suspeitassem de sua presença. Esses anos de isolamento lhe foram de extraordinária fertilidade para o trabalho ao qual, a partir de então, dedicou-se.

O intérprete

Em junho de 1917, um episódio inesperado decidiu, efetivamente e sem que suspeitasse, qual seria sua profissão. Estava em Paris, em licença de quatro dias, quando lhe ofereceram a oportunidade de acompanhar a Londres o ministro das Finanças, M. Thierry, e o diretor do *Banque de France*, M. Luquet, que iam solicitar um empréstimo. Munido, em algumas horas, de um passaporte diplomático assinado pelo ministro dos Assuntos Estrangeiros e de uma ordem de missão assinada pelo ministro da Guerra, ele exerceu, pela primeira vez, as funções de intérprete, tomando o café da manhã com Lloyd George em sua residência de Park Lane. Foi o início de uma carreira que durou sessenta anos.

Convocado pelo exército para servir como intérprete nas comissões de armistício, no início de 1919, naturalmente integrou a equipe de uma dezena de intérpretes na conferência das preliminares de paz que preparou o tratado de Versalhes. Na comissão das reparações encarregada de decidir o montante dos prejuízos exigidos da Alemanha, a decisão da comissão que determinava essa dívida exibe somente sua assinatura.

Entre as duas guerras, trabalhou em todas as grandes organizações internacionais: Sociedade das Nações, Secretaria Internacional do Trabalho, sociedades científicas eruditas, organizações profissionais, conferências diplomáticas, Cruz-Vermelha, congressos de todo tipo e de todos os níveis. Esteve lado a lado com Clemenceau, Poincaré, Briand, Barthou, Winston Churchill, antes de se tornar amigo de Rolland e de Kazantzakis.

A Segunda Guerra Mundial ainda não havia terminado quando, em seu refúgio provençal, recebeu do Ministério Francês dos Assuntos Estrangeiros um telegrama marcando um encontro na estação *Saint Lazare*. Chegando a Paris, soube que uma grande conferência iria reunir-se em São Francisco para preparar uma Organização das Nações Unidas destinada a substituir a Sociedade das Nações. Fez parte da equipe de quatro intérpretes que assessoraram Georges Bidault. Nessa ocasião, a língua francesa foi imposta no mesmo plano que o inglês e o russo.

Jean Herbert tornou-se o primeiro intérprete-chefe das Nações Unidas. Começando com três colegas, formou rapidamente outros, de maneira que, ao fim de dois anos, dispunha de uma equipe de oitenta intérpretes. Mas, como presidente do comitê de pessoal, entrou em conflito permanente com o secretário geral, Trygve Lie. Ambos ficaram aliviados quando Jean Herbert foi transferido para Genebra. Ficou ainda sete anos nas Nações Unidas, depois recuperou sua liberdade e, como intérprete independente, continuou a trilhar os cinco continentes.

Autor do *Manuel de l'interprète* (Manual do intérprete), publicado em seis línguas e usado em todas as universidades do mundo, presidente da Associação Internacional dos Intérpretes de Conferências, presidindo, durante quinze anos, os júris de exames das escolas de intérpretes nas universidades de Paris e de Trieste, Jean Herbert encarregou-se, ainda, de outra tarefa. Para induzir as escolas universitárias de intérpretes a colaborarem entre si, conseguiu, não sem esforço, agrupá-las em um conselho permanente que mantém, desde então, reuniões anuais. Não contente com esse primeiro resultado, conseguiu que elas criassem e patrocinassem, conjuntamente, uma coleção de dicionários técnicos multilíngues que foram publicados, sob sua direção, pelas *Éditions Elsevier* (Amsterdã). Pela primeira vez na história, universidades de vários paises diferentes, Alemanha, Itália, França, Suíça, Estados Unidos investiram numa colaboração desse tipo[1].

O buscador da verdade

Mas não foram essas as atividades mais importantes de Jean Herbert. De mãe católica e pai protestante, foi criado no catolicismo. Depois de uma primeira co-

---

[1] Com a coleção anexa, os *Lexica Elsevier*, igualmente dirigidos por J. Herbert, os *Glossaria interpretum* contam, atualmente, perto de trinta e cinco volumes sobre os mais diferentes assuntos.

munhão fervorosa, seu entusiasmo diminuiu. Poucos anos mais tarde, seu professor de filosofia André Cresson, então representante da escola positivista de Auguste Comte, exerceu sobre ele forte influência e 'ensinou-o a raciocinar'. Jean Herbert ficou-lhe grato pelo resto da vida.

Entretanto, as preocupações espirituais e religiosas não tardaram a vir à tona. Durante alguns anos, sob a direção de Mme. Guetty, havia mergulhado na 'ciência cristã', da qual foi praticante. Nela encontrava uma visão mais profunda e mais espiritual do cristianismo do que na catequese. Mas também o mesmo complexo irritante de superioridade em relação a todas as outras concepções religiosas.

Uma viagem à Turquia, em 1925, surgiu como uma primeira revelação do Oriente através do Islã. Começou, em seguida, a estudar o budismo. Em 1934, uma conferência internacional, no México, deu-lhe a oportunidade de fazer uma turnê pelos principais países budistas: Japão, China, Indochina, Ceilão, Birmânia. Ficou profundamente decepcionado porque descobriu a mesma intolerância que o havia chocado entre os cristãos. Mas essa viagem lhe foi decisiva porque fez uma escala na Índia. Desde o início, aquele país o surpreendeu, interessou-o, com razão mais forte ainda porque havia lido e gostado muito das obras que Romain Rolland dedicara a algumas de suas personalidades espirituais.

Sem que tivesse procurado, um jogo de circunstâncias levou-o a Pondichéry, ao *āshram* de Shrī Aurobindo. Foi amor à primeira vista. Finalmente encontrara um mestre que aliava uma racionalidade rigorosa a uma surpreendente visão metafísica aplicável ao quotidiano, mantendo o respeito por outras concepções.

Jean Herbert havia encontrado seu centro de gravidade. Aurobindo não apenas o aceitou como discípulo e, mais tarde, conferiu-lhe a iniciação, como encarregou-o de traduzir suas obras para o francês e de publicá-las. Essa foi a ioga pessoal que lhe ofereceram e que o discípulo denomina, não sem humor, 'a ioga da máquina de escrever'.

Voltando a Paris, Jean Herbert relatou essa sua primeira estada a Romain Rolland, que lhe pediu para se aprofundar na obra que esboçara sobre a espiritualidade hindu, para divulgar, no Ocidente, não somente Aurobindo, mas também Rāmakrishna, Vivekananda e outros *gurus* tradicionais e autênticos da Índia moderna. Eis o ponto de partida de sua obra, facilitada por inúmeras permanências na Índia – mais de uma dezena, ou seja, um total de três anos –, durante os quais Shrī Aurobindo o aconselhou, também, a aproximar-se de outros sábios. Assim ficou, várias vezes, junto de Ramna Maharshi, Swāmi Rāmdās, Mā Ananda Moyī, Swāmi Sivānanda e conheceu Gandhi, Rabindranath Tagore e muitos outros dos quais traduziu várias obras.

O orientalista

Inicialmente, Jean Herbert defrontou-se com total incompreensão, tanto de editores como nos meios universitários, que reivindicavam uma verdadeira exclusividade sobre tudo o que dizia respeito ao hinduísmo. Durante quase dez anos, precisou endividar-se para publicar, às suas custas, os livros que, em seguida, divulgava entre os livreiros. Em 1944, no entanto, um artigo que publicou nos *Cahiers du Sud*, dirigidos por Jean Balard, atraiu a atenção de André Sabatier, diretor literário das edições Albin Michel. Sabatier pediu-lhe para escrever um livro sobre o hinduísmo. Jean Herbert concordou, sob a condição de que esse editor também publicasse as obras dos grandes sábios hindus. André Sabatier concordou e foi o começo da coleção *Spiritualités vivantes*[2] (Espiritualidades vivas). É importante lembrar, a propóstio, Paul Masson-Oursel, o primeiro professor universitário francês que compreendeu a importância desse trabalho e aceitou associar-lhe seu nome.

Jean Herbert, embora estivesse interessado, sobretudo, nos ensinamentos que podiam ser extraídos da mitologia hindu, até então quase totalmente desconhecida (ou incompreendida), fez uma incursão pelo xintoísmo. Foi para atender ao pedido de um amigo japonês, impressionado com a influência exercida sobre os ocidentais pelos ensinamentos espirituais hindus. Jean Herbert dedicou cinco anos à análise do xintoísmo e publicou, sobre esse assunto, cinco volumes, produzindo o primeiro estudo sério nesse domínio.

O sucesso alcançado pelos livros sobre o hinduísmo e o xintoísmo levou-o a incluir, em sua coleção, obras oriundas das mais altas autoridades do esoterismo muçulmano, das diferentes escolas budistas e do taoísmo. Não é exagero afirmar que essas obras revolucionaram, verdadeiramente, a atitude do Ocidente em relação à espiritualidade, até então insuspeitada,

---

[2] Essa coleção, retomada por M. de Smedt e J. Mouttapa, conta mais de cem volumes, dos quais alguns obtiveram relativo sucesso e, por essa razão, foram traduzidos em inúmeras linguas.

de outras religiões.

O carvalho roble

Estatura impressionante de grande intelectual que se divertia com tudo. Obra importante, produto de rara capacidade de trabalho, à qual três companheiros trouxeram sua contribuição sucessiva. Em Jean Herbert há a base, a força obstinada do carvalho roble. É que, sem dúvida, ele tinha a arte de se concentrar por inteiro. Trabalhava em seus textos, dentro da cabine de intérprete, durante a meia hora de intervalo entre as sessões de trabalho.

Encontrei-o em seu chalé de Vandoeuvres – onde fui recebido por vários dias – atapetado de livros, no meio de pinheiros. Conforto inglês, atmosfera de estudo. Como todos os seres realmente vivos, um ser contraditório: bigodes à 1930, cabelos longos de artista 'à moda de Shiva', fumando cachimbo ou charuto com deleite, mas capaz de parar de fumar a partir do momento em que o decidisse. Além disso, fino gourmet, mas igualmente capaz de comer pratos menos apetitosos. Para descrevê-lo é preciso mencionar o homem de passado profético, que se interessava pelos movimentos políticos do mundo através das cotações da Bolsa e exibia uma generosidade natural, mas razoável. É preciso lembrar que elegeu, como domicílio, as altas esferas do Espírito; que jamais renunciou ao bom senso, o qual considerava uma expressão privilegiada da sabedoria; que podia ser atento e delicado, ou duro, na amizade, se soubesse que assim ajudaria mais. Grave e sério, seus pequenos olhos perspicazes, apropriados para desnudar os textos e os seres, riam do espetáculo dos homens e das coisas, com grande indulgência na expressiva risada. (Shrī Aurobindo não o apelidara de Vishvabhandou, 'o Amigo de todos'?)

Falaríamos, muito tempo, sobre seu ecletismo – absolutamente ostensivo. Após ter explicado o hinduísmo a um sábio sufi, que lhe perguntara a respeito, esse sábio lhe disse: "E você acredita, realmente, em tudo isso?" – "Sim", respondeu. O sábio replicou: "Então, você é um verdadeiro muçulmano!"

Ele não cantava muito bem, mostrava-se insensível à poesia e à arte contemporânea, preferindo, talvez, as histórias debochadas. Porém, *trazia uma carga* das responsabilidades humanas que aqueles com quem convivia sempre o fizeram carregar. Sua qualidade mais marcante parecia ser a da adaptação a todos os lugares e circunstâncias: jejuava, quando não havia nada para comer; se não houvesse cadeira, sentava no chão. Em sua floresta dos Maures, encontrava para comer somente lactários, cogumelos de gosto medíocre, mas que ele, mesmo assim, achava 'deliciosos'... Finalmente, um daqueles seres com os quais nos sentimos bem, porque possuem, ao máximo, aquilo que é mais mal distribuído, a faculdade principesca chamada inteligência. Espírito de organização e de síntese, rapidez de elaboração, possibilidade de ir direto ao âmago de um problema, rigor no pensamento, preocupação com a palavra exata, abertura, respeito atento, fazendo-o, sempre, admitir a diversidade dos pontos de vista.

Das entrevistas que tive com Jean Herbert, trascrevo fragmentos que resumem seu pensamento, sem que precisemos nos perder nas sinuosidades da erudição. Nelas falta sua voz modulada e quente, suas mãos que sabiam representar. Não são os encantos menores de sua pessoa.

Jean Biès: Você é, seguramente, o homem que estava destinado a entregar, ao Ocidente, o molho de chaves que lhe faltava, ou que havia sido perdido, para sair de uma prisão que se tornou intolerável. O ensinamento dos grandes sábios da Índia contemporânea, como o do esoterismo sufi, do zen budismo, do xintoísmo, constituem uma parte apreciável dessas chaves. Você conviveu com Gandhi, Ramana Maharshi, Shrī Aurobindo, seu guru; manteve conversações com o dalai-lama. Você fez com que Swāmi Siddheswārananda viesse à França e recebeu Swāmi Rāmdās. Entretanto, sua profissão de intérprete nas grandes reuniões internacionais não parecia, em nada, predispô-lo a uma carreira de orientalista...

Jean Herbert: Foi, entretanto, a função de intérprete que me deu a condição para voltar-me ao orientalismo. A disciplina do intérprete consiste em compreender um indivíduo e traduzir seu pensamento da maneira mais honesta; a do orientalista, de compreender e fazer compreender um grupo de indivíduos. O intérprete deve se encarnar no orador e renunciar à sua própria personalidade, para exprimir e tornar-se o outro. Foi exatamente a mesma técnica que empreguei em minhas pesquisas sobre o Oriente, abdicando de minha personalidade e tornando as religiões orientais o mais claras possíveis.

J.B.: Qual foi seu objetivo criando a coleção *Spiritualités vivantes* (Espiritualidades vivas) na Albin Michel?

J.H.: Abrir o espírito dos Ocidentais para as filosofias orientais. No começo do século, as elites espirituais do Oriente e do Ocidente ignoravam-se completamente, ou mesmo desprezavam-se, na medida em que suspeitavam da existência umas das outras. Os cristãos, quando o faziam, falavam com condescendência das 'místicas naturais'. Pensei, encorajado por Romain Rolland, que seria útil e premente preencher esse vazio.

J.B.: Não se trataria de esboçar uma mudança de consciência entre alguns Ocidentais e de atender ao desejo de René Guénon pelo encontro dessas elites?

J.H.: Sem sombra de dúvida. René Guénon foi um grande pioneiro a quem muito devemos. Foi o primeiro ocidental a mergulhar de cabeça em uma mística oriental, para colher os frutos na prática.

J.B.: Esse trabalho não se fez sem dificuldades. Apesar de você ter dado aulas na universidade de Genebra, na qualidade de *privat docent*, o ensino oficial nunca o sustentou.

J.H.: Mais tarde a situação mudou. Porém, no início defrontei-me com uma oposição considerável. Os orientalistas não admitiam que pesquisássemos sobre hinduísmo junto aos hindus!... Julgavam saber muito mais que os adeptos das religiões estudadas; não os levavam a sério... Quando enviei um exemplar dos Comentários feitos por Shrī Aurobindo sobre o *Bhagavad-Gītā* a um célebre professor que ensinava o indianismo no *Collège de France*, ele respondeu agradecendo-me: "Não entendo o interesse que você tem por esse comentador indígena..." Quanto aos editores da época – tentei com todos, um após outro –, consideravam invendáveis livros cujos autores tinham nomes impronunciáveis!...

J.B.: Antes de chegar à Índia, gostaria de perguntar o que o Oriente, em geral, lhe proporcionou. E o budismo?

J.H.: Diante de tantos anátemas e cisões, já não sei realmente o que ele é. Há, de fato, vários budismos, mais do que religiões cristãs: tibetano, birmanês, chinês, cingalês, japonês. Seus aspectos são muito interessantes, mas muito diferentes. Seu único ponto em comum é a descoberta do eu, com a ajuda de certos métodos, a natureza de Buda. Entretanto, devo dizer que encontrei, nas obras do professor Suzuki sobre o zen, uma extraordinária fonte de enriquecimento... Como você sabe, estou na origem da introdução do zen-budismo no Ocidente e, se não o pratiquei pessoalmente, ao contrário de outros caminhos, sei que ele faz muito bem àqueles que o praticam. A imobilidade, o silêncio, sobretudo em um mundo agitado como o nosso, só podem propiciar bem-estar; e muito mais se forem combinados com técnicas diversas.

J.B.: E o xintoísmo?

J.H.: Mais que uma religião, o xintoísmo é uma concepção de vida baseada, principalmente, no culto dos antepassados e no senso da honra. Ele imbui, com sua nobreza, todo um povo, mesmo se, para muitos japoneses, seus ensinamentos sejam tão evidentes que é inútil explicá-los. Do mesmo modo como o cristianismo continua a penetrar até entre os agnósticos em nosso mundo. Mas ele só pode ser praticado pelos japoneses, enquanto descendentes dos deuses primordiais do Japão... Do xintoísmo tirei um grande princípio: "Aqui e agora".

J.B.: Qual é, a seu ver e de forma bem geral, a melhor chave que o Oriente nos legou, a que melhor pode ajudar-nos a compreender?

J.H.: A chave da continuidade. No Ocidente, nossas pesquisas nos levam a fragmentações, a compartimentações, a oposições crescentes. O Oriente nos ensina a continuidade de todas as coisas; o encadeamento ininterrupto dos acontecimentos; a continuidade entre o homem e a natureza, entre os diferentes reinos, entre homem e Deus, entre as diferentes espécies de homens; a continuidade entre os planos materiais e sutis; a continuidade do espaço e a do tempo; um imenso conjunto onde tudo se coordena e se harmoniza.

J.B.: A tradição hindu continua sendo a que mais o marcou. Mas, ouvimos, frequentemente, uma dupla objeção dos que admitem o valor de sua 'espiritualidade' e pode ser resumida nos seguintes termos: como admitir a imensa miséria da Índia e como o país da não-violência pôde construir a arma atômica?

O Hinduísmo

O termo hinduísmo surgiu no século XIX. Valeria mais a pena falar do Sanātana-dharma, *a 'Lei eterna', herdeira dos 'visionários'* (rishi) *das idades fundamentais.*

O Sanātana-dharma *compreende, por um lado, a* Shruti, *– a 'Audição (interior)' –, expressa pelos quatro* Vêda: Rig *(panegírico dos deuses),* Yajur *(fórmu-*

las rituais), Sāma *(melodias litúrgicas),* Atharva *(encantos). A eles vêm somar-se a* Samhitā *(antologias de hinos), os* Brāhmana *(comentários teológicos), os* Âryanaka *(explicações cosmológicas), os* Upanishad *(tratados práticos e esotéricos), os* Sūtra *(aforismos).*

Compreende, por outro lado, a Smriti, *a 'Memória': os* Purāna *(a ciclologia); os* Vedānga *e os* Upavéda *(as ciências e as artes), o* Manava-dharma-shāstra *('Leis de Manou'), os seis 'pontos de vista'* (darshana): *lógica e didática, física, cosmologia, hermenêutica, técnicas de ioga,* vedānta, *a 'realização', no plano metafísico, do* Vêda; *finalmente, as duas grandes epopéias :* Mahābhārata *(90 000 versos) e* Rāmayāna.

No começo é o Princípio impessoal e universal, o supremo Brahman, *sem atributos nem qualidades* (nirguna), *feito de Ser, de Consciência e de Beatitude* (Sat – Chit – Ānanda). *Sua primeira determinação é* Ishvara, *o* Brahman *qualificado* (saguna), *princípio das qualidades e propriedades dos diferentes seres.* Ishvara *apresenta-se com a forma de uma Tríade* (Trimūrti): Brahma, *criador e produtor,* Vishnu, *animador e conservador,* Shiva, *destruidor e transformador. Cada um desses arquétipos, representados na mitologia sob a forma de 'deuses'* (dêva), *é provido de uma 'energia'* (shakti), *representada pela forma de deusa* (dêvi). *Essas 'esposas' têm como papel dar vida aos princípios, fazendo com que passem da força para a ação, que se manifestem. Entre milhões de outros deuses, a presença desses três deuses fez crer que o hinduísmo fosse politeísta, quando todos são, apenas, aspectos parciais e funções respectivas de um só e mesmo Princípio único.*

A shakti *suprema é a Mãe cósmica no trabalho dentro dos Três Mundos: Céu, Espaço intermediário e Terra. Diante de* Purusha, *o pólo masculino, ela é*

Prakriti, *o pólo feminino, substrato eterno formado por três* guna *(tendências ascendente, expansiva e descendente).* Prakriti *designa, além disso, e de acordo com o contexto, o poder criador e espiritual do Divino, a substância formada pelos cinco elementos materiais e sutis, o mundo das aparências, – a Ilusão* (Maya) –, *do 'jogo' mágico-divino* (lila), *cujo trabalho espiritual, a* sadhāna, *ajudará a se desidentificar.*

Se, no entanto, tudo é Māyā *no que se refere aos não-dualistas, como Shankara (século VIII), se nada existe além do Absoluto indiferenciado e incognoscível, outros, como Rāmānuja (século XII), colocam a existência de um Absoluto que também pode ser uma Pessoa digna de adoração; outros como Madhva (século XIII) chegam ao dualismo total.*

Arcas salvadoras entre o mundo espiritual e uma humanidade vítima da ignorância (avidyā), *os* Avatares, *ou 'descidas divinas' – e não 'Encarnações' –, vêm, 'cada vez que a ordem vacila', restaurar a Tradição, adaptando-a a novas fases cíclicas, cuja saída, ao fim do* Kali-yuga, *no qual nos encontramos, é desastrosa* – Agni, *o Fogo, é seu agente –, permitindo o aparecimento de um novo ciclo. Depois de Matsya, Varāha, Rāma, Krishna, cuja teofania ilumina o* Bhagavad-Gītā, *é o* Kalkin-avatâra *que restabelecerá a Idade de Verdade sobre a terra.*

O objetivo da existência humana é a Libertação (moksha), *que permite a salvação do mundo do múltiplo e do transitório, que é o* Samsāra, *para fundir-se no Um, o* Nirvāna, *que é a extinção de todo desejo, vontade, manifestações egóicas. Aquilo que, impropriamente, denominamos 'reencarnação', diz respeito apenas aos elementos psico-físicos não purificados; ela não se refere à individualidade pessoal perecível, nem afeta o elemento imutável e impessoal que é o* ātma, *idêntico ao* Brahman.

Fiel reflexo do macrocosmo, o homem-microcosmo se propõe a reproduzir em si mesmo o Sacrifício primordial do Purusha, *o 'Homem cósmico', desmembrado para dar nascimento à Manifestação: ele sacrifica seu 'eu' para dar lugar à Essência. De acordo com a instituição dos quatro* āshrama, *o hindu de tradição terá inicialmente recebido o ensinamento de um mestre para, depois, formar uma família. Em seguida, irá retirar-se para uma floresta, antes de se tornar um renunciador, monge errante* (samnyā-sin). *Aquele que não leva a ascese a esse ponto, não negligencia, mesmo nos dias atuais, a obediência às rigorosas regras de moral e de pureza ritual, o estudo com fé das Escrituras santas, a veneração de um* guru, *a prática da 'não-nocividade'* (ahimsā), *a acabar seus dias em um* āshram. *Cada um, de acordo com sua própria natureza, seu* dharma, *terá que valorizar o exercício de uma* ioga: hatha-ioga *o controle da respiração-energia a partir de posturas* (âsana); o carma-ioga: *a ação sem esperar proveito*; o bhakti-ioga*: o fervor com devoção a uma divindade; o* jñāna-ioga*: o enfoque intelectual; mas também o conhecimento intelectual*[3]*;* o kundalinī-ioga: *o despertar das forças sutis, ligado ao tantrismo, e repetição de fórmulas mágicas* (mantra)*; o* rāja-ioga, *exposto por Patañjali: a retirada dos sentidos, a concentração mental e a meditação levando à êntase* (samādhi) *e fazendo do iogue um 'liberto-vivo'* (jīvan-mukta).

Qualquer que seja o caminho seguido, trata-se de aliviar seu carma para quebrar o ciclo das causas e efeitos e de imolar o 'eu' para quebrar o das mortes e dos nascimentos.

Assim, apresenta-se, muito sucintamente e em suas linhas mais gerais, a tradição hindu, a mais inclusiva, sintética e completa que conhecemos, a tradição mais antiga da presente humanidade e aquela que ainda atualmente continua, em muito, a mais viva.

J.H.: São duas questões diferentes. Como os hindus sempre dedicaram uma grande parte de sua energia às disciplinas espirituais de sua religião, restou-lhes muito pouco para a melhoria de sua sorte material. Teria acontecido o mesmo com os cristãos se se tivessem dedicado a aplicar os ensinamentos do Evangelho. Quanto à bomba atômica, atrevo-me a dizer que Gandhi deve ter-se virado no túmulo. Ela é consequência natural da política nacionalista e imperialista seguida pelos governos do pandit Nehru e sua filha.

J.B.: Outra objeção. Admitindo que a primeira metade do século vinte tenha oferecido uma magnífica safra de sábios, o mesmo acontece atualmente? E podemos encarar nosso envolvimento em um caminho sem guru?

J.H.: Lembro, a esse respeito, a palavra de Mā Ananda Moyī: "Todos os homens, todas as coisas deste mundo são meu guru". Isso lembra a noção de *upaguru*, dos mestres temporários e secundários, inconscientes de seu papel – seres humanos, animais, acontecimentos –, que, através de sua palavra ou seu comportamento, podem nos ensinar algo em certo momento do caminho.

J.B.: Mas isso excluiria toda iniciação... O que vem

a ser, em primeiro lugar, a iniciação?

J.H.: Minha idéia a respeito é a seguinte: em primeiro lugar, o mestre indica, ao discípulo, o caminho a seguir; em segundo lugar, ele lhe inspira o desejo de nele aventurar-se; em terceiro lugar, dá-lhe a força e as condições para continuar. O próprio ritual vem acompanhado pela transmissão de uma fórmula e de uma força espiritual. Mas vale mais a pena repetir um mantra com fervor e constância, sem ter sido iniciado, do que ter sido iniciado em um mantra e esquecê-lo.

J.B.: Gostaria de perguntar-lhe qual é a visão do mundo que o Oriente, a Índia em particular, transmitiu-lhe, assim como a atitude de vida que o inspirou.

J.H.: O Oriente me ensinou muito, abriu-me o espírito, ligando-me às minhas próprias raízes, fazendo desaparecer o que me perturbava, a começar pelo complexo de superioridade, completamente injustificado, dos Ocidentais. Estes pensam que o que é verdadeiro em seu país nos planos moral, social, religioso, etc... deve sê-lo para todo resto da humanidade. Ele ensinou-me a respeitar sempre a opinião alheia, a nunca querer impor meu ponto de vista. Todo ser tem algo a nos ensinar... O bom senso também, ao qual os Orientais não cessam de fazer referência... Acredito, atualmente, mais na continuidade, sob diferentes formas, do que nos rótulos, oposições, exclusões. No desenvolvimento do jogo divino, não existe nada real e definitivamente compartimentado. Onde se encontra a fronteira entre o normal e o anormal, a energia e a matéria, a vida e a morte, o bem e o mal?... *Dêva* e *asura*, deuses e demônios, são concomitantes. Os deuses triunfam sobre os demônios, mas, perpetuamente, nunca em definitivo. Sem essa luta, nada poderia existir, tanto fora como dentro de nós. Todas as dualidades ou pluralidades se resolvem em uma unidade superior, onde cada uma se situa em seu lugar, sem nenhuma possibilidade de conflito.

J.B.: Poderíamos, da mesma forma, perguntar: sem Judas, o que teria sido o cristianismo? Ou afirmar: sem *Kali-yuga*, sem *Satya-yuga*[3]... A propósito, onde se encontram as datas finais da 'Era das sombras'?

J.H.: Ninguém sabe... Mas é pouco a pouco que passamos de um mar quente para um mar frio e inversamente.

J.B.: É, entretanto, incontestável a existência, na humanidade atual, de um terrível instinto suicida.

J.H.: Estamos, evidentemente, em um período da história onde as forças do mal assumem proporções cada vez mais perturbadoras. É fantástico, por outro lado, ver a quantidade de energia que a humanidade gasta, lastimando o passado e temendo o futuro. Para a Índia, tudo é desejado por Deus. Swāmi Rāmdās dizia que se todos morressem em um naufrágio, menos eu, foi pela vontade da Providência, mas que se todos se salvassem, menos eu, era também pela vontade da Providência. Será preciso ou que a humanidade desapareça, ou que haja um restabelecimento espetacular. Mas é exatamente quando chegamos ao fundo que conseguimos subir

---

[3] A 'Era do Ser', que inaugura um novo ciclo.

melhor... Shrī Aurobindo não é absolutamente categórico sobre o que nós, homens, viremos a ser. Na *Vie divine* (Vida divina), ele escreve que o homem recebeu a possibilidade de evoluir além do que é atualmente, mas que também é possível que ele não seja o instrumento divino, que haja um limite pré-determinado à sua força progressiva e que, mesmo que ele tenha destronado as outras espécies terrestres, um outro ser o substituirá... Diante do esforço que nos solicitam, as questões de datação do *Kali-yuga* têm pouca importância.

J.B.: Suponho que uma das outras grandes lições da Índia tenha sido, para você, a tolerância.

J.H.: Essa tolerância que exige tolerar até a intolerância!... Mas, prefiro dizer, o respeito. Foi o respeito que, no Oriente, abriu-me todas as portas. É lastimável que, entre nós, toda 'Igreja' queira persuadir a respeito de *sua* verdade como sendo a única digna de ser imposta. O outro age diferente de mim, mas age de acordo com o papel que lhe foi confiado. Você deve respeitá-lo da mesma forma que ele deve respeitar você.

J.B.: Isso nos leva à questão dos *darshana*, dos 'pontos de vista'.

J.H.: São explicações diferentes, não contraditórias, de um mesmo fenômeno, de uma mesma verdade... Tire a foto de uma floresta, de uma árvore, de um corte histológico da árvore, de um átomo do tecido lenhoso, você estará fotografando sempre a mesma coisa. Não há, realmente, porque discutir – isso esqueceram os cristãos, os muçulmanos e os budistas!... Um dia vi, às margens do Ganges, uma mulher esfarrapada, rasgando papel em pedacinhos, sem parar. Do ponto de vista da ciência moderna, essa mulher teria passado por louca; mas o velho Swāmi, doutor em filosofia que me acompanhava, declarou com muita seriedade: "É uma grande Encarnação!..."

J.B.: Os mitos e os rituais... Essas duas noções sempre voltam em seus livros. O que nos pode dizer sobre eles?...

J.H.: Adquiri a convicção de que a mitologia é a própria base do hinduísmo e que os textos que se seguiram já são exegeses, mentalizações. Todos os mitos relatando as etapas da passagem do Absoluto à diferenciação, os modos de manifestação dos *guna,* os diversos *avatares* de Vishnu, os *shakti* simbolizando a força de manifestação dos deuses são de importância capital.

J.B.: Que definição você daria ao mito?

J.H.: O mito relata uma interação entre forças determinadas, susceptíveis de se desenvolver em vários níveis: metafísico, cósmico, psicológico, da ioga.

J.B.: Você chegou a propor, em *Le Yoga de l'amour* (A ioga do amor), uma interpretação pessoal muito sugestiva do mito de Krishna, estudando, sucessivamente, a luta contra os obstáculos à união com o Divino, a descrição do estado de união e o comportamento, na vida quotidiana, daquele que chegou à união.

J.H.: Esse estudo ocupou-me por vinte anos.

J.B.: E teve o consentimento dos melhores pandits

da Índia... Assistimos, ao contrário, no cristianismo atual, a um esforço furioso de demitificação, tendendo a esvaziar o valor espiritual dos mitos do Antigo Testamento e a nivelar o Novo a um manual de moral social.

J.H.: Realmente. E há, na Bíblia, mitos extremamente interessantes – penso, em particular, no *Livro de Daniel* –, e cada mito contém estágios de significados que seria preciso decifrar em minúcias.

J.B.: Não devemos, ao mesmo tempo, deplorar a degeneração dos ritos no Ocidente?

J.H.: O ritualismo, também, é muito importante. Constitui uma ajuda considerável, de forma alguma desprezível, sem relação com as superstições. Para o hindu, no decorrer de sua jornada e de sua vida, não existe pensamento, ação, acontecimento, que não estejam acompanhados por rituais mais ou menos complicados. Cada conjunto de ritos liga-se a uma variedade de ioga, de eficácia comprovada, consagrada. Para tomarmos apenas um exemplo, todos os hindus sabem que o *japa*, a repetição do nome de um deus de sua escolha, permite a assimilação das qualidades do deus assim evocado.

J.B.: O cristianismo oriental conservou esse sentimento ritualista. Ao *japa* corresponde a 'oração do coração'. Mas, no Ocidente, os rituais têm sido cada vez mais mal compreendidos e simplificados.

J.H.: Eu diria que, certamente, há dogmas demais e ritos de menos.

J.B.: Aqueles dogmas que asfixiam, quando "há,

dizia Vivekānanda, tantas religiões quantos indivíduos".

J.H.: Sem dúvida... O dogma alimenta a obsessão pela heresia. No cristianismo ocidental, quando surge um grande místico, tememos, por ele e por todos, que ele se volte para a heresia; nós o isolamos, ou escondemos. No Oriente, quando um sábio aparece, corremos para receber seu ensinamento.

J.B.: Os cristão têm o hábito de considerar o monoteísmo como superior ao politeísmo e de opor Cristo, Filho único de Deus, aos *Avatares* mitológicos da Índia.

J.H.: Todas as religiões são, ao mesmo tempo, monoteístas e politeístas. Cada um escolhe o aspecto do Deus único que melhor lhe convier. O Deus do 'Pai Nosso', o Sagrado Coração de Jesus, a Criança na manjedoura, o Cristo na cruz, o Ressuscitado, são cinco manifestações diferentes do mesmo Deus. Os noventa e nove nomes de Alá demonstram, ao muçulmano, vários aspectos de seu Deus. O mesmo ocorre entre os hindus, onde Deus aparece como pai, mãe, filho, amigo, amante, etc.

J.B.: De qualquer forma, o hinduísmo considera o cristianismo como uma das grandes tradições da humanidade.

J.H.: Sim, mas o próprio Cristo nunca declarou que era o único Filho de Deus. Foram os teólogos que vieram depois, alterando tudo com palavras e conceitos, erigindo teologias, decompondo tudo, suscitando conflitos.

J.B.: Uma outra questão difícil é o problema da

transmigração. Em que medida ela é literal e de que forma, simbólica?

J.H.: Ela foi admitida, sem reservas, como evidente entre todos os hindus (como para os cristãos, a existência da alma), mas foi compreendida e explicada, na Índia, em muitos níveis diferentes. Aliás, Cristo, se não falou em transmigração, também nunca disse que ela não existia. Ela é, em todo caso, uma excelente hipótese de trabalho. Rāmakrishna dizia: "As vidas sucessivas existem, mas não são o que vocês pensam..."

J.B.: Muitos se surpreendem por você não se ter convertido ao hinduísmo, esquecendo que é preciso nele ter nascido e que o hinduísmo é menos uma religião que uma filosofia.

J.H.: O hinduísmo, nesse particular, não faz nenhum proselitismo; ele é aplicado para tornar cada um melhor em sua própria vida. Contribuiu fazendo de mim um cristão melhor. Os hindus asseguram que o caminho de Cristo se basta a si próprio. Como Gandhi, julgo, aliás, perigoso, salvo exceções, 'converter-se' a uma outra religião. Não se pode ignorar seu atavismo psíquico e cultural. Nunca deixei, pessoalmente, de ser cristão.

J.B.: Tagore lembrou muito bem aos cristãos que, com as Beatitudes e a oração de São Francisco de Assis, eles nada tinham a invejar ao Oriente. Swāmi Siddheswarānanda acrescentava, ainda, São João da Cruz.

J.H.: É legítimo comparar, sem humilhação, a riqueza de nossas tradições às do Oriente. Renunciar a esses tesouros seria uma perda irreparável. O Oriente não pretende destruí-las, mas revitalizá-las. O que as espiritualidades orientais nos proporcionam é um aprofundamento na religião na qual nascemos. Além disso, elas nos oferecem técnicas que, a meu ver, não existem no cristianismo e podem ser emprestadas. Aliás, é o que faz a Igreja católica.

J.B.: Como as iogas não estão ligadas a nenhuma religião particular, que tipo de ioga você recomendaria aos Ocidentais?

J.H.: Para responder a essa questão, seria interessante conhecer a natureza dos Ocidentais. Como são 'físicos' e 'vitais', a *hātha-ioga* pode ajudá-los enormemente, desde que sejam dirigidos por um mestre perfeitamente competente e feitos ajustamentos. As condutas do *hātha-ioga* facilitam a circulação e a respiração, desobstruem as correntes nervosas, descongestionam os centros psíquicos, transformando profundamente o ser anatômico, fisiológico e psicológico. Mas, como os Ocidentais são também super-racionais, eu os aconselharia, paralelamente, a satisfazer sua curiosidade intelectual mergulhando no estudo do *jñāna-ioga*, que lhes pode oferecer um sistema metafísico coerente e responder a suas dúvidas. Seria uma boa operação de limpeza mental... E, finalmente, como os Ocidentais são também ativos e afetivos, acrescentaria uma mistura de *carma* e de *bhakti-ioga*: um para satisfazer a sua necessidade de fazer o bem ao semelhante, mas permanecendo desligados dos 'frutos da ação'; o outro, a suas aspirações religiosas. A natureza de cada um determinará, evidentemente, as escolhas e as dosagens. Mas, o *carma-ioga* relaciona-se, mais particularmente, aos Ocidentais, lembrando-lhes que o homem tem direito à ação, mas não a suas consequências, boas ou más.

J.B.: Cristianismo e iogas, inspirados por mestres autênticos... Mas não haveria, atualmente, com a expansão das seitas de todo tipo, um grave perigo para as pessoas não avisadas, não formadas, os jovens, em particular, e essa pseudo-espiritualidade não seria, de fato, a arma mais sutil da subversão, que alguns denominam a 'contra-iniciação'?

J.H.: Devemos reconhecer que determinadas seitas trazem benefícios para certas pessoas que as procuram. Pensar em algo que não seja material, observar momentos de silêncio, ter um ideal espiritual é sempre bom. Mas muitas dessas seitas também fazem mal quando recrutam pessoas para caminhos extremamente perigosos. Quando alguém se ligar a uma seita não deve renunciar ao bom senso e à capacidade de discriminação.

J.B.: Como distinguir um mestre autêntico de um falso?

J.H.: A leitura dos verdadeiros mestres ajuda muito. É preciso, em seguida, observar, julgar o valor do mestre encontrado. O verdadeiro mestre nunca tem o dinheiro como objetivo, não exerce nenhum 'poder', não procura atrair os discípulos.

J.B.: A Índia luta com enormes problemas sócio-econômicos, o Japão optou pelo materialismo produtor e consumidor, a China está sob a influência do comunismo. Por sua vez, o Ocidente debate-se em uma crise financeira, moral, intelectual e espiritual que se assemelha, para alguns, ao sinal de seu fim. Podemos acreditar depois disso, em uma Santa Aliança do Oriente e do Ocidente?

J.H.: Creio que o Ocidente pode recuperar um pouco do equilíbrio que perdeu, inspirando-se no Oriente. E que o Oriente, sem renunciar a suas riquezas espirituais, possa melhorar seu destino adotando algumas das descobertas e das invenções da ciência e da técnica ocidentais... A Índia, seguramente, ainda tem muitos recursos escondidos. Não imaginamos o quanto ela ainda permanece um país secreto... Somente ao fim de minha quarta estada entre amigos de Benares fui levado a visitar um templo subterrâneo na cidade, do qual até então nunca me haviam falado!

J.B.: Lá ainda acontecem coisas estranhas... Não sei que crédito você dá à história segundo a qual Mā Ananda Moyī[4] acende o fogo dos altares bramânicos pronunciando o nome de Agni[5]... Posso perguntar se você foi, pessoalmente, testemunha de fatos desse gênero?

J.H.: Em particular, nunca procurei ver tais fenômenos, mesmo quando surgiam ocasiões válidas. O certo é que, na Índia, o limite entre o possível e o impossível não é a mesma coisa que entre nós. Lá acontecem muitas coisas que a ciência ocidental, em seu atual estágio de evolução, não tem como explicar. Suponho que, um dia, o fará e que não qualificaremos mais como milagre o que atualmente não compreendemos. Há menos de um século, a televisão teria sido um milagre

---

[4] Místico hindu (1896-1982), considerado como 'Descida' divina.
[5] O deus do fogo.

para a ciência ocidental.

J.B.: Isso me leva aos mestres espirituais cujos ensinamentos você traduziu... Gandhi, que continua sendo o mais conhecido, no Ocidente, dos grandes hindus modernos, está entre eles?

J.H.: Gandhi sempre recusou ser considerado um mestre espiritual. Conheci-o pessoalmente e, é claro, admiro-o. Mas ele era, antes de tudo, um moralista rigoroso. Misturava a moral com a política, atuava, mas abandonando as consequências a Deus, ou seja, praticava *carma-ioga*. O que não podia deixar de provocar um diálogo de surdos com os ingleses.

J.B.: De um gênero completamente diferente era Rāmakrishna, pois é considerado um *Avatar*. Em que termos poderíamos definir essa figura e seu papel?

J.H.: De seu ensinamento, ficou principalmente: "Todas as religiões levam a Deus", o que é uma afirmação clássica nos textos sagrados hindus. Mas ele contribuiu com uma confirmação prática por meio de sua experiência pessoal.

J.B.: Gostaria de perguntar-lhe, ainda, o que mais o tocou entre os sábios hindus.

J.H.: Essencialmente, três coisas. De início, seu olhar, bem diferente do de outros homens. Estabeleceu-se a mesma diferença entre o olhar humano e o olhar bovino. Alguns desses olhares o transfiguram... Em seguida, o conhecimento direto que têm do conjunto do que existe. Não são omniscientes, nem eruditos, podem até ignorar muitas coisas. Mas, quando você explica algo que ignoram, eles a situam na totalidade, explicando-lhe sua origem, seu desenvolvimento, seus fins. É deveras impressionante... E, finalmente, sua alegria de viver. Não uma alegria ruidosa, mas interior. De onde a irradiação extraordinária desses seres, mesmo quando estão imóveis e parecem nada fazer, sequer se ocupar daqueles que estão a sua volta? Assim acontecia com Ramana Maharshi que resolvia as questões antes que lhe fossem apresentadas.

J.B.: Não seria também a mesma alegria de Swāmi Rāmdās[6]?

J.H.: Swāmi Rāmdās era a 'pequena criança' do Evangelho, por causa de sua risada, sua gentileza, sua simplicidade. Mas, quando lhe apresentavam uma questão árdua de metafísica, ele respondia, como uma criança e de forma definitiva!

J.B.: De todas as mensagens da Índia contemporânea, a de Shrī Aurobindo é, de longe, a mais importante para você.

J.H.: Descobri, em 1934, o ashram de Shrī Aurobindo. Até então nunca ouvira falar em seu nome. Nele descobri um homem apaixonante e suas obras imediatamente pareceram-me de importância capital.

J.B.: Você não ficou tentado a permanecer a seu lado, em Pondichéry?

---

[6] Mestre hindu (1884-1963) cujo ensinamento repousava sobre a repetição do nome de Rāma.

J.H.: Sim!... Mas Shrī Aurobindo disse que meu lugar era na Europa. Ele queria que eu divulgasse sua mensagem e a dos mestres orientais ao público de língua francesa. E, hoje, seu nome se difunde, enormemente, entre os jovens, os educadores, os psicólogos, em todos os tipos de meios.

J.B.: As traduções de seus textos não foram criticadas por conterem imprecisões? Elas correspondem, perfeitamente, ao que Shrī Aurobindo escreveu?

J.H.: Todas as traduções francesas feitas de Shrī Aurobindo, em vida, foram submetidas a ele e aprovadas, pessoalmente, por ele. As realizadas mais tarde foram submetidas a seus discípulos mais próximos e aprovadas por eles. Tanto em um, como em outro caso, as raras correções propostas foram todas incorporadas, salvo, às vezes, correções gramaticais.

J.B.: Comparou-se, sem exagero, Shrī Aurobindo a Platão. O que mais o tocou em seu pensamento?

J.H.: Ele possuía uma vasta cultura ocidental, sabia latim e grego, inglês, francês, alemão; lia inúmeras revistas científicas, mas também sabia sânscrito e conhecia, perfeitamente, as Escrituras da Índia. Isso não deu lugar a um ecumenismo qualquer, mas a uma poderosa síntese de tudo o que o havia precedido nos domínios científico, religioso e metafísico. Shrī Aurobindo chegou à conclusão de que, a partir da base atual, era possível e mesmo inevitável que a vida sobre a terra continuasse a evoluir. Não existe, para ele, nenhuma razão para pensar que a evolução, a partir da matéria, da vida e do mental, tenha terminado; o homem não é seu ponto final. Aurobindo anuncia a descida na terra de um plano 'supramental', cujo momento julga estar próximo.

J.B.: O fim do ciclo atual está marcado pelo aparecimento do *Kalkin-avatāra* representado pela forma de um cavalo branco. (É, também, sobre um cavalo branco que o Cristo da segunda Chegada deve vir.) Não podemos pensar que corresponderia ao surgimento de um novo plano de consciência, aquele mesmo que Aurobindo chama supramental?

J.H.: Podemos pensar, efetivamente.

J.B.: Auroville não se parece com um trampolim de onde se lançaria uma nova humanidade?

J.H.: Pessoalmente, nunca vi em que isso poderia relacionar-se, de alguma maneira, ao ensinamento de Shrī Aurobindo. Não aparece em nenhum lugar em sua obra.

J.B.: Qual é a verdadeira razão que fez com que você permanecesse fiel a Aurobindo?

J.H.: É que, quando lhe perguntei: "Você se julga o revelador da Verdade última?", Aurobindo começou a rir e respondeu: "Outros virão depois de mim e irão mais longe do que eu!..."

J.B.: Uma última pergunta, de caráter pessoal. Você tem um segredo, Jean Herbert – da ioga ou outro –, ou pelo menos nos hábitos de vida que fazem com que, nascido em 1897, tenha a aparência, o espírito e a capacidade de trabalho de um homem de sessenta anos?

Seria somente questão de natureza, de sorte?

J.H.: Nenhum segredo. Mas tenho a impressão que Shrī Aurobindo, dando-me a iniciação, deu-me toda a força de que necessitava e, também, o tempo necessário, para dar conta do trabalho de que me havia encarregado.

MARIE-MAGDELEINE DAVY

A Igreja interior

Quando a eternidade visita um amigo da solidão, o Éden abre sua porta: esplendor!...

Carta ao autor
9 de agosto de 1995

As entrevistas seguintes surgiram de uma série de encontros em Paris, de 1980 a 1985. Marie-Magdeleine Davy acabara de concluir dois livros: L'Art de vieillir (A Arte de Envelhecer) *e* L'Arbre (A Árvore), *em colaboração com Charles Hirsch, Coleção "Symboles", Philippe Lebaud.*

Há mulheres radiantes, que iluminam seu tempo com suas palavras ou ações e cujo '*animus* positivo', em linguagem psicológica, é o incansável servidor de uma causa, às vezes, sobre-humana. Avançam na vida movidas pela intensidade de sua missão. Com obstinação, método e coragem, realizam o determinado por seu destino. São seres dos quais costumamos dizer que não apenas têm personalidade, mas *fundamento*. Possuem o dom raríssimo de saber determinar o importante e de nele se concentrar, em vez de dispersar-se em caprichos infantis, em intrigas e no bate-papo alegre do mundanismo dissimulado.

Aquela que encontro e à qual me refiro, há muito tempo mora em algum lugar no cume do Quartier Latin, em uma das casas altas que poderia ser uma espécie de capela, cujas colunas seriam as pilhas de livros e o altar, uma mesa de estudo e reflexão. Marie-Magdeleine Davy ali estava, com a simplicidade direta dos seres de saber e experiência – a mais segura muralha para dissimular as inesgotáveis reservas de afetividade: "o sofrimento alheio me arrasa" –, a simplicidade daqueles que ultrapassaram o medo do julgamento alheio. Na voz quente e grave, modulada como as vozes da antiga França, com o vigor conferido pelas certezas: rosários de frases concisas, independentes; o olhar perspicaz percebendo no outro quem ele é.

Espontâneas, a redução ao indispensável, a rejeição do artifício, do inútil que atrapalha, diminui a velocidade, dispersa, a prática do despojamento monástico no coração do mundo. Uma vida dedicada ao estudo e à meditação. Marie-Magdeleine Davy é, ao mesmo tempo, a lembrança, a confirmação e o anúncio de que uma vida interior é sempre possível, quaisquer que sejam as circunstâncias externas.

A universitária solitária

Ela estudou filosofia na Sorbonne e no *Institut Catholique.* Nessa época, as mulheres eram obrigadas a ficar perto da porta de saída; não podiam alcançar os graus universitários em teologia. Da mesma forma, estava descartada qualquer busca esotérica cristã.

Durante a guerra, ela participou da Resistência. Em seguida, por três anos, ensinou na universidade de Manchester. De volta a Paris, foi professora na *École Pratique des Hautes Études* e tornou-se mestre de pesquisas no *Centre National de la Recherche Scientifique.*

Uma saúde sólida permitiu que viajasse pela Europa, Estados Unidos, América do Sul, África e Ásia. Proferiu centenas de conferências. Pouco acreditava na eficácia da palavra, mas tinha necessidade de repartir, de comunicar o que lhe parecia *a premência do essencial.* Uma razão do sucesso de suas conferências, sem dúvida, deve-se ao fato que, ao tratar de assuntos sérios, adicionava detalhes concretos e historietas, uma das lições que recebeu da Índia.

No centro da vida intelectual de seu tempo, Marie-Magdeleine Davy teve oportunidade de encontrar Mauriac e Valéry, Lanza Del Vasto, Bachelard, Senghor; conheceu Gandillac, tradutor do Mestre Eckhart, Hippolyte, diretor da *École Normale Supérieure,* Madaule, Wahl, Masson-Oursel, Jung, Cioran, Dumézil, Eliade, La Tour du Pin, Clara Malraux, Paulhan, Artaud, du Bos,

Chestov, Lossky, Evdokimov, Clément, Abellio, todas as grande figuras do século. Suas referências pessoais são explícitas, altamente significativas: Filon de Alexandria, que abriu o Deserto com a chave do despojamento; Platão e Plotino, iniciadores da vida contemplativa antes do 'batismo' de Aristóteles; Orígenes, descobrindo nos livros de sabedoria os 'fundamentos da verdadeira filosofia'; Gregório de Nysse, denunciante dos 'conceitos criadores de ídolos'; Hildegarde de Bingen, que sabe que o homem é, em si, portador do céu e da terra; Boehme, cujos escritos dirigem-se às únicas 'crianças dos mistérios'; Mestre Eckhart, o mais lido e mais citado. Mas haveria, também, Pascal e suas três *ordens*, Alain, 'professor de escrita', Kierkegaard, Milosz, e muitos outros.

Munida de tal conhecimento, é lícito que Marie-Magdeleine Davy compare as elevadas épocas espirituais com a nossa. Não somente detesta o racismo, vendo -se como cidadã do mundo, e desconfia do 'monstro' platônico, mais visível hoje do que nunca, como deplora a atual e total politização. Parece-lhe que, atualmente, há carência de homens de qualidade, de verdadeiros intelectuais como conheceu, carência de professores, de filósofos, de artistas, de verdadeiros escritores, de verdadeiros políticos; carência de homens de Deus. Ela constata, com horror, a proliferação de grupos espirituais que só têm o nome de espiritual. A ânsia irrefreável de ensinar aos outros parece-lhe nascer da necessidade de se afirmar.

Essa extraordinária universitária é, também, uma solitária excepcional. O Outro não lhe é indispensável. "Para o homem interior, escreve, o importante não está no casamento ou não casamento, está na autenticidade." A opção pelo Absoluto domina o resto. Tagarelices, agitações, trocas superficiais, banalidades a fazem morrer de enfado. É que Marie-Magdeleine Davy não é apenas filósofa ou pensadora; o *ser* de seu ser é feito de *misticidade*. E o continente espiritual oferece tal imensidão que uma vida humana quase não basta para explorar seu limite. Ele emana de tanta riqueza – da qual ninguém pode nos despojar – que podemos ter certeza de nunca nos enfadar com ele.

A aventureira do Absoluto

Aventureira do Absoluto, Marie-Magdeleine Davy, é impiedosa com os domínios paralelos e os desvios doutrinais. "Das ciências ocultas, o Espírito Santo está ausente", me declarou. Ela distingue, nitidamente, os psíquicos dos pneumatológicos: os primeiros exploram o futuro por inquietação e falta de fé, os segundos vivem no momento presente. Também não deixa, tampouco, de enxergar a mediocridade de tantos cristãos: o 'Nobre Viajante' está asfixiado no seio das comunidades clericais. Se o povo perdeu a fé, a falta cabe aos clérigos: sua opção pelo social e pelo político consagra o "triunfo da confusão sobre a lucidez". Lamentamos, também, a falta de informações precisas a respeito dos *meios* que fazem alcançar o objetivo. (Essa carência encoraja os famintos pelo Absoluto a se voltar para o Oriente.) Marie-Magdeleine Davy observa que a Igreja exotérica é implacável em relação àqueles que vivem uma vida espiritual fora de sua autoridade, protegendo-se das almas de vanguarda – amigos da sabedoria, poetas, místicos –, condena-os e persegue-os caso ameacem seu ensinamento. Berdiaev distinguia a Igreja de Pedro e a de João que, alternadamente, a arrebatam: uma, voltada para a ação, o social, o psíquico seculariza-se e desacraliza-se; a outra, voltada para a 'gnose' e o 'profético', realça a eternidade.

Aquela que encontrei umas trinta vezes – e proponho-me, ainda, questionar – anuncia e encarna a linhagem dos seres espirituais a vir nessa Idade do Espírito, que sucede às do Pai e do Filho, e foi entrevista, talvez ainda pouco, por Joachim de Flore. Ela é o anúncio vivo dessa sociedade de cristãos pouco numerosos, mas completamente mergulhados no caminho, carregando a Igreja consigo, punindo o mundo com seu testemunho, às vezes até com seu martírio. Longe de toda teologia escolástica, textual, ressecada, ela se abastece no imemorável ensinamento do Deserto, por sua vez herdeiro do monasticismo egípcio; pois é verdade que a vanguarda nada mais é do que a quinta-essência do antigo, regenerado. Nele, ela aprende a *migração*: retirada da multidão, não por egoísmo nem falta de amor, mas atendendo a uma necessidade de mudança de nível: "Quanto mais profundo fica o homem, mais sua comunhão com o semelhante torna-se autêntica". A verdadeira comunhão acontece pela profundidade. Em seguida, a *pobreza*: ela consiste em renunciar a tudo, incluindo ao desejo de Deus, retornando, assim, ao estado no qual estávamos antes da criação, no não-conhecimento de ser unificado. Depois, a *solidão*: o ser interiorizado se basta; ele ama o estudo, a oração. Turbulência, dispersão da energia lhe são intoleráveis. Finalmente o *isolamento*: ele leva à ausência de desejos e de preocupações, ao despojamento supremo, à privação total, ao silêncio, à paz.

Marie-Magdeleine Davy não conhece essas diferentes etapas apenas intelectualmente; ela as vive, as usa. O Grande Vazio isento de nome, ela o entreviu, uma vez, nas 'Portas da Sombra da Morte'. Analisando sua experiência, como Montaigne derrubado por um 'forte rocim', mas com minúcia mais aguçada quanto ao jogo sutil onde a alma e o corpo brincam de quem perde ou ganha, ela experimentou aquela nudez feita de ausência abissal de todo desejo e de toda aspiração, mesmo os desejos de uma vida futura. Transmissão dos poderes ao Desaparecimento supremo. Abandono consentido à Destruição do eu. "Sentia-me privada do antes e do depois."

A caminhante entre as margens

Marie-Magdeleine Davy segue, com particular atenção, nos postos avançados da informação, um fenômeno que passa desapercebido à maioria: a apaixonada descoberta, feita por alguns Ocidentais, do domínio oriental. Ela defende com ênfase a idéia de que é possível integrar, ao cristianismo, um certo número de elementos e de técnicas assimiláveis e praticáveis, incluídos na mensagem asiática, principalmente na da Índia. Há um precursor: Jules Monchanin, fundador do *āshram* de Shantinivanam. Um outro sucessor: Henri Le Saux, que seguiu o ensinamento de Ramana Maharshi e de Shri Gñānānanda, viveu nas cavernas de Arunachala, fez a peregrinação do Himalaia. Pela leitura dos *Upanishades* e o encontro com sábios, Henri Le Saux iria descobrir a não-dualidade veda e o Cristo como *Sadguru*, 'Mestre universal'. Antes deles, Simone Weil havia feito a ligação entre a Índia e a Grécia, discernido a transcendência revelada por Krishna ao filho de Kunti.

Ora, nossa época se coloca sob o signo do *Universal*. Recusar seu tempo é não ter audácia. Marie-

Magdeleine Davy sabe e registra. O importante, para o homem atual, é libertar-se das barreiras políticas, nacionais, confessionais; recuperar aquele sagrado cuja perda provoca a ruína da condição humana, abrir-se para a *gnosis* e para a mística com a ajuda do Oriente. Se é legítimo privilegiar as Escrituras por sua própria tradição, não poderemos, no entanto, isolar-nos dentro de um gueto. O cristianismo nascente sofreu a influência do pensamento grego. No limiar do ano 2000, podemos esperar que aquilo que os mestres da Índia têm a nos dizer seja recebido com reconhecimento pelos que se preocupam em expandir suas dimensões interiores. Nem sincretismo, nem extirpação: a *orientalização* deve ser feita pelo interior.

Pensamento trabalhado pela maturidade, rico, complexo, audacioso. Pensamento perturbador, por isso mesmo vivificante; que não encontra lugar em nenhum padrão, mas anuncia tempos novos. Atento, principalmente, a tudo que se refere aos 'enxames de pontes' ligando o humano e o divino, o exterior e o interior, o Ocidente e o Oriente; atento às alavancas capazes de erguer o mundo, às alternâncias da morosidade e da Graça, às sutis maquinações do sobrenatural, aos encaminhamentos clandestinos da *descriação*. Pensamento aberto a tudo o que tem a possibilidade de reanimar uma espiritualidade que perde o fôlego e se perde, de regenerar formas por muito tempo enrijecidas pelo formalismo, pelo racionalismo, pelo exoterismo intolerante. Mais ainda e mais simplesmente, pensamento que salva o Ocidente do mistério da iniquidade.

Jean Biès: "Desde a primeira infância, fui atraída pela busca do Absoluto e isso involuntariamente... Não escolhi esse caminho, ele me foi imposto pelo interior..."

Você lembra, na mesma página de seu *Itinéraire* (Itinerário), a 'picada do Absoluto'. Quando e de que maneira você percebeu, pela primeira vez, o *apelo* de uma conversão ao Absoluto, do qual você ainda escreve que é "nostalgia do mistério da interioridade"?

Marie Magdeleine Davy: Devia ter cinco ou seis anos, era verão, no campo, na casa de minha avó. Tinha medo da noite. De tempos em tempos, à noite, minha mãe, para me fazer dominar o medo, me dava uma pedrinha que eu deveria levar para o jardim, no fim de uma alameda. Esta dava para um rio. Deveria caminhar lentamente. Estava proibida de correr, pois corria o risco de cair, tropeçando nas raízes de uma árvore. Estava aterrorizada com os ruídos que me pareciam estranhos: estremecimentos de pássaros adormecidos e, de repente, acordados por minha presença, doninhas que passavam correndo, começando a caçar, agitação dos galhos balançados pelo vento...

Uma vez, parei para escutar aqueles barulhos. De repente, tive a impressão de gostar daquilo que provocava meu medo. Pareceu-me que a noite se abandonava diante de uma doce luminosidade. A dimensão noturna passou a ser minha amiga pelo resto de minha vida.

Ao voltar, minha irmã mais velha estava me espiando. Estava preocupada porque eu estava muito perto do rio. Vendo meu rosto em paz e feliz, ela me perguntou: – O que você tem? Não respondi. Era meu segredo. Sentia, confusamente, que nada deveria dizer.

J.B.: Suas conferências multiplicam-se, seus livros estão na cabeceira de todos os tementes a Deus. Como os pregadores itinerantes daquela Idade chamada 'média' que era Idade 'maior', você vai despertando, estimulando, curando almas. Como você se situa dentro do mundo intelectual contemporâneo? Que mensagem prioritária você pensa em lhe trazer?

M.-M.D.: Tenho consciência de não ter nenhuma mensagem para dar, de nunca ter feito o bem a ninguém. De tempos em tempos, alguma coisa filtra através de mim. E essa coisa qualquer não me é imputável. Ela passa, a despeito dos obstáculos que possa encontrar. Depois de ter sido, por muitos anos, demasiado intelectual, não me situo em nenhuma classe de intelectuais o que, aliás, não me interessa. Amo, apaixonadamente, os seres, independente de sua cultura. É evidente que me interesso por esse mundo contemporâneo que marca o fim de uma era.

J.B.: Você escreve apenas levada pela urgência da época? Ou pensa, como Rilke, que "basta sentir que se poderia viver sem escrever para que seja proibido escrever..."? Não existiria, por outro lado, um hiato dilacerante entre se fazer conhecer por suas obras e se anular no anonimato superior do Inominado?

M.-M.D.: Sinto necessidade de escrever. A ausência de material para escrever quase me deixa doente. No dia em que a escrita me abandonar, acho que poderia dizer que responderia com um 'sim' a seu abandono. Estou plenamente de acordo com a frase de Rilke, que você acabou de citar. Escrevo somente no campo, durante as férias de Natal, da Páscoa ou no verão. Em Paris, nos meses do inverno, sou incapaz. Para escrever, preciso de uma existência solitária. Preciso, também, estar rodeada de árvores, ter espaço suficiente para me movimentar. Quando meus livros são publicados, não mais me interessam. Quando os pássaros conseguem voar, saem de seus ninhos e a mãe os esquece; ela passa a sonhar com as novas ninhadas. Por esse motivo, me é impossível produzir resumos e interessar-me pela sorte dos textos que me deixam.

J.B.: Na noite iniciática, os astros são pregos ardentes. Mas é a única que possui uma meia-noite vermelha, uma aurora sem declínio. Você passou pela *acédie*, pela dúvida, pelo abandono, em suma, pelo *noturno*?

M.-M.D.: A angústia parece infiltrar-se em todo caminho para a profundeza. O abandono também. Mas é impossível falar disso por causa de sua amplitude e densidade. Podemos nos apaixonar pelo noturno por causa da ternura pela aurora. Mas nada pode ser reduzido a fórmulas.

J.B.: Você observou que há, no homem diferenciado, uma 'modificação de estrutura'. Ele fica inadaptado a um mundo construído à imagem da maioria. A presença homem essencial fere, altera os outros; é porque tal homem é privado de qualquer proteção em relação a um mundo hostil que o recusa. Além disso, a descoberta da verdade, obrigando a renúncias, cria isolamento; a aventura não permite marcha a ré, pois pode acabar tragicamente... "Todos aqueles, você escreve, que tiveram a graça de encontrar, em sua vida, homens apaixonados pela sabedoria, identificaram, em contato com ela, sua extrema solidão"... Quais são os homens essenciais que você encontrou? Poderia citar alguns nomes? Sobre Nicolas Berdiaev, você escreveu: "Nós o sentíamos golpeado pelos ventos"; sentíamos, a seu lado, "um estado paradisíaco".

M.-M.D.: O encontro com homens de luz – que, inclusive, podem habitar a dimensão noturna – parece-me comparável ao oásis percebido no deserto da existência. Durante minha juventude, pude procurá-los e deliciar-me com as trocas. Atualmente, já não sinto a necessidade da presença física. É possível a comunicação com outros, independentemente do tempo, do espaço, de nossas diferentes moradas.

O homem mais extraordinário que conheci foi Nicolas Berdiaev. Quando digo 'extraordinário', refiro-me à sua dimensão fora do comum. Genial, ele carregava em si tanto o Oriente como o Ocidente. Era um profeta, um visionário. Ortodoxo – mantendo-se aberto ao universal – não estava fechado em nenhuma forma. Sempre chamou minha atenção sua simpatia pelos católicos e pelos protestantes. O ateísmo não o perturbava. Penso que lhe parecia preferível à idolatria... Tendo lido traduções de autores russos, eu encontrava, em Berdiaev, uma consonância com escritores que me eram caros. O que me parecia raro em Berdiaev era sua maneira de viver, de olhar o mundo, sem participar de seus jogos. A simplicidade de sua existência me encantava. Nada de mundano, tudo ressoava de forma justa como o cristal. Nele nunca vi nenhum traço de compromisso ou a mais leve mentira. Falava do essencial somente por alusões. Percebia-se que havia erguido sua tenda no indescritível. Sua voz vinha de longe, de um cume difícil de ser atingido. Habitando um pico, sua palavra devia descer para chegar a seus ouvintes. Podia ser violento; em tais momentos, ficava cheio de tiques e falava russo. O francês, que falava com bastante sotaque, impedia-o de manifestar o rigor de suas oposições com seus compatriotas.

Depois, pedia desculpas por seus excessos.

J.B.: Você também conheceu muito bem Gabriel Marcel.

M.-M.D.: Ele vinha me ver frequentemente, ou eu ia a ele. Sentia por ele uma grande ternura. Era um homem de grande sensibilidade. De comum acordo, evitávamos falar de assuntos políticos, que teriam mostrado nossos antagonismos. Sua abertura para o além me fascinava. Às vezes, o achava um pouco ingênuo, até mesmo crédulo. Era um homem cuja humildade revelava-se muito profunda. Não teve, na França, o crédito que merecia, e não sofria por isso; pelo menos, jamais se queixou. Em casa de uma amiga, Solange Lemaître, tive a alegria de também conhecer Teilhard de Chardin. A luminosidade de seu rosto me fascinava. Tive ocasião de conversar com ele em Paris e nos Estados Unidos. Pude constatar seu enorme sofrimento e a qualidade de sua fidelidade à Igreja.

J.B.: Quem mais?

M.-M.D.: Entre as pessoas que encontrei e pelas quais senti verdadeira amizade, poderia citar o padre Jean Daniélou, Jean Grenier, Emmanuel Mounier, Jean Baruzi, Robert Aron, Louis Massignon, Edmond Fleg, Henry Corbin... 'Trabalhei' no passado com Véra Daumal que me apresentou a Gurdjieff. Durante a guerra, pude falar com alguns escritores graças a Marcel More e às reuniões da Fortelle. Após a Libertação e durante anos, uma maravilhosa amiga, Suzanne Tézenas, me fez encontrar, em sua casa, escritores e artistas. Em certa época, frequentei, assiduamente, cafés do *Boulevard Saint-*

Germain onde encontrei, por exemplo, Adamov e, mais raramente, Sartre e Simone de Beauvoir. Sentia necessidade de ter relações com pessoas de horizontes bem diversos. Era impossível confinar-me dentro de um único ambiente. Caso contrário morreria sufocada! Cito, aqui, apenas pessoas que passaram para a outra margem; senão, poderia lembrar outros nomes.

Em Londres, conheci uma mulher notável: Tony Sussmann. Eu a via de três a quatro vezes por mês. Alemã, de origem judia, convertida ao catolicismo, não pertencia, na verdade, a nenhuma forma religiosa. Sua cultura era vasta; nunca havia tido ocasião de ver alguém tão livre. Pude conhecer, em Londres, em Paris, nos Estados Unidos, na Índia e no Japão, indivíduos de envergadura magnífica. Sendo profundamente marcada pela cultura judaico-cristã e grega, sou interessada, mas não seduzida, pelo pensamento do Extremo Oriente.

J.B.: Você poderia nos explicar o significado de sua idéia: "Procurei o Absoluto. Deixei de procurá-lo"?

M.-M.D.: Para mim, a busca parece situar-se na dimensão horizontal. Um ponto de água descoberto exige uma escavação para procurar a fonte. Passamos, assim, da horizontalidade para a verticalidade. Durante o primeiro procedimento, nós nos entregamos ao questionamento, aos encontros, às trocas. Depois, a solidão e o silêncio tornam-se os intermediários. O resto se revela supérfluo.

J.B.: Deixando de lado as questões pessoais, como proceder, em sua opinião, para livrar do torpor tantos e tantos homens que, em sua maioria, momentaneamente, despertam para o espiritual quando lhes falamos em termos adequados? Como acionar um detonador que possa ser definitivo?

M.-M.D.: Estou absolutamente convencida de que é impossível provocar o despertar de alguém. Isso não nos diz respeito. Tudo acontece e se desenrola entre cada um e seu mestre interior. O segredo do outro possui uma porta fechada. Podemos nos enganar a respeito dos outros. O importante é aceitar a diversidade humana, da mesma forma que aceitamos a diversidade das flores e do canto dos pássaros. Não existe detonador que venha de fora. Nada é definitivo, em razão da mobilidade da condição humana... Outrora, sofri muito, constatando que a maioria dos homens não procurava o essencial. Atualmente, isso já não me aflige. Compreendo melhor essa mobilidade, a multiplicidade dos estados, das demoras. Nada disso importa diante de Deus, pelo menos é o que suponho.

J.B.: Antes da exploração da espiritualidade moderna, você havia percorrido a espiritualidade medieval. Por quais razões o século XII lhe pareceu tão importante na história das idéias religiosas da Europa?

M.-M.D.: Como aluna de Étienne Gilson na *École des Hautes Études*, fui por ele introduzida ao pensamento medieval. Fiz minha tese de doutorado sobre a teologia mística de Guillaume de Saint-Thierry, amigo de Bernard de Clairvaux. A teologia mística do século XII ensinou-me bastante, especialmente o monasticismo cartuxo e trapista. O pensamento e a arte do século XII são essencialmente cósmicos. Com seu senso da festividade, da liturgia baseada nas estações, o homem movia-se, naturalmente, 'em Deus'. Interesso-me pelos valores espirituais da Europa. Ora, a Europa do século XII era, antes de tudo, trapista. O intelectualismo e a escolástica decapante virão, mais tarde, obscurecer a visão do terrestre e do celestial estreitamente unidos. Em seguida, houve uma trágica ruptura, cujas consequências vivemos atualmente.

J.B.: Você constatou a socialização da época, entreviu um 'movimento de individualização' que o sucedeu, sem excluir, no entanto, a possibilidade do 'desaparecimento do indivíduo'. Podemos acreditar que os novos tempos, orientando-se não para Deus, mas para o homem, dirigirão o homem para Deus?

M.-M.D.: O homem não precisa se orientar para Deus. Ele é incapaz. É nele mesmo que descobre a presença divina. Enquanto procurar um Deus do lado de fora, encontrará somente ídolos. Orientar-se, para o homem, equivale a orientar-se para Deus. Entretanto, não estou certa de que, atualmente, estejamos nos voltando para o homem, mas sim para um robô. Conquista-se a dimensão humana. Aqueles que deveriam estar preocupados com a interiorização estão, muitas vezes, politizados e aprisionados no social. Os tempos novos não são para amanhã, mas sempre para hoje. Só podemos esperar que um número maior de homens se encaminhe para o essencial.

J.B.: Discorrendo, em *L'Homme intérieur et ses métamorphoses* (O Homem interior e suas metamorfoses) sobre a volta ao 'país natal', você escreveu que "não se joga impunemente com a dimensão da profundidade". Como manter-nos no cume se nos proibiram a ascese e sem fazer do 'meio termo' a via real da 'mediocridade'?

M.-M.D.: A via real é a do vazio, do despojamento, da nudez. Não acredito que possamos nos instalar nela; nós a emprestamos de passagem. A ascese consiste, penso, em não ceder à tristeza. Aceitar nossa completa solidão e vivê-la com alegria interior, sem pensar nem por um décimo de segundo que podemos estar no cume. Os picos estão vazios. Nem os pássaros os habitam.

J.B.: Você constatou que, no Ocidente, a raridade de mestres não deixa de estar relacionada com a dos discípulos. Que fazer então? muitos lhe perguntarão. Entre eles, há algum vivo, atualmente? O mestre interior é o mestre ideal, mas os psíquicos – a maioria – tomam como mensagens do alto os *flatus vocis* de uma subjetividade sem rédeas.

M.-M.D.: Tanto faz que seja o Oriente ou o Ocidente, já não estamos na época dos mestres, mas na da descoberta do guru interior, da Igreja interna. Deixemos passar, sem julgamento, aqueles que sentem necessidade de agitar-se para encontrar intermediários e que, às vezes, atravessam continentes para encontrá-los. Sempre aprendemos alguma coisa quando saímos de nosso país. Os deslocamentos externos podem transformar-se em convite para experimentar a viagem interna. Cada coisa acontece em seu tempo, ou nunca acontece. Isso não tem nenhuma importância! Tanto melhor se mestres encontrarem discípulos e os discípulos, mestres. Não é melhor perceber sua 'felicidade' onde ela se encontra? Estou convencida de que ainda existem verdadeiros mestres. Escondem-se e não reivindicam nenhuma paternidade espiritual. Por muito tempo acreditei em sua importância. Atualmente, não poderia acreditar nisso, reconhecendo que, certamente, há felizes exceções.

J.B.: Não pode haver perigo quanto ao mestre espiritual? Sabemos, realmente, de fracassos, de desvios. E de muitos falsos mestres!...

M.-M.D.: Nessa categoria, pude presenciar muitos fracassos. Transferências nunca realizadas, sexualidades reprimidas, estados enganosos, ridículos, perversões... A evolução da mulher e a liberdade de sua vida sexual modificaram o comportamento feminino. Atualmente, a feminilidade, no homem e na mulher, se transpõe. Se a mulher se assumir, se os jovens assumirem suas responsabilidades, o número dos pseudo-mestres recuará. É fácil abusar da credulidade e da fraqueza de muitos indivíduos isolados. A meditação das Escrituras – Bíblia, *Upanishades, Vêda* – pode ajudar, desde que não esteja limitada ao sentido literal para se descobrir o espírito velado pela escrita. Inúmeras traduções de obras importantes podem substituir a ausência de mestres, ou a carência dos que se espalham no 'mercado da iniciação espiritual'. Por causa de uma superabundância, a escolha do valor fica difícil. Daí a importância da lucidez e do discernimento.

J.B.: A inteligência e a mística judaicas lhe parecem excepcionais. Você não tem problemas com o protestantismo. Encontrou, na ortodoxia, uma profundidade que falta ao catolicismo. Entretanto, você permaneceu nessa religião, sentindo-se indiferente à 'forma', fiel aos escritos cartuxos, trapistas e *rhénans*. Você considera que as 'crenças' podem se confrontar, mas as religiões se reunem no topo. Seria, realmente, possível vencer tantas antinomias e como?

M.-M.D.: Não tenho a pretensão de conhecer a receita. Trata-se de assunto pessoal. Cada um possui sua própria singularidade e deve consultá-la em seu caminho. É por isso que sinto muita dificuldade em perceber os proveitos dos grupos que, hoje, pululam e transformam-se em um verdadeiro e frutuoso comércio. Isolado, o além dos caminhos permite a participação em um festim único. As religiões e as crenças são criações dos homens, revelam-se necessárias. Possuem sua beleza e seus ensinamentos. Mas as crenças defrontam-se, levando, frequentemente, a assassinatos. A história de ontem e a atual os apresenta em quantidade. As jovens gerações parecem fazer economia das religiões; elas as relegam, de bom grado, ao passado. Nisso, estão erradas. Precisaríamos, principalmente, compreender que o Evangelho não apresenta uma religião, mas uma *arte de viver e de amar*, instaurada por Cristo e vivida por ele. Se conseguirmos extrair o sentido dessa arte, as antinomias desaparecerão.

J.B.: Berdiaev dizia que a Rússia era o 'Oriente cristão'. Você mesma escreveu que o homem medíocre não pode deixar de detestar o pensamento russo; ele estimula e nutre aquele que vive em uma dimensão trágica. O que Berdiaev e, com ele, a ortodoxia, trazem ao Ocidente na eventual elaboração de uma espiritualidade nova?

M.-M.D.: Tudo é novo e ao mesmo tempo nada nunca é novo. Eis um paradoxo inevitável. O que é inusitado para um já é claro e foi vivenciado por outro. A mística ortodoxa revelou-se, para mim, como transfiguradora. Mas não creio que o sopro liberador trazido por Nicolas Berdiaev tenha se originado da ortodoxia. O importante é referir-se à *Légende du Grand Inquisiteur* (Lenda do Grande Inquisidor), exposta em *Les Frères Karamazov* (Os Irmãos Karamazov), e à escolha necessária entre a escravidão e a liberdade: adesão à renovação constante.

J.B.: Cada época inventa um novo acesso aos mistérios. Há, atualmente, além de um melhor conhecimento do sufismo, do budismo e do hinduísmo, a descoberta dos Pneumatológicos do Deserto, dos alquimistas, dos hesicastas, dos cabalistas e teósofos cristãos, dos pré-socráticos, dos platônicos da Pérsia, dos praticantes do zen e dos taoístas. Mas, em vez de alegrar-se com essa superabundância, muitos vêem, em todas essas contribuições, fermentos suplementares de dissolução. O que responder à acusação de sincretismo? E qual sua diferença com a apropriação de elementos lentamente digeridos e assimilados?

M.-M.D.: Parece-me válido um adágio repetido na Idade Média: "Não olhe quem fala; entregue tudo o que for bom à sua memória". Uma posição sincretista parece-me muito repreensível, porque resulta de uma mistura. Os valores extraídos das tradições podem enriquecer-se mutuamente até o dia em que seja possível descobrir o além dos caminhos.

J.B.: Toda a sua obra é um testemunho a favor das religiões comparadas e de seu encontro no mais alto nível. Entretanto, há, em você, uma nítida diferença entre o universo ocidental e os universos orientais: a Pessoa de Cristo. Cristo não é, a seu ver, um *Avatar* entre outros, até mesmo um *primus interpares*[1]: é muito mais. Mas então, podemos falar ainda, de um além das religiões?

M.-M.D.: Se Cristo não for o fundador de uma religião, o que acredito firmemente, o problema a que você se refere não existe. As discussões filosóficas e teológicas são inúteis. O importante é a tendência para a santa unidade. Não acredito na eficácia das comparações. Se me convêm, posso usá-las. Caso contrário, deixo-as de lado para tentar viver na autenticidade. Como Eckhart mostrou muito bem, tudo o que se diz de Deus é falatório. Aquele que possui uma experiência da *presença* está além das comparações, das aproximações, das diferenças. Daí a importância do silêncio em relação ao essencial. Que cada um encontre seu caminho e seu além! Ele descobre progredindo. Ele pode negar aquilo que, na véspera, podia lhe convir e temporariamente satisfazê-lo.

J.B.: Ao lado de Simone Weil e de Nicolas Berdiaev, a terceira personalidade que pontuou seu caminho foi Henri Le Saux; convertido em "cristão a tal ponto, você disse, que está perfeitamente unificado pelo hinduísmo". Ele desejava uma 'teologia do encontro das religiões'. Essa teologia está sendo elaborada e sendo realizado em total respeito ao outro?

M.-M.D.: O *Journal* de Le Saux parece-me notável, por mostrar a necessidade de uma purificação de tudo o que pudemos aprender e considerar, outrora,

---

[1] "*Primeiro entre iguais*", a fórmula é aplicada ao papa de Roma pelos ortodoxos.

como autêntico. Nem Simone Weil, nem Berdiaev acharam-se na obrigação de praticar tal ascese. Henri Le Saux precisou libertar-se de uma formação escolástica recebida no seminário e em sua abadia de Kergonan... Não acredito que a libertação das formas religiosas possa convir a todos. Ela exige um enorme despojamento para ser atingida. Daí a necessidade constante dos refúgios, dos ensinamentos, dos dogmas, das prescrições. Pessoalmente, o encontro das religiões não me interessa, mas posso compreender que ela apaixone certos espíritos. O importante parece-me consistir na aquisição da dimensão humana. Não ouso crer na deificação possível, ela me parece um projeto sempre adiante de si. Cada um possui seus carismas e, também, suas carências. Dou minha adesão somente à singularidade de cada caminho. Tenho a impressão de que a experiência de Henri Le Saux pode provocar o despertar, sob a condição, entretanto, de não *imitá-lo*. Não devemos ir atrás de modelos. Procurá-los é fácil, é uma espécie de fuga para não nos conhecer e nos assumir dentro de uma perfeita fidelidade à nossa vocação. Esta permanece sempre por ser descoberta.

J.B.: Swāmi Abhishiktānanda queria deixar de pensar 'em Deus', recusar os 'sinais', porque – o Vedānta ensina – o verdadeiro conhecimento está além de todo conceito intelectual, de todo saber. É preciso mergulhar em seu 'fundo' para encontrar Deus. A originalidade de Henri Le Saux não foi, sem dúvida, a de conciliar, com dificuldade, uma religião histórica e uma religião cósmica; mas, talvez, a de seguir o caminho do Deus pessoal: Yahvé se fez *símbolo* em Jesus, impondo-se ao Impessoal 'advaïtin'! Em outras palavras, não quis transbordar da *bhakti*[2] para o *jñāna*[3]?

M.-M.D.: A via do amor e a do conhecimento se justapõem. Apenas no abstrato podem ser distinguidas. O importante consiste em viver o conteúdo orientando-se para a unidade. A história parece-me uma explicação, um reflexo de acontecimentos que se desenvolvem em outro lugar. A visão dos mistérios acontece em um além da história, do espaço e do tempo.

J.B.: Sem dúvida, a Índia recorda, aos católicos e aos reformados, aquilo que parecem ter esquecido. Falando dessa terra de anterioridade, Henri Le Saux evoca a 'graça da interiorização', que ela concede, e a 'purificação da noção de Deus', que ela permite. Mas os ortodoxos conservaram a teologia negativa (o *neti* dos hindus), aquela ioga que é a prece do coração (seu *japa*) e eles têm, além disso, uma liturgia admirável. Então, o que poderia trazer o Oriente não cristão ao cristianismo oriental, principalmente se Cristo é mais que um *Avatar*?

M.-M.D.: Parece-me existir o essencial no judaísmo-cristão. Entretanto, a interiorização foi, sem dúvida, vivida apenas por um número muito pequeno, a audácia não sendo uma virtude humana cuja importância e eficácia sejam reconhecidas de bom grado. Creio, efetivamente, que a metafísica da Índia possa provocar uma purificação, uma preparação, uma evocação daquilo que foi esquecido ou não vivido por ignorância ou fraqueza. Daí a extrema oportunidade de compreender o quanto um intelectual ocidental está comprometido e como

---

[2] A via devocional, dirigindo-se a um deus pessoal.
[3] A via gnóstica, religada ao impessoal.

deve desfazer-se de tudo o que o sobrecarrega. O destaque dado por Le Saux à solidão e ao silêncio deve ser levado em consideração. É um resultado a que aquele monge cristão e hindu chegou apenas no fim de sua vida. Ele falava e escrevia com prazer, era para ele uma forma de tudo esclarecer. Faltava-lhe um interlocutor à altura para perceber o sentido de seu sofrimento, de seu eterno questionamento dos temas mais essenciais. Sua lealdade e sua retidão são de extraordinária amplitude. Cada um que o ler tirará proveito. No mínimo, a inquietação que poderá experimentar... Alguns encontrarão uma justificativa para sua adesão ao cristianismo, outros se verão fortificados em seu interesse pela metafísica da Índia. Alguns homens compreenderão a importância da 'passagem' através dos mitos e dos símbolos. Finalmente, algumas pessoas chegarão a se libertar da confusão que as impedia de ver com clareza.

É conveniente nunca esquecer que o despertar vem acompanhado de mortes e de ressurreições. Estas operam na escavação e no aprofundamento. O despertar libertador completa-se no deserto, ou seja, no país interiorizado da sede, da leitura dos símbolos e do encontro. O verdadeiro encontro efetua-se internamente e transforma-se em experiência. Uma indescritível experiência cujo essencial é incognoscível.

SATPREM

Em direção a uma nova humanidade

Devo tudo à Mãe e a Shrī Aurobindo. Não fiz ioga pelo mérito de minhas virtudes, mas apesar de minhas fraquezas. De fato, no fundo, nada fiz: fizeram tudo para mim e apesar de mim.

Carta ao autor
7 de dezembro de 1978

A entrevista seguinte ocorreu em 21 de julho de 1973, em Pondichéry (Índia). Em 1996, Satprem trabalhava em uma tradução francesa de Savitri *de Shrī Aurobindo.*

Quando o interrogamos sobre sua vida, Satprem confessou sua dificuldade em voltar ao passado, para falar de uma existência tão antiga, que lhe parecia anterior a esta ou, até, formada por várias existências superpostas. "Vivi em grande velocidade, escreveu-me, todas as espécies de vida, ou melhor repeti, em alguns anos, vários ciclos antigos, várias tendências ou vários seres que eu fora, a fim de chegar ao ponto zero de todas essas existências, ali onde precisamos nos precipitar em outra coisa, radicalmente, ou deixar a pele..."

Enquanto, normalmente, os seres vivem um único gênero de experiências em suas vidas, ainda que sob diferentes aspectos, Satprem quis as suas tão diferentes quanto possível para, assim, esgotar os recursos.

Eis seu rápido perfil.

O desejo de partir para o mar

Ele nasceu em Paris, em 1923; viveu na Bretanha, de onde seus pais são originários: a mãe, o ser mais extraordinário depois da Mãe, uma rocha bretã, brotada da lande como um junco selvagem; o pai, engenheiro químico, uma espécie de santo, prisioneiro de sua Igreja. Uma família com oito filhos.

Já buscando algo diferente, não ficou muito tempo em nenhum lugar; conseguiu ser expulso dos colégios, dos internatos, inclusive o dos Jesuítas. A aventura estava presente em seu sangue, desde que aparelhou sua pequena canoa de pescador com um tecido de barraca, para atravessar a baía... Queria ir para o outro lado – o outro lado de tudo. Sentia-se feliz apenas em alto mar, onde tudo é imenso, onde se desaparece sem desaparecer, onde se está em toda parte, ao mesmo tempo, com a rajada, do vento e as gaivotas. Voltar para a terra, significa voltar para a prisão.

Preparou-se para a Escola Colonial (estabelecimento que formava administradores para as colônias francesas). Rapidamente, percebeu que Vasco da Gama e Champollion representavam algo ultrapassado. Nada mais existia para ser descoberto. Se já não sabemos a que nos ater, nada mais resta senão ater-nos a nós mesmos.

Detido aos vinte anos pela Gestapo – em um tempo em que, na outra extremidade da terra, Shrī Aurobindo declarava: "A vitória do nazismo seria a destruição de meu trabalho" –, foi deportado por um ano e meio para Buchenwald. Um terrível desnudar. Havia entrado para a Resistência para resistir a uma velha ordem irreal, para rebelar-se contra um mundo de escravos. 'Libertar a França' correspondia, para ele, a um ato de alcance completamente diferente do político ou do militar. Era uma primeira manifestação da aventura que procurava: o prazer de estar fora da lei, de dar um primeiro pontapé contra as paredes da asfixia.

Viajou para o Egito, ocupou em Pondichéry o cargo de diretor do Serviço de Informação, do qual pediu demissão em 1949. Passou um ano na floresta virgem, na Guiana, deixou de se tornar milionário no Brasil, instalou-se na África, procurando, em toda parte, a 'verdadeira aventura', até o dia em que descobriu que a verdadeira é a interior. Voltou para a Índia, tornou-se *samnyāsin*, monge errante, praticou o tantrismo. Entregou-se a todos os tipos de experiências, cuja transposição encontramos em seu livro *Par le corps de la terre* (Através do corpo da terra). Porém, sempre sentindo a mesma insatisfação.

De vento em popa em direção ao futuro

Em 1953, Satprem estava com trinta anos. Tornou-se secretário e discípulo da Mãe, no *āshram* de Pondi-chéry. Perdida a aventura do corpo... Tudo a descobrir... Nada de mapas, nem de bússolas; nada de 'libertação'. Mas um formidável segredo a extirpar da matéria. Um outro continente a descobrir... A percepção de alguma coisa que nasce e assemelha-se ao novo homem.

Durante vinte anos, até o desaparecimento físico da Mãe, Satprem não deixou de trabalhar a seu lado. Ele anotava suas observações, experiências, confidências, registrava suas conversas, acumulando uma enorme reserva de materiais. Cerca de seis mil páginas de texto que foram publicadas com o título *Agenda*, 'o relato da grande viagem de Mãe para a nova espécie', relatando, passo a passo, sua exploração na consciência do corpo e sua descoberta de um 'mental celular' capaz de reformar as leis da espécie. A partir de então Satprem dedicou todo o seu tempo e todos os seus esforços, à publicação daqueles 'Cadernos de laboratório'.

Isso se chama aurora

A metafísica-ficção existe somente no nível de um único mental, argumentando e dividindo, mas não se ultrapassando, e dela nasceram as cidades ideais, destinadas à derrota, de Platão a Campanella e dos Ícaros à escatologia marxista. Aquele sonho que tivemos e que teimamos em ter. De conhecer o estado de felicidade perfeita, aquele sonho que acreditamos captar no apogeu de algumas vitórias ou exaltações passageiras, Shrī Aurobindo veio nos dizer que era realizável sobre esta terra mesma, mas que não tinha nada a ver com o que imaginávamos; ele somente seria possível com a ajuda do Supramental e em seguida a uma total revolução psicológica. Podia declarar, por tê-la experimentado: "Sei, com absoluta certeza, que o Supramental é uma verdade e sua chegada é inevitável pela própria natureza das coisas".

É inútil insistir sobre a derrota dos remédios mecânicos, políticos, sociais, sobre a derrota dos regimes, das reformas, das revoluções, como sobre a das filosofias e religiões. Por esse lado, noite plena. "Os antigos males reaparecem sob novas formas..." É preciso, então, mudar a *natureza humana*. E esta pode ser mudada. Há, no fundo do insolúvel, a possibilidade da saída... Essa é, realmente, a melhor das 'boas notícias'. E foi, talvez, em Pondichéry, que tudo começou a acontecer... Não é curioso imaginar que o āshram de Aurobindo tenha sido edificado no mesmo lugar onde o sábio-viajante Agastya havia instalado o seu, há cerca de sete mil anos e onde se questionou, pela primeira vez, o 'Sol de Verdade sob o infinito da montanha', a Luz escondida no fundo da obscura Matéria?

Não longe, em sua casa de Nandanam, Satprem surgiu, em sua figura delicada, ascética, semblante frágil como um sopro, mas um sopro que seria preenchido por toda a energia do mundo; com seu olhar de um azul oceânico, penetrando o exterior com sua imobilidade e voz doce, monótona, tranquila, trabalhada com as inflexões da Mãe. Um daqueles seres que se sacrificam inteiramente pelo que é, para eles, mais que uma causa ou um ideal, a força imperiosa do destino, uma presença devoradora mais do que humana; que nela são deixados queimar e saem pacificados.

O barulho longínquo do campo indiano nos envia as últimas badaladas das almas. Voltam para os vilarejos as encantadoras vaquinhas, "brancas, diz um texto, como as fibras do ramo dos nenúfares", as crianças "com cor de brotos de mangueira", que nos olham furtivamente, e os esguios camponeses *tamouls*, dos quais apenas o turbante e a tanga brancos atestavam a presença na sombra. Enquanto falávamos, interrompidos por longas pausas, a noite desceu em volta das tendas, a noite desceu das palmeiras, aquela noite que, segundo as palavras da Mãe, "ficava mais profunda à medida que a aurora se aproximava".

Jean Biès: Sua corrida atrás das experiências, atrás das aventuras, faz você parecer um Rimbaud que teria tido sucesso naquilo que o outro teria apenas desejado ter. Mas por que essa corrida?

Saptrem: Durante vários anos, minha questão obcecante foi: *O que fica quando já não existe nada?* Quando perdermos todas as nossas destrezas, nosso atavismo, nossa educação, nossa literatura e nossas fanfarras, o que sobra? Quando já não tivermos amigos, família, país, o que sobra nesse lugar? Que coisa *eu,* realmente, sou, sem tudo o que foi acrescentado em cima de meus bisavôs, até meus pais, e de escola em escola – sem livros, sem 'eu sei', sem *recursos*. Ali onde estou nu, vazio, puro. Será que ainda existe alguma coisa além da adição de cromossomos e de *curriculum vitae*? Ou absolutamente nada? Essa era a minha questão. E lancei-me ao desafio de forma furiosa, por assim dizer. Quando fui embora para a floresta virgem (uma experiência maravilhosa) e comecei a perceber que me transformara em um burguês da floresta virgem, parti em oito dias para o Brasil, deixando atrás de mim um mundo que amara muito. Quando todo o dinheiro e as minas de mica vieram parar em minhas mãos, no Brasil, com um grande veleiro que me ofereceram, uma ilha maravilhosa, em suma, a armadilha da grande 'vitória', deixei tudo de lado e comprei uma passagem de porão de navio para a África, sem um centavo. Nunca quis parar em nenhum lugar, em nenhuma experiência, nenhum sucesso, nenhuma 'realização': queria encontrar o *absolutamente absoluto*. O que é pleno e para sempre.

J.B.: Esse *absolutamente absoluto* era Deus?

S.: Eu não levava 'Deus', ou o que quer que fosse, a sério; era o mais anti-religioso possível, mas queria o 'aquilo' de meu ser, que é a possibilidade suprema e a suprema aventura do homem. O que é um homem? O que isso *pode*? Em que direção isso caminha? Qual é o mistério interior e se não houver mistério, então, vamos jogar a vida para o alto!... Vivi como se adiasse o suicídio. Uma espécie de desafio comigo mesmo ou com 'alguma coisa', dentro de mim mesmo que não conhecia e que era como a chave do homem – sua chave *material*, entendamos bem; porque o 'espiritual', pouco me importava realmente. Se o 'espiritual' existia, queria tocá-lo em meu corpo, em cada segundo de minha vida.

J.B.: A Mãe lhe deu a chave?

S.: Sim, foi ela, quando, ao fim de todas aquelas cambalhotas, vi-me encurralado na última e suprema aventura: "O ainda não homem, é uma espécie por aparecer". Ah! Como entendi A Mãe: "O que precisamos fazer, não é adorar, mas *transformar-nos*. Adoramos porque temos preguiça de nos transformar!..." Queria tanto encontrar a chave daquela espécie miserável, ridícula, fútil e no entanto, tão pungente. Aí está. Passeei meu fogo até que ele me levou à porta da Outra Coisa: a aventura da nova espécie, que é realmente a aventura do ainda-não-homem. Briguei com aquele *āshram* durante anos, porque ainda acreditava que fosse uma espécie de Igreja exótica, até o dia em que A Mãe demoliu a 'espiritualidade' com a 'materialidade', para que eu pudesse ser tocado, pudesse descobrir o que havia chamado de 'materialismo divino', o qual nada tem a ver com nossos dois extremos infantis do puro *Espírito* e da pura *Matéria*. Nada conhecemos de um, nem sobretudo do *outro*. Conheceremos e *viveremos* a matéria, verdadeiramente, quando tivermos descoberto o que ela realmente é, em nosso corpo, ou seja, quando tivermos realmente saído da prisão mental do falso homenzinho que somos, para nos manifestar dentro da matéria imediata, tal como ela é, sem revestimento mental e sem eletrônica de substituição...

Ficava sempre surpreso, quando pequeno, porque não podíamos estar imediatamente em toda parte, estar em todos os corpos e em todos os lugares. Sentia-me eternamente aprisionado e era essa prisão que queria quebrar a qualquer preço através de minhas 'experiências'. Então, quando A Mãe falou 'da nova espécie', como dela participar, do mistério do caminho e do avanço impossível, todas as florestas virgens do mundo e todas as aventuras do mundo ficaram desbotadas e inúteis diante daquela aventura!... A Mãe era a maior aventureira do mundo. Continuo com Ela. Aí está... É a única aventura possível; caso contrário, não vale a pena continuar!

Observe bem que isso não se refere *a mim*: isso se refere a todos os meus irmãos, porque essa história humana durou dolorosamente o bastante. Descobriram as ondas longas, as ondas curtas, os microscópios, os telescópios... E se, verdadeiramente encontrassem o homem? E o *poder* do homem o fizesse existir sem todo aquele aparato artificial, voar sem avião, comunicar-se sem telefone, ver tudo sem telescópio nem televisão, estar em toda parte e sentir a alegria de tudo o que existe. A verdadeira vida, finalmente. A verdadeira razão do porquê está dentro daquela pele; não a razão 'espiritual', mas a razão *material*. E no final das contas, poderemos perceber, talvez, que o espírito é a própria matéria. Precisamos experimentar. Precisamos ver. Nada temos para acreditar, tudo para *ver*. Então, todas as nossas histórias espiritualistas e materialistas desaparecerão como o balbuciar de uma época que pertencia somente ao macaco superior... A Mãe fez-me saltar do passado da terra e do antropóide nostálgico para o futuro da terra e para o homem finalmente dotado de todos os seus sentidos e de um certo número de outros, desconhecidos, que farão parecer, mais tarde, nossos homenzinhos mentais, como girinos dentro da garrafa. Sem A Mãe, teria me suicidado, um dia, dentro da floresta virgem; ou então, teria me afogado com um veleiro bretão, em uma daquelas velhas aventuras que nada inovam.

A Mãe

Filha de mãe egípcia e pai turco, Mirra Alfassa nasceu em 21 de fevereiro de 1878, em Paris.

Estudou música e matemática superior, frequentou pintores e escritores, encontrou Rodin. Muito jovem, teve inúmeras experiências psíquicas: saída do corpo, visões. Desde 1890, teve a intuição de uma possível 'revolução dos átomos'; e, em 1904, sua primeira 'visão' de Shrī Aurobindo. No mesmo ano, em Tlemcen, fez uma visita a um ocultista, Max Théon, indo embora ao descobri-lo prisioneiro de seus poderes.

Divorciada de Henri Morisset, casou-se com Paul Richard, em 1910, e embarcou para a Índia pouco depois. Em 29 de março de 1914, encontrou Aurobindo, em Pondichéry, e anotou: "Aquele que vimos ontem está na terra". Quando a guerra foi declarada, voltou para a França, mas partiu para o Japão em 1916, onde permaneceu durante quatro anos. Em 1920, fixou-se definitivamente junto de Shrī Aurobindo, tornando-se sua infatigável assistente espiritual e a 'Mãe' de seu āshram.

Depois da partida do mestre, A Mãe, que já havia criado uma escola, fundou o 'Centro Universitário Internacional' e, em 1968, Auroville, cidade utópica, sem dúvida ideal, mas também 'laboratório da nova evolução'.

Ela deu centenas de entrevistas destinadas aos discípulos que visavam o despertar de uma outra consciência. Inúmeras foram publicadas, posteriormente, seguidas pelos registros feitos por Satprem de todas as suas palavras (1951-1973). Será a Agenda*: treze volumes, seis mil páginas, "meu presente àqueles que me amam".*

Com noventa e cinco anos, em 30 de novembro de 1973, A Mãe deixou o corpo.

Dotada de uma excepcional intuição – "Tenho conhecimentos que não possuo!" – a grande idéia da Mãe era que as células são susceptíveis de evoluir. É possível mudar a Matéria evitando a usura das células provocada por seu atrito. Mas, para isso é preciso mudar também a Consciência individual, depois a Consciência terrestre.

A 'Ioga das células' levou-a à descoberta de um 'mental celular' capaz de reformar a condição corporal e de conduzir a um novo modo de vida na Matéria e a uma outra Humanidade, único meio válido para ultrapassar o reino da animalidade, do sofrimento, da ignorância e para vencer a própria morte.

J.B.: A Mãe e Shrī Aurobindo pretendem ser os pioneiros de um novo mundo. O que é esse novo mundo? Que trabalho deve ser feito para concretizá-lo?

S.: É preciso começar pelo B A BA. O que fazer – com o quê? Com a matéria que somos. A Mãe e Shrī Aurobindo não vieram fazer filosofia, eles vieram fazer uma obra *na matéria*; vieram encontrar a passagem para o que será a próxima espécie... Não podemos continuar a ser eternamente 'homenzinhos', nem mesmo 'grandes homens'... Todos os nossos meios mentais provocam a ruína, está claro... Ora, a evolução não se desenrola dentro do mental, ela se desenrola na matéria.

J.B.: Mas o que é essa matéria?

S.: Os próprios sábios não conhecem muito bem. Somos uma matéria revestida de todas as espécies de camadas minerais, vegetais, animais, principalmente mentais. A matéria é algo que está escondido por baixo disso tudo. Não é o que vemos nem o que nossos instrumentos podem ver e que são apenas o prolongamento de nosso próprio intelecto. A matéria é o grande mistério, o primeiro e o último de todos os mistérios... Podemos dizer, para simplificar, que o trabalho da Mãe e de Shrī Aurobindo consiste, antes de mais nada, em fazer uma abertura na casca que nos prende e, partir da consciência que se diz cósmica, luminosa, liberada (que não está liberta de absolutamente nada; flutuamos lá em cima e, depois, nosso corpo continua a ser o que era, envelhecendo e morrendo, sendo sempre o mesmo velho animal que ali está), para procurar o caminho inverso: não mais subir, porém descer, descer para essa matéria, ou seja, atravessar todas as camadas de consciências e de hábitos, que revestem esse algo de primordial que é a matéria verdadeira. Eles encontraram todas essas camadas e, bem no fundo, uma outra consciência, uma *consciência celular*.

J.B.: Que seja, mas o que é essa consciência celular?

S.: É uma consciência livre, como somos livres nas liberdades do alto, materialmente sem lei, sem doença, sem morte... Um fantástico mistério! Todas as liberdades do alto podem ser descobertas na matéria quando ela estiver despojada de todos os seus revestimentos: uma matéria contínua, tendo uma comunicação imediata com tudo. A morte, a doença são apenas produtos de todos os revestimentos empilhados em cima dessa matéria. Sob leis implacáveis, leis de nosso mental, de nossa gaiola, descobrimos, bem no fundo, a liberdade da matéria, uma consciência infinitamente leve, que pode recriar-se a cada instante, transformar-se, quando quiser, como quiser. Isso significa que se essa consciência estivesse realmente livre dentro de um corpo humano, ela poderia transformar a matéria desse corpo, modelá-la, dotá-la de qualidades e de poderes insuspeitos. Essa é a matéria da nova espécie... A primeira alavanca sempre esteve dentro da matéria; é ela que deve operar sua própria transformação, a matéria *pura*, descoberta de todas as camadas que serviram para fechá-la, para limitá-la, para individualizá-la, para solidificá-la.

J.B.: O trabalho consiste, portanto, em reencontrar a liberdade da matéria em de um corpo novo, que seria elaborado pela consciência celular?

S.: Trata-se de extrair essa consciência celular; nisso reside o possível milagre... É toda a história da Mãe e de Shrī Aurobindo. Não apenas um trabalho sobre eles mesmos, o que ainda seria uma aparência; pois pensamos que estamos separados em indivíduos bem distintos, ao passo que nada está separado, tudo se comunica... Eles se esforçaram para alcançar, *experimentalmente,* a primeira base, a matéria-prima do mundo, atravessando toda a consciência terrestre. Abriram o caminho na consciência terrestre, para chegar a essa consciência fundamental; quebraram as camadas... Foi uma ioga inimaginável.

J.B.: Atualmente, há um resultado visível do trabalho deles?

S.: O resultado está perfeitamente visível, você não acha?... Eles quebraram todas aquelas camadas... E começam a se quebrar em toda parte. Podemos ver muito bem... Todas as velhas estruturas se afundam e, por toda parte, alguma coisa diferente começa a se espalhar, a jorrar por todos os poros da terra. Acontecem coisas que não conseguimos explicar, assumindo proporções extravagantes de acordo com as consciências, de acordo com os países; mas, há, em toda parte, algo atravessando a velha crosta terrestre. É o que estamos vivendo: não somente a demolição do antigo, porém algo muito novo está nascendo, uma nova consciência atravessando as beiradas das velhas estruturas. Isso se traduz por todo tipo de aberrações, de drogas, de Igrejas, de seitas... Entretanto, uma nova percepção tenta abrir seu caminho. Todos esperam outra coisa, sob uma ou outra forma.

J.B.: Mas de quais métodos dispomos para atravessar as camadas profundas de nosso indivíduo?... Deve haver um meio prático para ser usado diariamente?

S.: A transparência...

J.B.: Como conseguir essa transparência?

S.: Precisamos estar convictos da necessidade, em algum lugar no coração. A *necessidade* sempre foi a chave, em todo lugar e sempre. Nós nos transformamos segundo a nossa necessidade. Quando uma espécie está morrendo, há necessidade de um outro oxigênio, alguma outra coisa que a fará sobreviver... Trata-se de uma necessidade de existir, necessidade de uma realidade concreta no meio da agitação das coisas, de uma permanência leve no meio de sua espessura, de uma luminosidade suave no meio da escuridão... Essa necessidade é um fogo que limpa, purifica... Quanto mais purificado, mais límpido ele fica... Quando estamos límpidos por dentro, tudo fica límpido por fora; o caminho se desenrola sozinho.

J.B.: Você bem sabe que o Amor não é amado.

S.: Podemos chamá-lo de Amor, ou de várias outras maneiras. É alguma coisa que queima. A partir do momento que nele colocamos qualificações, ele se humaniza, fica mental ou afetivo, ao passo que é muito mais essencial que tudo isso.

J.B.: É o Amor além do eu...

S.: Ou em pleno interior; é o próprio centro! É o que faz com que fiquemos bem plantados em nossos pés!...

Shrī Aurobindo

Aurobindo Ghose nasceu em 15 de agosto de 1872, em Calcutá.

Recebeu, na Inglaterra, uma sólida formação clássica; terminou os estudos em Cambridge, voltando para a Índia em 1893. Em 1902, entrou para a ação revolucionária pela independência de seu país, opondo-se aos princípios de não-violência. No entanto, ao mesmo tempo, escrevia: "Desejo ver Deus frente a frente". Em 1903, teve sua primeira experiência mística. Pouco depois, um monge itinerante, Lélé, iniciou-o no tantrismo. Mas, sempre suspeito às autoridades britânicas, Aurobindo refugiou-se em Pondichéry. Fundou uma revista, L'Arya, *publicada de 1914 a 1921.* L'Arya *continha uma parte importante de sua obra filosófica e corresponde a cerca de vinte volumes. Ele chegou a redigir até seis simultaneamente.*

A partir de 1920, A Mãe – Mirra Alfassa – veio apoiá-lo em seu trabalho. Em 1926, o āshram foi oficialmente fundado. Shrī Aurobindo retirou-se no mesmo ano. Nunca mais saiu de seu apartamento, até a morte, mostrando-se somente uma vez por ano a seus discípulos, na época do darshan. *Manteve, com eles, uma abundante correspondência de direção espiritual, ao mesmo tempo em que se entregava a diferentes experiências, dando ênfase à 'ioga integral'. Revisou suas obras, terminou* Savitri, *epopéia metafísica com mais de vinte mil versos.*

Shrī Aurobindo deixou seu corpo em 5 de dezembro de 1950.

Na confluência das Escrituras tradicionais hindus e dos dados mais avançados da ciência ocidental, associando ciclologia e evolucionismo, o autor de Vida divina *considera o homem atual como um ser de transição. A etapa à qual chegou, que sucedeu aos reinos vegetal e animal, não é um patamar definitivo. O homem pode atingir a 'idade subjetiva', tornar-se um 'ser gnóstico'. "O objetivo de nossa ioga é fazer descer uma Consciência, um Poder, uma Luz, uma Realidade" destinados a elevar a consciência terrestre e a transformar todas as coisas daqui de baixo.*

A crise contemporânea, se ela marca o fim de um ciclo – o Kali-yuga –, *abre, ao mesmo tempo "uma enorme perspectiva de desenvolvimento e de ultrapassagem", preparando a chegada de uma Idade espiritual –* o Satya-yuga –, *não no além, mas nesta terra.*

"Toda a vida é uma ioga", especifica Shrī Aurobindo. A ioga do Amor devocional, a da Ação desinteressada e a do Conhecimento encontram sua síntese na ioga da 'Perfeição do eu' e conduzem à outra Consciência. Nela reina o 'Supramental', que, "percebe tudo como sendo Deus e em Deus". O Supramental é o apanágio do Super-homem por vir – não em sentido nietzschiano ou teilhardiano, mas em sentido estritamente espiritual. Ora, essa vinda é inevitável; seu momento ainda não chegou.

Depois da constatação do fracasso das soluções políticas, sociais, filosóficas e religiosas – o 'fiasco das religiões' –, preparar a nova espécie, infundir a consciência na Matéria, este é o único trabalho que diz respeito ao homem atual. Se o homem não o fizer, uma outra espécie aparecerá, capaz de concluir a mudança.

Bastante curiosamente, Shrī Aurobindo considerava a França o país que, em seguida à Índia, era o mais suscetível de trabalhar em favor de suas idéias.

J.B.: Você considera que as diferentes religiões estão destinadas, em um prazo maior ou menor, a desaparecer da superfície da terra... Isso também faz parte do processo de evolução?

S.: Tudo o que for essencial é eterno; é o que é da essência de cada ser, de cada grupo, de cada nação, de cada continente. Isso permanece. São as formas que morrem. Tanto faz que sejam cristãs, hindus, marxistas, maoístas, não faz diferença. Tudo o que for verdadeiro, essencial, em cada uma dessas coisas, permanecerá. As formas são meios, bengalas de caminho para permitir que os homens avancem. Eles se servem por algum tempo de uma bengala, depois de outra. São as filosofias, as religiões sucessivas, usadas para avançar. Se começarmos a transformar em deus a bengala da estrada, estaremos iludidos. É um instrumento provisório para chegar ao real.

J.B.: Uma questão importante é a do guru...

S.: O guru está no coração do homem.

J.B.: Precisamos, inicialmente, conseguir alcançá-lo.

S.: Precisamos procurá-lo, precisamos sentir necessidade dele. É sempre a mesma coisa: se a necessidade não existir, não haverá absolutamente nada.

J.B.: Você acha que podemos caminhar sozinhos no Ocidente atual, tal como ele é?

S.: Evidentemente! Podemos caminhar sozinhos... E também não estamos sós!

J.B.: Dirão a você que é rara a ocasião para encontrar um mestre.

S.: Não é preciso encontrar um mestre, nem quem quer que seja. Precisamos passear pela vida nossa necessidade de ser, nosso fogo de ser. Essa necessidade é o *guru* em pessoa, é o Divino, no fundo de nós, é a própria Luz no fundo de nós mesmos. Que necessidade existe de escutar a boa palavra deste ou daquele? Se tivermos a sorte de encontrar seres ou livros que ofereçam uma força, uma realidade para nós, que nos abram uma janela por um momento, é perfeito. Mas, por que parar eternamente diante de uma determinada janela, de determinado homem? Esses seres e esses livros são simplesmente pretextos para provocar em nós a aspiração ao real. Mas, se esse fogo não estiver aceso internamente, você pode derramar toneladas de boas palavras, que de nada servirão. Você pode carregar quilômetros de Cristo, isso não o transformará em um homem. É preciso que alguma coisa, internamente, sinta necessidade. Se a flor cresce e desabrocha, é porque procura o sol; é tão simples assim. Se procurarmos dinheiro ou filosofia, teremos dinheiro ou filosofia e é tudo. Mas, se tivermos realmente necessidade de Ser, no meio desse fluxo pegajoso de consciência obscurecida, então, alguma coisa se ilumina internamente e esse é o Caminho.

J.B.: Não compreendemos muito bem por que Shrī Aurobindo julgou que seria melhor 'retirar-se', para acelerar o que denominava a 'evolução nova'. Pensamos em Cristo quando dizia: "é melhor que eu me vá..."

S.: Não foi exatamente isso. Shrī Aurobindo retirou-se porque se sentia fisicamente... invadido... Seu trabalho verdadeiro era, frequentemente, entravado pelos detalhes da vida quotidiana dos discípulos. Ele sentiu que trabalharia melhor retirando-se. Não se tratava de fazer uma nova espécie, isolado em seu quarto, não foi isso... De que serviria se não houvesse pessoas para segui-lo, ou melhor, para aceitar o processo de purificação e de transformação? E não há muitas pessoas prontas a aceitar.

J.B.: Poderíamos considerar que essa 'evolução nova' corresponderia, em linguagem moderna, adaptada aos homens atuais, ao que a Índia antiga dizia do *Satya-Yuga*, da Idade da Verdade, devendo suceder à atual *Kali-Yuga*, a Idade dos Conflitos?

S.: De certa forma, sim. A humanidade atual está, visivelmente, no fim de um ciclo e o fim significa o começo de outra coisa. Porém, na tradição hindu, o *Kali-Yuga* termina com uma catástrofe cósmica e tudo recomeça do zero.

J.B.: Você não acha que o *pralaya* possa figurar uma guerra termonuclear, por exemplo?

S.: Não sou profeta, mas não creio. A força de destruição sempre esteve presente, em toda parte; mas há, igualmente, uma formidável força de construção. A Mãe e Shrī Aurobindo não acreditavam na destruição, mas na transformação. A destruição é, simplesmente, a demolição das velhas estruturas para que algo diferente possa aparecer. Tudo caminha no sentido da evolução, nada vai contra. Mas estaríamos enganando a nós mesmos se pensássemos que o fim de tudo isso seria um supercoletivismo melhor, uma super-religião melhor, um super-humanismo melhor.

J.B.: É o que pensava Teilhard de Chardin.

S.: A evolução é a evolução da matéria e da consciência na matéria. É um erro acreditar que o homem seja a escala suprema da evolução...

J.B.: No entanto, a idéia de evolução é controvertida para um certo número de sábios.

S.: As controvérsias sobre o girino não impediram a rã de aparecer... Podemos proferir todos os gritos de homem que quisermos, isso não impedirá a Natureza de nos transformar em outra coisa, de dar sua resposta. Aliás, está respondendo de maneira estrondosa... Se um antropóide tivesse podido discutir com um pioneiro da espécie humana dizendo-lhe que ele podia fazer algo diferente além de dar cambalhotas nas árvores, o antropóide teria rido em sua cara. Pior para ele! Se as pessoas não querem entender, pior para elas! Isso não impede que as coisas aconteçam. Rompemos relações com as filosofias. Precisamos de algo mais simplesmente real, algo consistente. Há outra coisa além do homem que vemos, algo que não existia há milênios, que está sendo fabricada, quer queiramos ou não. Seria melhor que o compreendêssemos.

J.B.: Shrī Aurobindo se referia ao perigo de nossa humanidade ser suplantada por uma outra raça, caso o homem atual não faça o trabalho que lhe é solicitado.

S.: Ele o fará. Apesar de tudo... Tudo o que não se encaminhar em um sentido evolutivo sempre se destruirá. Aqueles cuja única finalidade é o consumo e a materialidade descendente estrangulam a si mesmos, é tudo; eles se destroem. Não há necessidade de retribuição coletiva, a lei é automática.

J.B.: Podemos estabelecer um paralelo entre o que Shrī Aurobindo denomina o Supramental e o que a tradição cristã chama de Espírito Santo?

S.: Mas, em primeiro lugar, o que é o Espírito Santo? Tudo isso se situa em nuvens douradas, que podem, momentaneamente, ajudar os homens a progredir. O Supramental é a consciência que está no coração da matéria.

J.B.: Não podemos deixar de pensar no *Evangelho de João*: "A Luz estava nas trevas" e de associar esse versículo ao "poços de mel sob a rocha", de que fala o *Rig-Veda*.

S.: Podemos, sem dúvida, fazê-lo.

J.B.: E a Jerusalém celestial, aparecendo no fim do ciclo? O Apocalipse fala a respeito de 'novos céus' e também de uma '*terra nova*'... Não podemos deixar de comparar esse versículo que, no caso presente, nada tem de heterodoxo, do *Evangelho de Tomás*: "O Reino está em vocês e ele está fora de vocês". Da mesma forma, o *Bhāgavata-Purāna* declara: "O *Purusha*, assim como o éter, reside no interior e no exterior dos seres".

S.: Em todos os tempos e em todos os lugares, visionários pressentiram e viram, ao longe, realidades desse tipo. Os *rishi* védicos também... É o que está se preparando, uma 'nova terra'. Mas, para que uma nova terra se faça, é preciso, é claro, que a velha terra mude de pele. Estamos assistindo a essa metamorfose.

J.B.: Em que medida podemos ajudar os outros nessa transformação, se quiserem se transformar?

S.: Na medida em que formos nós mesmos. A única forma de ajudar os outros, é sendo algo nós próprios.

J.B.: Estou muito admirado com as homenagens prestadas à França, na Índia. Esse país parece o oposto da mentalidade metafísica! Shrī Aurobindo dizia, talvez brincando, que havia sido francês em uma existência anterior.

S.: A França sempre teve um espírito aberto. Não falo do que ela é no momento, falo do que ela é essencialmente... A França é um país generoso, um país que semeou muitas grandes idéias, que é capaz de revoluções essenciais; muito capaz, pelo menos mentalmente, de perceber o futuro. Se a França compreendesse o sentido da nova espécie, ela poderia fazer muito, em vez de perder-se e esgotar-se em controvérsias vazias entre direita e esquerda, filosofia disso e religião daquilo; se ela pudesse perceber o problema em sua pura simplicidade evolutiva, enxergar que uma próxima espécie está chegando e começasse a se perguntar qual poderia ser o meio, o instrumento de transição, o que poderíamos desenvolver no homem, quem o ajudaria a fazer essa transição.

J.B.: Atualmente, os homens políticos são praticamente os únicos a deter o poder; tudo passa por eles. Ora, parecem muito pouco interessados, é o mínimo que podemos dizer, por essa questão.

S.: É o que parece... Mas, 'política', é ainda um

adjetivo... Tirem-lhe a política, eles continuam sendo homens como em toda parte – ou ausências de homens.

J.B.: Será que, em sua opinião, o 'pensamento' de Aurobindo estaria se espalhando fora da Europa Ocidental, por exemplo, nos países do Leste?

S.: Não é um pensamento, mas um fenômeno. Sim, é claro, temos provas de que se está espalhando pelos países do Leste e que há possibilidades de ele nascer..., um dia! Tudo está desabando!... Você pode muito bem tomar a experiência capitalista ou a experiência marxista ou pós-marxista, ou uma outra qualquer, tudo isso está em pleno caos e em plena gestação.

J.B.: É realmente um espetáculo extraordinário, desde que sejamos lúcidos o bastante. Mas, como atores, que fazer, pessoalmente, em sua opinião, para atingir o próprio centro?

S.: Isso se cultiva a cada instante, não é... Quando nos sentimos asfixiados, procuramos ar. Se a vida que você leva, como a leva, lhe parece respirável, mais ou menos agradável, não há nada de especial a fazer. Mas, achando-a asfixiante, então, vai começar a procurar o meio para respirar. Shrī Aurobindo passou quarenta anos de sua vida dizendo o que nós devíamos fazer e como proceder. Escreveu milhares de cartas sobre o assunto!

J.B.: É verdade que, em quase toda parte, procuramos ver claro em uma obscuridade crescente.

S.: Não podemos ver nada dentro de um aquário

cheio de lodo. Precisamos limpar o local. A primeira operação é compreender o sentido. Enquanto estivermos perdidos em nossas idéias, em nossos sentimentos, em nossas concepções, em nossos ideais, em toda a confusão coletiva, não poderemos ver com clareza.

J.B.: O papel da psicologia, em particular a de Jung, que se interessou, ao mesmo tempo, pela alquimia e pelo taoísmo, desenvolve-se no Ocidente. Jung também fala dessa descida na matéria.

S.: São pontos de vista... Não os conheço. Geralmente, a psicanálise é bastante obscura. Quanto mais descemos dentro dos abismos, mais precisamos de luz... O fogo da necessidade é a única força, o único farol que atravessa as trevas. É o que está lá a cada minuto, sob essas filosofias, essas políticas, essas psicologias, aquilo que vive em nós, quando subimos uma escada, quando escrevemos um poema, quando falamos ou não falamos... Esse é o Caminho, é SER. Não apenas estar meditando, com as pernas cruzadas em seu quarto, mas SER a cada minuto: uma intensidade de necessidade, algo que não se formula, mas que é como uma base, uma pedra secreta sobre a qual repousamos.

J.B.: Digamos uma pedra filosofal... Você não acha que, sem sombra de dúvida, A Mãe estará sempre viva?

S.: Certamente... O que sabemos sobre a matéria? Quase nada. Nossos órgãos dos sentidos são mentirosos, vivemos em uma formidável ilusão... O que vemos? Um quase nada de uma pequena gama de visibilidade abre-se para nós, uma pequena gama de sons acessíveis. Somos espécies de lagartas metamorfosendo-se em borboletas. A percepção da lagarta não é uma percepção total e definitiva. Dentro dessa outra percepção, é possível ver melhor e de forma diferente.

J.B.: Que devemos entender por essa usura da energia, da *shakti* intercelular, causa final das doenças e da morte?

S.: Como estamos encapsulados, a corrente não pode passar. Nosso corpo está fechado dentro de uma espécie de prisão feita de leis, de costumes implacáveis, que se apossaram de nós desde o nascimento. A corrente circula um pouco nos primeiros anos da juventude; depois, rapidamente, todos os tipos de leis médicas, físicas, filosóficas, mentais, produzem o encapsulamento. Ficamos cada vez mais esclerosados e morremos. Se fôssemos deixados eternamente em nossa pele tal como somos, continuaríamos a fazer mais bebês, a ter mais automóveis, mais casas para finais de semana, a desenvolver ainda mais nosso consumo e seria tudo. A Mãe Natureza é suficientemente sábia para quebrar essa pequena forma ridícula, a fim de nos encaminhar a uma outra forma, mais leve. Quando a corrente circula livremente, a morte deixa de existir. Mas, para isso, precisamos chegar a essa consciência celular livre de todas as crostas... De fato, não existe morte, existe uma formidável corrente que circula em toda parte, através de tudo. Quando já não pode mais circular através de uma forma, desvia-se, a forma morre.

J.B.: O fato da Mãe e Shrī Aurobindo se terem 'retirado' não prova que estejam mortos. Provaria que eles próprios não chegaram à solução do problema?...

S.: A evolução não é uma coisa individual, é algo total. O que eles queriam, o que eles querem, é que toda a espécie descubra sua verdadeira natureza, que é imortal. Nenhum milagre, que nos confunda por uma ou duas horas, nenhum fogo de artifício do sobrenatural!... O Real deve produzir-se através da totalidade da espécie e não através de alguns indivíduos fascinantes que deixam os outros tais como são.

J.B.: A interrupção da experiência – *not ready* – não provaria que teria sido um fracasso?

S.: Onde está o fracasso? Nunca houve. A evolução sempre avança, para o bem, para o mal, para o sim, para o não, de todas as formas possíveis. O fracasso está em nosso espírito.

J.B.: Sei que, em 1944, Shrī Aurobindo desejava ter duzentos e cinquenta leitores franceses para sua revista *L'Arya*; atualmente, ele tem muito mais; mas não quer dizer que esses leitores sejam 'indivíduos gnósticos'!...

S.: O ser gnóstico é suave e dolorosamente fabricado por nós, através da aberração de nossa consciência mental. Porém, enquanto não tivermos chegado ao fim dos velhos meios, o novo meio não poderá emergir, estará bloqueado. Enquanto não tivermos deixado de acreditar em nossas equações, em nossas máquinas, em nossas inteligências brilhantes, ou até que a Natureza esteja saturada e dê um pequeno golpe para brecar essa mecânica pretensiosa. Então! podemos colaborar, agir com compreensão. Estamos sufocando os homens justamente para que se decidam a abrir uma janelinha na fortaleza.

J.B.: A Mãe e Shrī Aurobindo calculavam pelo menos três séculos para a chegada da nova consciência?

S.: A nova espécie não surgirá de repente... Trata-se de uma nova percepção, de uma consciência que transformará sua matéria. Precisamos dar o primeiro passo... Não vamos fazer um outro homem com a consciência de um metafísico mental de nossa velha espécie.

J.B.: Você não acredita que os primeiros seres gnósticos estariam arriscados a ser, pura e simplesmente, suprimidos pela massa de indivíduos, pelas forças atuantes que temeriam ser ultrapassadas?

S.: Sempre existe antagonismo entre determinada luz e determinada obscuridade. Mas a espécie inteira se transformará na nova espécie. Aqueles que não quiserem seguir a corrente se autodestruirão. Todos os que aspiram, todos os que tendem para, tudo o que está em movimento vai para isso... "Todas as dificuldades são bênçãos", dizia A Mãe. Precisamos encarar os obstáculos de forma positiva. Se forem encarados negativamente, se dissermos: "Oh! como é difícil!... Oh! como são prejudiciais", etc., vamos proferir muitos 'oh!' e não vamos conseguir nada. Mas se dissermos: "Consegui! Isso é um desafio para que eu tenha a força suficiente para dar um passo a mais", então, o obstáculo desabará. Nesse momento, temos o empecilho de uma civilização louca que nos estrangula. Podemos passar o tempo lastimando-o, mas também podemos dizer: "Precisamos extrair dessa própria aberração a força para ir adiante..." Todos os obstáculos são alavancas.

J.B.: Não chegamos a dizer: "Bendito sofrimento"?
S.: O sofrimento é um estado mentiroso. Quando *somos*, verdadeiramente, não há sofrimento. O sofrimento é um meio para nos obrigar a nos transformar em outra coisa. Caso contrário, ficaríamos irremediavelmente encapsulados em nossa pequena felicidade de hominídeo.

J.B.: E a redução do ego, enquanto espera sua supressão?

S.: Nunca vejo os problemas de forma negativa. Não é lutando contra o ego, lutando contra isso ou aquilo, que vamos resolver o problema. É desenvolvendo nosso lado positivo. Isso dissolve o ego, elimina os obstáculos; faz o trabalho sozinho. Com o que você quer empunhar o ego, se não com o ego?...

J.B.: A redução do ego não seria, portanto, apenas uma consequência?

S.: Quanto mais você desenvolver o que verdadeiramente você mesmo é, mais a luz se fará e o caminho se abrirá... Tudo é muito simples, basicamente. Precisamos sempre procurar a simplicidade nas coisas. A verdade é simples.

J.B.: E Auroville[1] em tudo isso? Onde podemos ver seu desenvolvimento?

S.: Auroville é um ensaio, um laboratório onde se

---

[1] Cidade em construção ao norte de Pondichéry, que tem como intenção ser o protótipo do mundo do futuro.

tenta, conscientemente, encontrar a passagem para uma nova espécie. Lá há um núcleo de pessoas que, pelo que sei, tentam sinceramente compreender e viver o caminho de A Mãe e de Shrī Aurobindo. Eles enfrentam muitas dificuldades, é claro, dificuldades que os ajudam a crescer. Não se trata de construir uma cidade, trata-se de construir homens, aquele algo que fará de nós seres realmente plenos.

J.B.: Uma última pergunta. Em 1946, você chegou a Pondichéry. Que impressão você teve, então, de Shrī Aurobindo?

S.: Há olhares que nos mudam para sempre... Há olhares que abrem portas...

ARNAUD DESJARDINS

A ioga dirigida para a Essência

Se, para alguns, represento o papel do mestre espiritual, dando vida a um 'āshram' em Ardèche, sinto-me, antes de mais nada, como um discípulo de Swāmi Prajnānpad, um discípulo e um servidor, assim como de todos os sábios cujo encontro e bênção sulcaram minha estrada. Não me converti formalmente a nenhuma outra religião além do Cristianismo, ainda que o desvio, para o Oriente me tenha dado, daquele, uma nova compreensão.

Carta ao autor
15 de julho de 1995

A entrevista seguinte ocorreu em Bost, nos dias 14 e 16 de julho de 1975. Em 1996, Arnaud Desjardins trabalhava em um livro de entrevistas com Gilles Farcet.

"E se for verdade? Quantos de nós, pelo menos uma vez, não se fez essa pergunta, ouvindo falar daqueles grandes sábios da Índia, dos quais apenas um olhar pode mudar toda uma vida e cuja presença, quase sobrenatural, seria o testemunho vivo de um outro mundo, diferente deste, onde vivemos todo o tempo? E se for verdade que existe um mundo, onde tudo o que constitui nossos interesses e ambições profanas não tenha lugar, um mundo sem concorrência, sem publicidade, sem sujeição à moda e à opinião, um mundo repousando sobre bases opostas às de nossa civilização e sujeito a leis completamente diferentes, um mundo com o qual tenhamos sonhado, sem tê-lo acreditado, mais vivo e mais feliz?"

Essas são as primeiras linhas escritas por Arnaud Desjardins, partindo em busca dos sábios e à conquista desse outro mundo. Poderíamos, por nossa vez, nos perguntar: "E se for verdade que há, entre nós, um sábio digno daqueles sábios, um mundo digno daquele mundo?" Pessoalmente, já não duvido, depois de minhas permanências junto a ele. Mas nem o homem nem o mundo se fizeram sozinhos.

Em busca da Essência

De ascendência protestante e meridional, Arnaud Desjardins nasceu em 18 de junho de 1925, em Paris. Diplomado em Direito e Ciências Políticas, ele se colocou as primeiras *questões,* concluiu pela impossibilidade de aderir à sociedade de consumo e ao racionalismo imposto. Em certa época quis fazer teatro, seguindo o curso de René Simon, personagem extraordinário, que abriu ao jovem Arnaud grandes horizontes intelectuais. Mas seus pais se opuseram à carreira de ator.

A tuberculose, então de má reputação, e que ele contraiu aos vinte e quatro anos, foi, ao mesmo tempo, uma provação e uma bênção. Precisou renunciar ao casamento. Ficou internado, por um ano, em um sanatório de estudantes de Saint-Hilaire-du-Touvet. Na biblioteca, descobriu as primeiras obras de Jean Herbert, a quem sempre foi grato, assim como as traduções de Rāmakrishna e de Vivekānanda. Leu, além disso, René Guénon, Alexandra David-Neel, Roger Godel, Ouspensky. Juntou-se aos grupos Gurdjieff pouco depois da morte do mentor. Neles permaneceu por catorze anos, ficando profundamente marcado. Lá encontrou Denise, decora-dora e pintora, com quem se casou em 1956 e que, seguindo o mesmo itinerário, mais tarde o ajudou em seu trabalho. Sob a direção de Mahesh, descobriu, na mesma época, os *âsana*[1] da ioga. Os exercícios que praticou apagaram todos os traços da lesão pulmonar.

Assistente de Marcel Bluwal na televisão francesa, Arnaud Desjardins tornou-se produtor de filmes e por esse motivo viajou para a Ásia. Chegou até a ser membro da Sociedade dos exploradores e grandes viajantes franceses. A atração do Oriente datava de muito tempo. Criança, já sentia fascínio pelas histórias de seu avô, que havia visitado a Índia e o Hima-

---

[1] Posturas praticadas na *hatha-yoga*.

laia. E, como para muitos outros, a *Pèlerinage aux sources* (Peregrinação às origens) lhe havia revelado a Índia mística.

Sua primeira viagem à Índia foi em 1959. Nele encontrou a mulher venerada como Avatara por milhões de hindus, Mā Ananda Moyī. Esse encontro constituiu o fato decisivo de sua vida. Ele a seguiu em seus eternos deslocamentos. Permaneceu em Rishikesh junto a Swāmi Shivānanda Sarasvati, depois em Kanhangad, junto a Swāmi Rāmdās; finalmente, em Tirouvannamalaï, onde viveu Ramana Maharshi. Começou a estudar o Vedānta e os *Upanishades*.

Todos os anos, até 1971, Arnaud Desjardins voltou à *terra das origens*. Igualmente viveu no Afganistão, em comunidades sufis, e no Japão; com famílias brâmanes, em *āshram* conhecidos ou discretos, em cidades santas; compartilhou a *sādhanā* dos iogues e dos monges. Aproveitou a oportunidade dessas viagens para estudar junto com médicos as semelhanças e as diferenças entre as psicoterapias ocidentais e as técnicas de ascese orientais. Mas, principalmente, mostrou-se preocupado em recolher as últimas mensagens dos mundos tradicionais em perigo, como o budismo tibetano, que descobriu e revelou em 1964. Trouxe-nos excepcionais documentos cinematográficos : *Ashrams, Quand bat le coeur de l'Inde, Le Message des Tibétains, Himalya, terre de sérénité, Zen*. O Ocidente descobriu os Boinas Vermelhas *Nyingmapa* e *Kargyndpa*, a ordem monástica mais antiga, filmados em Darjeeling e em Kalimpong. Desde o início, o entusiasmo da crítica confirmou Arnaud Desjardins em sua carreira e em sua missão. Após as projeções, proferiu, com frequência, conferências na sala Pleyel.

Descobrindo a Essência

Não longe de Burdwan – um vilarejo de aborígenes bengaleses, os Santals – no meio dos arrozais, de árvores fervilhantes de pássaros, havia um pequeno *āshram*, 'Channa', isolado e desconhecido, formado por quatro tendas, sem automóvel, água ou eletricidade. Aí vivia, como os sábios de mil e tantos anos atrás, um octogenário, Shrī Swāmi Prājñanpād, que havia sido discípulo de Niralamba Swāmi, ele próprio discípulo de Soham Swāmi. Foi lá que, em um dia de 1965, Arnaud Desjardins chegou; ali renasceu. Não encontrou em 'Swāmiji' somente um eminente sanscritista, um brâmane representando a tradição ortodoxa hindu, mas também um *guru*, no sentido mais exato do termo. Com ele manteve perto de quatrocentas horas de conversas particulares, ao longo de nove anos, descobrindo e vivendo seu ensinamento, o *Adyātma-yoga*, a 'ioga para a Essência'.

"Swāmiji, diz Arnaud, entrava nos menores detalhes de minha vida profissional, social, familiar, amorosa... Ajudou a me transformar a ponto de todas as minhas ambições pessoais caírem, como também a necessidade de viajar, a de encontrar mestres, a de questionar; finalmente, havia encontrado o que tanto procurara, um guia capaz de me abrir para a Essência. E é por essa razão que a única coisa, agora, que me parece justa é fazer pelos outros o que Swāmiji fez por mim."

Swāmi Prājñanpād deixou seu corpo em 1974.

"Com o desaparecimento do mestre, nos banhamos na plenitude de seu ensinamento. Sua morte é o último toque que o mestre dá ao ensinamento."

No mesmo ano, Arnaud Desjardins abandonou as atividades profissionais para dedicar-se unicamente ao trabalho interior. No dia em que, em Ranchi, Swami Prajñanpad morreu, ele se estabeleceu em Bost.

O fio da tradição continua

Bost, por Biollet (Puy-de-Dôme). A própria localização da alta construção de pedra granítica, no centro de nosso país – mais ainda que Bourges, da qual Nerval fazia a capital da França – parecia carregada de simbolismo, se imaginarmos que as pessoas aí vão em busca de seu próprio centro e nos encontramos à distância de todas as barbáries periféricas e protegidos nas alturas, como sempre o são os centros de tradição, nas horas das grandes vagas de obscurecimento.

Não por acaso, a primeira viagem que fiz para lá, em 1974, foi marcada por um aspecto plenamente iniciático, dadas as dificuldades da estrada, – como tantos outros testes –, passando através de um Maciço central precocemente hibernal. Erros de itinerário, bancos de neve, problemas com o automóvel, várias vezes me fizeram pensar em desistir. Aquelas altas florestas arvernes[2], uma mistura de ouro, ferrugem e neve, aquelas floradas monumentais flamejando, ainda com todas as suas folhas e curvando seu incêndio sob o gelo, erguiam, diante de mim, seus muros ameaçadores e de surpreendentes conciliações de contrários. Ao mesmo tempo, através das trilhas de um céu gelado, as formações de grous passavam silenciosamente, com notável precisão de vôo, lembrando-me 'cisnes reais', os *paramahamsa,* que são as almas dos sábios voando para o paraíso.

---

[2] N.T.: Povos da Gália antiga, onde hoje é a região de Auverne.

Umas dez pessoas – nunca mais – ficavam juntas em Bost, por períodos variáveis, investindo em uma estreita e exigente relação entre 'discípulo' e 'mestre'. Arnaud Desjardins insiste que não se tratava, absolutamente, de uma iniciativa pessoal, de uma realização de sua própria vontade; ao contrário, repousava sobre a 'morte de Arnaud', como resposta a uma necessidade cada vez mais urgente. Em 1972, Swāmiji deixara seu discípulo perceber que poderia assumir a responsabilidade – à qual sempre recusara – de tornar-se guia de outros seres pelo caminho. Arnaud Desjardins precisou responder afirmativamente sob a pressão das circunstâncias e do desejo de um certo número de pessoas que se haviam agrupado para a concretização dessa possibilidade. O clássico processo de dilapidação já havia começado, baseado em oito horas de entrevistas individuais e diárias, às quais somavam-se as conversas noturnas, as cartas a escrever todas as manhãs, os livros a escrever. O trabalho, ao qual ele se devotou por inteiro, não poderia ter outro nome senão consagração.

Regime vegetariano. Silêncio. Sessões de meditação. Confrontações consigo mesmo. Despojamento. A lenta e dolorosa descoberta de sua verdadeira natureza. Um método que se assemelharia ao da antipsiquiatria de Laing ou de Janov, o autor do *Cri primal* (Grito primal), se a ele não se acrescentasse uma dimensão altamente espiritual e cuja própria base residia no que Swāmiji denominava, em inglês, os *lyings*, que correspondem à posição ioga chamada 'do cadáver alongado'. Os *lyings* são destinados a fazer retornar, à superfície do consciente, as impressões latentes e as impregnações mais antigas, incluindo os traumatismos do nascimento e as lembranças provenientes de vidas anteriores. A exposição completa do inconsciente é o único meio de libertar-se dele e de ultrapassar definitivamente os desejos e os medos, para atingir o estágio do sábio. (Se me permitirem lembrar um fato pessoal, posso dizer que minha primeira experiência impressionante de *lying* foi o retorno de uma intensa dor localizada em minhas têmporas e olhos. Ora, essa lembrança pareceu-me, na hora, estar ligada às condições de meu nascimento com fórceps.)

Em 1984, o Centro de pesquisa espiritual de Bost foi transferido para Font d'Isière, no Gard.

Seus horários foram suavizados; a atmosfera era mais espontânea, mais calorosa. A prática do silêncio foi mantida, principalmente durante as refeições. O *āshram* tem a aparência de um mosteiro e os ashramitas são 'irmãos no guru' – *gurubaï* – reunidos em volta dele não mais por simples exotismo ou curiosidade, mas por uma aspiração em comum. O jardim com árvores centenárias e a capela tibetana são lugares onde podemos encontrar paz em momentos de crise ou de grande emoção.

Dentro de uma vitrine no salão, além de um *kyosaku*[3], podemos ver o pequeno tapete sobre o qual se sentava Mā Ananda Moyī e o tapete de prece de um mestre sufi afgão; um cofre contendo as roupas de Swāmi Rāmdās; o casaco de Kangyur Rinpoché, que ele usava quando deixou o Tibet indo para a Índia; um lenço de seda dado pelo Dalai-Lama e, de Swāmi Prajnā npad, um *dhotī*[4]. (No Oriente, acredita-se que as roupas transmitem a *presença* daqueles que as usaram e que são suportes de influências espirituais.) O fato dessas 'relíquias' terem vindo de representantes de religiões diferentes, às quais Arnaud Desjardins não estava ligado,

---

[3] Bastão com que se bate no ombro de quem medita durante o *zazen*.
[4] Pedaço de pano que os hindus amarram em volta dos rins.

constitui os *símbolos* de transmissão da sabedoria feita a quem quer que dela seja digno.

...O *āshram* de Font d'Isière não exige nenhuma adesão formal a uma religião definida. O autoconhecimento e a conscientização que ele suscita, a purificação do coração, a diminuição do egoísmo são valores transreligiosos. Muitos que haviam rejeitado o cristianismo, ali o redescobriram; padres lá estagiaram, assim como budistas e muçulmanos. Lá, reina o verdadeiro ecumenismo. Ele não se localiza no nível de intermináveis e confusas discussões intelectuais, onde cada um tenta compreender o outro permanecendo, no íntimo, com suas convicções; ele se situa no nível das práticas, idênticas em todos os lugares e que, através de muito sofrimento e lágrimas, exigem o relaxamento das idéias preconcebidas, a atenção ao momento presente, a presença e a vigilância, o autodomínio, o sacrifício do ego.

Em 1995, nova mudança. Arnaud Desjardins estabeleceu-se em Saint-Laurent-du-Pape, na Ardèche, no vale de Eysieux. Uma enorme moradia de Cèvennes, *Hauteville*, ao pé de uma floresta de pinheiros, de oliveiras, de carvalhos verdes, povoada de cabritos monteses e javalis.

O refeitório, a biblioteca, longos corredores, a sala de meditação, a capela tibetana com seus candeeiros espetados na penumbra, repetem os primeiros *āshrams*. A eles somam-se, nas paredes, fotografias de visitantes, entre os quais Douglas Harding, Yvan Amar, Faouzi Skali, o pastor Keller, o arquimandrita Placide Deseille e muitos outros. E os eternos companheiros de jornada: Mā Ananda Moyī, Ramana Maharshi, Swāmi Prajñānpad, Khentse Rinpotché, Kempo Kalou Rinpotché, Dudjom Rinpotché, todos aqueles que, de uma ou de outra forma, contribuíram para a manutenção das lamparinas e para a iluminação das consciências.

Silêncio. Sorriso. Serenidade. Nem jornais, nem telefone, nem televisão. Fisionomias abertas para além das inevitáveis reações de rejeição, de revolta ou de espanto diante do uso dos xales beges que fundem as formas do corpo – e do eu –, a prosternação ritual, a relação mestre-discípulo... Gostaríamos de denunciar uma seita e descobrimos um mosteiro. Talvez não um mosteiro cristão, nem hindu, nem budista, mas a imagem do que poderia ser o mosteiro do amanhã, tolerante sem sincretismo a respeito das religiões, cuidadoso com a tripartição do ser humano, praticando a abertura do coração, onde o 'eu' e o 'outro' transcendem em um *ser conjunto*. Gostaríamos de surpreender um 'guru' no sentido lamentável que assumiu no Ocidente e encontramos um *guru*, autêntico transmissor de um ensinamento espiritual.

Algumas modificações foram feitas desde a primeira fundação. Determinadas meditações são dirigidas à maneira dos *kusen* japoneses. A noite se encerra com um momento de recolhimento. Algumas reuniões são a ocasião para propor, a Arnaud Desjardins, diversas questões sobre o ensinamento e a prática; outras, giram em torno de assuntos mais familiares, como eram os encontros informais de Swāmi Rāmdās com seus discípulos. Algum tempo é dedicado, todos os dias, aos trabalhos materiais do *āshram*: oportunidade para descobrir a riqueza do trabalho manual em comum, feito em silêncio.

De semi-bárbaros esforçamo-nos por nos tornar civilizados e o homem civilizado esforça-se para se tornar humano.

Gravidade, calma, força, marcas legíveis em Arnaud

Desjardins, são os resultados da 'mudança radical e irreversível' sobre a qual me escrevia em uma de suas primeiras cartas. Mas, igualmente, vigilância constante do rigor doutrinal. Em sua aproximação com o Oriente, o guia em que se transformou jamais perdeu a capacidade de *regulagem* precisa do cineasta de outrora... Nele, respiramos o perfume daquela veracidade sem a qual é impossível qualquer tentativa séria de restauração espiritual. Como veremos, essas diferentes qualidades são plenamente encontradas em suas propostas, como nas por mim recolhidas, a seu lado, durante os estágios de 'aprendiz de discípulo'.

Jean Biès: Lendo seus trabalhos, parece que a maior diferença entre o Oriente tradicional e o Ocidente moderno reside na distinção entre duas prioridades: a do *ser* e a do *ter*.

Arnaud Desjardins: A raiz de todos os nossos males advém do sufocamento do ser pelo ter. A grande maioria dos Ocidentais encontra-se, atualmente, imersa na servidão do ter; cada um age para ter cada vez mais saber, mais dinheiro e até mais conhecimentos esotéricos. Quantas compensações para nossas carências inconscientes! Para o Ocidente moderno, não existe realidade fora do ter, enquanto que, para o Oriente tradicional, a verdadeira existência situa-se além do plano sensível e coincide com a 'Realidade suprema'. A via do conhecimento é uma via do ser; somos aquilo que conhecemos.

J.B.: Mas o que é 'ser'?

A.D.: É ser livre do ter sob todas as suas formas,

bastar-se a si mesmo, mostrar-se despojado, disponível, livre de medos e de desejos, sem ego. Toda a vida de ser é uma vida de relações com o semelhante e o universo. Em última instância, podemos dizer que atualmente não há relações, porque não há o outro... Uma vida de onde estão excluídas todas as posses materiais ou intelectuais inúteis, todas as emoções, pensamentos ou sensações que reforçam o eu. Uma ordem justa repousa sobre a satisfação consciente das necessidades reais, ou seja, sobre sua diminuição; uma sociedade falsa está baseada sobre o acréscimo desconsiderado das necessidades suscitadas por incessantes sugestões. Seria bom lembrar que, em uma sociedade tradicional, o homem que ocupa uma posição mais elevada não é o rico ou o poderoso, mas o *samnyāsin*, aquele que mais *é*.

J.B.: Em outros termos, quanto mais o homem possui menos ele é... O verdadeiro motivo da crise do mundo moderno é, realmente, de ordem psicológica e espiritual.

A.D.: Os problemas políticos, econômicos, sociais, apenas mascaram a verdadeira questão que é realmente da ordem que você mencionou. Enquanto a própria visão do homem não mudar e a do sentido de sua vida, cada problema resolvido provocará novos problemas; o desequilíbrio apenas aumentará. O único remédio está na redescoberta da verdadeira natureza do homem.

J.B.: Qual é essa verdadeira natureza?

A.D.: Todos os ensinamentos iniciáticos a consideram como infinita e ilimitada e consideram o homem capacitado para realizar o Absoluto aqui. A natureza do homem chama-se o *ātman*; sua condição presente, limitada e mortal, identificada com o 'nome' e com a 'forma', pertence ao mundo das aparências, *maya*.

J.B.: Para redescobrirmos e voltarmos a ser quem somos, existem chaves. Mas foram perdidas ou esquecidas no Ocidente. As Igrejas cristãs (excluindo a ortodoxa) colocaram-se, alegremente e sem o saber, na liderança da subversão.

A.D.: Sim, de maneira geral, o protestantismo e o catolicismo solidarizaram-se bastante com o mundo profano antitradicional, mesmo que haja exceções – e não posso negar que tive encontros individuais com padres e pastores, preciosos para mim. Uma espiritualidade inteiramente convincente é conservada nos mosteiros beneditinos e trapistas. O Evangelho inteiro é um manual de vida interior, um alerta contra o ter, um ensinamento do ser. O Ocidente dito cristão colhe o que semeou: ateísmo, materialismo, fruição, espírito de conquista. Em lugar de dar a luz ao mundo, a Igreja veio a ele pedir; fazendo, por um sim ou um não, apelo a 'especialistas' profanos, a 'conselheiros' de todo tipo. Depois de ter se comprometido, por muito tempo, com negócios temporais que nunca foram de seu domínio, ela aplaudiu certos sucessos técnicos. Os teólogos e os padres, mesmo quando falam de Amor, de Alegria, de Deus, o fazem com, muita frequência, sem ter *percebido* do que falam e o ensinamento que propagam não foi confirmado por sua própria experiência. Do ponto de vista da tradição oriental, sua fé, suas opiniões, são apenas produtos do mental. Falo de modo geral, pois encontrei, na Igreja, pessoalmente, homens e também mulheres (penso, em particular, na mestre das noviças de um mosteiro trapista) que, felizmente, são uma exceção a essa constatação.

J.B.: Eis porque cada vez mais jovens se voltam para mestres orientais, os quais são contestáveis ou insuficientes, com exceção de algumas grandes sumidades... Mas não estariam esses próprios jovens animados pelo desejo de *ter* experiências e não poderíamos dizer que, mesmo uma certa procura do ser pode estar condicionada e deteriorada por uma determinada mentalidade do ter?

A.D.: É verdade que, no Ocidente, muitos são aqueles que encaram o Caminho somente como um esforço para *ter o ser*, ao mesmo tempo protegendo seu ego. A Essência, o *ātman* não é conquistado. Ele é revelado como sua natureza última àqueles que se entregam a ele. Mas quantos são aqueles para quem a *ioga*, 'ciência sagrada', é o fim de todos os desejos e de todas as ambições, o grande sacrifício, o trabalho de toda uma vida e que, em vez de quererem *ter* um mestre, querem *ser* discípulos? Quantos são aqueles que, em vez de ler livros de espiritualidade, aspiram a viver realmente, a colocar em prática o que lêem e se sentem intimamente preocupados com a 'ignorância' e a 'ilusão' de que lhes falam esses livros?

J.B.: Muitos, no entanto, suspeitam da existência de *outra coisa* e colocam-se, finalmente, em busca de um objetivo, mesmo não sabendo, conscientemente, que esse objetivo é a libertação... Mas, quais são as etapas do caminho a seguir e em que consiste essa libertação?

A.D.: Se o objetivo for, efetivamente, perder por

completo a consciência de ser outro que não seja o Divino e de viver o *tat tvam asi* dos vedas – 'você é isso' –, se esse for realmente o sentido de toda a existência humana, a primeira etapa é, antes de querer subir até o Supremo tomando-se por um grande iogue, ter a coragem de *descer*, de empreender de início 'a limpeza do charco', como dizia Mā Ananda Moyī, de enfrentar seus demônios interiores, de se olhar de frente, de fugir de sua subjetividade.

J.B.: Em resumo, não tomar a corda pela serpente?

A.D.: Libertar-se de todas as dualidades, de todos os apegos, de seus medos e de seus desejos – quantas ilusões provocadas pelo mental... Escrevi que "o caminho da liberdade começa pelo estudo da prisão". Antes de fugir da prisão, é preciso estudar o plano nos menores detalhes. Estudar seu 'sono' e sua cegueira; rever suas opiniões, seus valores tranquilizantes, suas imaginações; perder as ilusões sobre si mesmo. Podemos dizer que, em certo sentido e durante esse primeiro período, a fortificação do ego pode ser provisoriamente necessária. O Ocidente – a moral burguesa, a esclerose clerical, o racionalismo cientista – repeliu, recusou a energia que está em nós. Mas se da lagarta nasce a borboleta, não será esmagando uma que a outra nascerá. O eu foi maltratado e injustiçado; nem assim transformou-se em *ātman*. A amplitude do apelo do alto está relacionada à unificação, à integração de todos os nossos elementos.

Quanto à libertação... Existem duas libertações. A libertação da arte, da sexualidade, da mulher, da política – é uma libertação horizontal, que não libera de nada. Ela pode alterar as condições externas mas, de modo algum, o ser do homem. E há a liberação vertical, independente das contingências, e que aborda a mudança do ser. É assim que um homem pode ser livre, continuando na prisão. Ao contrário, podemos desfrutar de todas as liberdades garantidas pela lei e sermos internamente escravos. O sábio é o ser liberado; ele é livre de seu ego; esse estado é definitivo.

J.B.: Quer dizer que a *sādhana*, a purificação espiritual, é a versão hindu da psicanálise ou da psicologia?

A.D.: De forma alguma. A *sādhana*, como a psicologia, comporta um estudo extremamente ativado do 'mental' *(manas)* na qualidade de conjunto das emoções e dos pensamentos, dos medos e dos desejos válidos ou rejeitados, das 'latências psíquicas', os *vāsana* e os *samskāra*; o que chamamos inconsciente. Devemos ser gratos aos psicólogos ocidentais por terem redescoberto uma parte desses domínios. Mas os caminhos orientais pretendem levar muito mais longe do que a uma simples 'cura'. O inconsciente conhecido pelos ensinamentos esotéricos é infinitamente maior que o dos psicólogos modernos. Esses ensinamentos focalizam os planos do inconsciente, mas, também os do supraconsciente, como foram revelados pela ioga e pela meditação para aqueles que as praticam há milênios. Nenhum psicólogo ou psicanalista considera a 'libertação' de seu paciente sob a forma da dissolução do mental e do ego; não sem motivo!... Por outro lado, há um abismo entre um 'mestre' e um 'psicoterapeuta': o guru é *um* com o discípulo; aqui não entra em questão a 'contra-transferência'...

J.B.: Você também não pratica nenhum ritual?

A.D.: Quando o local é barulhendo – barulhos de geladeira, televisão, correntes de ar – não é colocando um belo disco de silêncio tibetano que os barulhos vão sumir. Mas, colocando-me em contato com os barulhos, desligando a geladeira, desligando a televisão, fechando a janela, então não precisarei do disco: o silêncio se estabelecerá sozinho no lugar. Esses ruídos são os desejos, os temores, as emoções; o disco, é o ritual – prece, atitude, imagem; o ritual é inútil mesmo porque ele é recuperado pelo mental, pela rotina, praticado sem a prévia limpeza das profundezas.

J.B.: Mas *depois*, os rituais ainda são necessários?

A.D.: Não os necessitamos mais. Parece pois, mais normal, transformar todos os seus gestos, todas as suas palavras em rituais, dar a todos um valor sagrado.

J.B.: Você fez, várias vezes, alusão ao 'mental'...

A.D.: Como a etimologia latina indica, o mental, no sentido em que eu o uso para traduzir o sânscrito *manas*, nos *mente*; é ele quem cria a divisão e a contradição entre os homens e em cada um deles. Ele tem a propriedade de fazer de cada coisa uma coisa diferente do que é; ele cria temores inúteis, acusa os outros de seus próprios erros, transforma-nos em alguém que não somos. É ainda ele que dá, aos fatos, uma coloração subjetiva de bem ou de mal, de bonito ou de feio. O homem que começa a despertar percebe, ao contrário, que toda a felicidade pressupõe uma parte negativa, que um sofrimento aparente pressupõe uma parte de ensinamento. A partir do momento em que acrescentamos àquilo que é o pensamento: "Isso não deveria ser", ou "Isso deveria ser diferente", estamos fazendo o mental intervir, ou seja, a mentira. 'Satã', o 'Mal', o 'Perverso' são sinônimos do 'mental', que todas as tradições denunciam como o principal obstáculo ao progresso espiritual... Atualmente, a hipertrofia do intelecto europeu faz com que saibamos tudo o que acontece no mundo inteiro e que nada saibamos do que se passa no fundo de nós mesmos, nem no coração de nosso próximo. Essa hipertrofia do mental não é senão uma compensação inconsciente à atrofia do ser.

J.B.: Apenas o mental não é a causa de nossas infelicidades e nossos malogros: há também o *karma* individual e o coletivo.

A.D.: O que somos é o resultado de tudo o que fomos, experimentamos, pensamos e fizemos desde a origem, de tudo do que nos nutrimos: alimentos, imagens, idéias, vibrações, impressões, acontecimentos... Todas essas contribuições constituem nosso ser presente e determinam, ao mesmo tempo, o que seremos amanhã. Em função do que somos, atraímos o que nos acontece: por nossos desejos conscientes ou escondidos, por nossos temores. Somos os autores de nosso destino. Este mundo é apenas a soma das circunstâncias atraídas ou projetadas por nosso próprio ser. Tudo o que acontece, agradável ou difícil, corresponde a mim. O lugar que ocupo neste momento é exatamente aquele ao qual tenho direito neste momento. Tudo o que nos acontece é a resultante das forças divergentes ou contrárias, das vibrações que nos animam. E aquilo que não se produz tem razões para não se produzir. Recusar-se a ver a justeza de uma situação é o comportamento de um espírito infantil.

J.B.: Você acredita na existência das vidas anteriores...

A.D.: Não é que eu acredite nelas como em algo não verificável. Mas, qualquer que seja a maneira pela qual se explique o fato, há cinco mil anos pelo menos, um certo número de técnicos mostraram que era possível trazer à tona não apenas as lembranças esquecidas desta vida mas também os *samskāra*, impressões ou marcas de *karma* anterior, que não podem ser explicados por acontecimentos vividos nesta existência. Isso é irrefutável.

J.B.: Os Gregos também o diziam... Outra coisa: se o objetivo é nos libertarmos de nossas emoções para nos libertar de todo *karma*, como proceder?

A.D.: Há tanto tempo somos vítimas de nossas emoções que o desconhecemos. Fomos forçados a afugentar, a reprimir nossas emoções. Ora, não posso ter conhecimento da tristeza a não ser que vá ao fundo da tristeza; e o mesmo para todas as outras emoções. Não devemos, de maneira alguma, recusar a emoção. Se eu não me identificar com ela, uma dualidade é criada. Então, precisamos viver, conscientemente, de minuto a minuto, nossas emoções – e controlá-las.

J.B.: Então, é possível ficarmos realmente emocionados e, ao mesmo tempo, controlar a emoção?

A.D.: Sem dúvida. Somente esse conhecimento leva à libertação. Sou livre do que realmente conheço e prisioneiro do que ignoro.

J.B.: Mas, podemos pensar conhecer, sem realmente conhecer?

A.D.: É que, antes de conhecer a Realidade absoluta, precisamos nos concentrar para conhecer a realidade relativa e ver na corda não uma serpente, mas uma corda! Aquilo que acreditamos real, é o que o mental fabrica ao longo do tempo, um mundo que lhe convém. O que é real, é a realidade que aparece desde o instante em que paramos de recusá-la. "Do irreal, conduza-nos ao real", dizem os *Upanishades*, "daquilo que não é, conduza-nos ao que é". Se não vemos a Realidade suprema é porque pessoalmente criamos essa irrealidade da qual queremos nos libertar, é porque a segregamos com nossa recusa de tudo o que não nos convém, é porque segregamos, ao longo do tempo, a dualidade. Somos nós, unicamente nós, que criamos os conflitos, as oposições, as polaridades, as contradições. A Realidade é perfeita; ela é una, não há uma segunda. Somos nós que criamos a segunda, a ilusão... Se não criarmos uma segunda, até mesmo nossa tristeza ou nossa cólera serão *brahman*, aqui e agora; até mesmo nossas emoções podem nos servir para nos libertar de toda emoção. Se conseguirmos deixar de fabricar uma segunda, de controlar o mental, de estarmos vigilantes, conseguiremos, da mesma forma, a libertação.

J.B.: Nesse sentido podemos dizer que o relativo é o absoluto, que o *samsara* é o *nirvana*, que a forma é o vazio.

A.D.: Ser um com o que é, é tudo.

J.B.: Há um conselho prático que Swāmiji gostava

de citar: "Saber que o outro é diferente..."

A.D.: E aceitá-lo tal como ele é, não como queríamos ou precisávamos que fosse. Conceder-lhe a permissão, o direito de ser ele mesmo, diferente de minha projeção: com suas grandezas e suas fraquezas, suas manias, suas necessidades, suas opiniões próprias; sem julgá-lo. Geralmente vemos os outros somente através de nossas fixações inconscientes e nossos preconceitos. Ora, somente aquele que é livre do desejo e da expectativa tem a disponibilidade e o tempo necessários para interessar-se pelos outros e vê-los como são. É uma atitude infantil não reconhecê-lo como a manifestação particular, original, única, de uma Energia cósmica única, individualizada em bilhões de criaturas. *Ele* também pode querer, ter, poder, *ele* também tem o direito de existir, mesmo que isso possa me contrariar, *ele* também tem o direito de me achar feio ou estúpido. A única coisa a fazer é tentar compreender porque ele age assim, de colocar-se em seu lugar. Sempre julgar os outros é uma maneira cômoda de evitar o julgamento próprio.

J.B.: Seria melhor habituar-se com sua verdadeira fisionomia?

A.D.: Habituar-se a ela, destruindo a repressão que não deixa passar para o campo do consciente aquilo que nos lisonjeia ou nos agrada e impede que aspectos fundamentais de nosso inconsciente passem, manifestem-se em sua verdade: repressão baseada em preconceitos, apegos, rejeições, que remontam à primeira infância. Precisamos aprender a observar, sem complacência, a razão oculta de nossos gestos e comportamentos, a surpreender nosso desejo de aparecer, nosso desejo secreto de esmagar o outro (principalmente se for nosso benfeitor), nossa identificação com essa ou aquela auto-imagem, nossa preocupação com a opinião dos outros sobre nós. Essa é uma atitude corajosa, objetiva e quase científica, sem a qual passaremos o tempo enganando a nós mesmos.

J.B. Um outro comportamento infantil seria jogar a culpa nos outros.

A.D.: Evidentemente convém procurar a causa em nós mesmos. O mental resiste, ergue as barreiras, mas é porque existia isso ou aquilo no fundo de nós que tal emoção aflorou, que tal acontecimento se produziu. Minhas piores tolices, meus erros, minhas iniciativas desafortunadas correspondem àquilo que sou nesse ponto de minha evolução. Não devo acusar ninguém, mas procurar, antes, o conjunto das causas e condições anteriores das quais sou o resultado atual. Os responsáveis não são meus pais, meu marido, meus professores ou meus amigos, a sociedade, o tempo que está fazendo ou o gênero humano; o caminho que volta do efeito para a causa leva-me ao fundo de minha natureza real.

J.B.: O que você entende por 'estar presente em si mesmo'?

A.D.: É estar atento e consciente, estar desperto, concentrar-se e recolher-se, prever as consequências de seus atos... A 'vigilância' é o que permite a saída do sono. Isso supõe que estejamos inteiros em nossos menores atos: comer, andar, respirar, abrir, fechar uma porta conscientemente, viver conscientemente nossas emoções.

J.B.: E viver aqui e agora...

A.D.: Libertar-se do passado é também libertar-se do futuro, ficar portanto livre do tempo, livre da causa e do efeito, livre da multiplicidade. Se estivermos inteiros dentro do que estamos fazendo, inteiramente presentes em nós mesmos e no ato realizado, então, em um infinito detalhe, o infinito se revela, a porta da eternidade abre-se ao coração do instante. Nesse momento situa-se um estado de ser absolutamente livre, uma perfeita consciência de si mesmo, uma consciência impessoal, que é *a* consciência. Ela foi, algumas vezes, comparada a uma tela de cinema que permanece intacta, qualquer que seja o filme que nela se possa projetar; o de um incêndio, por exemplo.

J.B.: Um de seus temas favoritos é o SIM a tudo o que se apresenta.

A.D.: Dizer plenamente SIM à emoção, ao acontecimento, é transformar-se nessa emoção, nesse acontecimento; é, ao mesmo tempo, fazê-los desaparecer, é suprimir o conflito, a dualidade. Fazer o amor com o sofrimento é ser um com ele, é suprimir a dualidade, é suprimir desse modo o sofrimento. Nunca devemos esquecer a verdade profunda: tudo o que nos acontece é parecido conosco. "Tudo o que nos acontece, dizia Swamiji, acontece porque o atraímos. Ele se relaciona conosco; não temos nenhuma possibilidade de recusá-lo; está aí." Ele também dizia: "Tudo o que chega a nós, chega como um desafio e uma oportunidade".

J.B.: O que quer dizer?

A.D.: Praticarei o ensinamento ou lhe darei as costas? Tudo o que me acontece é uma ocasião e uma oportunidade de encontrar meu equilíbrio... Somos livres daquilo para o qual dizemos SIM e prisioneiros daquilo a que dizemos NÃO... SIM é o sentido verdadeiro do OM, forma sânscrita de AMÉM.

J.B.: Não é resignar-se diante da sorte, declarar-se eternamente vencido?

A.D.: Aceitar não é resignar-se. Precisamos fazer tudo para não ficarmos doentes ou infelizes; mas, quando o fato inevitável está ali, evidente, inegável, nada temos a dizer além de: *está* e concordar com ele, com tranquilo desapego. Não é indiferença, que sempre é uma emoção negativa, uma tensão do eu... Nenhum detalhe de nosso comportamento é insignificante: toda ação, todo pensamento, por mínimo que seja, tem repercussão nos planos sutis e espirituais. Não podemos pretender ser sábios antes de ter passado por esse trabalho de preparação e purificação interiores, que normalmente dura anos, até uma vida inteira.

J.B.: Percebo aí a declaração: "É o egoísmo!"

A.D.: Quando é o contrário... Aqui nós nos ocupamos de nosso ego apenas para eliminar o egoísmo, ultrapassar os desejos pessoais e mesquinhos, reduzir as barreiras para entender melhor os outros, livrar-nos de nossos medos e assumir, assim, uma personalidade aberta, compreensiva e amorosa. Habitualmente, queremos ajudar os outros antes de ajudar a nós mesmos; é tão mais agradável e fácil ver o que não está bem com o vizinho!... É permanecer acorrentado à sua ação, prisioneiro de seu altruísmo. Aquele que escapou da dualidade, que deixou de opor o que ama e o que não ama, que responde a todo acontecimento com o OM ou o AMÉM de completo consentimento, livre de todo ter, liberado de todos os temores e de todos desejos, esse realizou o Absoluto, voltou a ser o que nunca havia deixado de ser e é somente então que pode pretender ajudar os outros. O sábio é um homem que resolveu todos os seus problemas pessoais, deixou de chocar-se consigo mesmo e com os outros. Ele é um com tudo e com todos. Como seu ego deixou de ser, ele pode amar o outro pelo outro, não para si mesmo. Compreende a linguagem de todos e fala a linguagem de cada um. Mas, também, não se pertence mais.

J.B.: E, no entanto, os sábios são reprovados por nada fazerem.

A.D.: Mā Ananda Moyī levava uma vida ativa, das três da manhã até meia noite, na algazarra dos trens e das cidades, distribuindo seus conselhos a uma multidão de pessoas. Não havia um presidente-diretor geral, um presidente de conselho de administração ou um chefe de Estado que pudesse trabalhar como ela.

J.B.: Seu programa de vida interior parece tão difícil ao homem comum que lhe parecerá desesperador se pensar no versículo do *Bha-gavad-Gītā*: "Entre mil, somente um Me procurará, e entre os mil que Me procurarão, somente um Me encontrará".

A.D.: Seria desesperador se o homem, tendo realizado a Essência, se encontrasse sempre no mesmo mundo de conflitos e sofrimentos. Então, que solução lhe restaria?... Ao contrário, ele recebe os meios para escapar, que consistem em estudar sua ignorância; um mapa de sua prisão e dos caminhos possíveis de evasão lhe são oferecidos. Será que ele os recusará? Por que sempre acreditar que a libertação está reservada aos outros? Segundo o versículo que você acabou de citar, entre seiscentos milhões de Indianos, seiscentos indivíduos poderiam, legitimamente, aspirar à libertação.

J.B.: Seria uma vantagem se pudéssemos contar, na França, segundo o mesmo cálculo, com sessenta *jīvan-mukta*!...

A.D.: Todos aqueles que estão engajados em um caminho – se este for bom – avançam, depressa ou lentamente, quaisquer que sejam os recuos temporários ou necessários. Mesmo se não atingirem o Objetivo derradeiro (salvo, talvez na hora de sua morte), não terão perdido sua existência: terão evoluído na escala dos níveis de ser e estarão próximos do centro. Mas toda a vida que não for progressão no caminho será uma vida desperdiçada e será uma perda para as existências posteriores. Já é um começo precioso, aprender a nos ver tais como somos dentro de nossos limites e nossas mediocridades, a enfrentar nossos medos, a compreender nossos mecanismos, saber silenciar e permanecer alguns minutos, diariamente, imóvel. A partir de então, cada gesto esboçado, medido, cada som de voz neutra, pacífica, exprimirá uma primeira unificação. A simples descoberta da existência dos caminhos, a necessidade de um extremo rigor, o encontro com um verdadeiro mestre já constituem sinais de que a realização nos chama.

J.B.: Tornou-se fácil descobrir a existência das

espiritualidades, e – símbolo derradeiro do *Kali-yuga* – assistimos a uma verdadeira 'revelação' do esoterismo. Mas os verdadeiros mestres são extremamente raros, mesmo no Oriente; no entanto, são indispensáveis.

A.D.: Aquele para quem o ensinamento de um *xeque*, de um *rinpoché*, de um *guru*, de um *roshi*, for tão vital quanto o oxigênio do ar, encontrará sempre seu mestre, no momento oportuno. Se procurarmos um caminho espiritual como compensação, vingança, orgulho, necessidade de nos destacar ou de encontrar um refúgio, ainda seremos vítimas da ilusão. O próprio espiritual pode servir para mascarar nossas fraquezas, para desculpar nossos abandonos, favorecer nossa má fé. Veja, todos aqueles que se dizem 'grandes iniciados' pertencem a todos os tipos de associações, de seitas e, passados trinta anos, ainda não começaram seu caminho. O espiritual mal compreendido pode fechar-me em decisões inflexíveis, em radicalizações, em opiniões pré-formadas; acentua, assim, as neuroses em vez de curá-las... À guisa de caminho, o impasse; à guisa de libertação, a escravidão; à guisa de morte ao eu, o egoísmo maior. Antes, portanto, de pôr-nos em busca de um guru, seria bom nos questionarmos, com toda a franqueza, porque estamos nos voltando para o espiritual.

J.B.: Você é o homem de uma certeza. Como a definiria?

A.D.: Minha certeza é que existe uma possibilidade de vida absolutamente feliz, na serenidade e alegria, quaisquer que sejam as condições, as circunstâncias e o que teríamos denominado, outrora, as provações e as tragédias. O número de coisas com as quais me ocupei é considerável; no entanto, posso dizer que não existe uma manhã em que não acorde completamente feliz. É uma *paz* através das dificuldades e das vicissitudes da existência, uma disponibilidade interior maravilhosa. Mas, antes, precisei passar por todas as experiências, ou quase desilusões, a atração e a repulsa. Tive muitas decepções, mas continuei a procurar; e um dia, longe dos caminhos, encontrei Swāmiji; um homem que respondeu a todas as minhas dúvidas, a todas as minhas expectativas e que, de forma sutil, apesar de todas as minhas ofensas, conduziu-me, pacientemente, para o caminho. A esse homem dedico uma gratidão indestrutível e absoluta.

CHRISTIANE SINGER

A paixão do Absoluto

...Ouça, o silêncio que se fez, um instante, quando segurei minha pena erguida e, fora, um pássaro cantou, talvez tenha roçado o amor.

Carta ao autor
10 de maio de 1996

A entrevista seguinte ocorreu em Paris, em 23 de abril de 1996. Nessa ocasião Christiane Singer terminava a redação do livro Rastenberg, *evocação de uma velha morada e de seus habitantes.*

Se tivesse sido apenas um escritor como outros, talentoso, pertinente, especialista nas sutilezas da psicologia romanesca e nos refinamentos estilísticos, eu teria passado longe e só teria guardado de Christiane Singer momentos agradáveis de leitura para enfileirar nas estantes do divertimento literário. Mas, desde as primeiras páginas, havia aquele arrebatamento de uma fé que se dilacera nas atmosferas convencionais onde tantas belas promessas pereceram. Havia um feixe de energias vibrantes, uma impetuosidade – controlada –, um ardor – sereno –, o calor da acolhida, uma aljava despojada de estímulos imperativos com o qual podemos nos sustentar no portal da *ausência de sentido* à qual estão sujeitos tantos de nossos contemporâneos.

Aquele fermento escondido, aquele apelo efervescente às armas da guerra interior trazem um nome que muitos já não ousam pronunciar atualmente, com medo de serem colocados em quarentena definitiva: o *espiritual*. Entretanto, é ele que governa a conduta de Christiane Singer, indiferente às associações, ao modismo, ao esnobismo e que lhe confere, exatamente por isso, o direito de figurar neste livro. Convém, ainda, acrescentar que Christiane Singer é, antes de tudo, uma *presença* e uma presença que nenhum texto escrito, nem testemunho oral, está à altura de compreender.

"Nada informa menos a respeito de um ser que sua vida", escreveu. É o mesmo que nos convidar a nos atermos apenas a alguns pontos de referência. Ela nasceu em Marselha. A mãe era austríaca católica, nascida de ancestrais tchecos e ucranianos, e o pai israelita. Encontrar-se nessa confluência a fez, em primeiro lugar, receber a referência crística que lhe permitia citar o Evangelho sem reticências; em segundo, o senso simbólico das coisas e da tradição oral. Mais misteriosamente esboça-se, como pano de fundo do lado paterno, uma linhagem austro-húngara onde vaga uma tia kalmouke nascida nas tribos mongólicas da Rússia meridional e cuja contribuição genética teve, seguramente, grande importância nas horas muito ricas de formação da criança.

Christiane Singer foi leitora na universidade de Basiléia, professora de curso na de Fribourg, antes de dedicar-se, integralmente, a seu trabalho de criação e, infatigável amazona de Deus, *pasionaria* pelo sagrado, aos turbilhões dos seminários, dos congressos, das conferências no Instituto Transdisciplinar de Pesquisa sobre o Ser e a Consciência, às oficinas no *Regard fertile* ou ao centro Durckheim, aos fóruns de *Terre du Ciel*, em toda parte que lhe é assinalada pelo Espírito.

Periodicamente reabastece as forças em sua 'fortaleza' de Rastenberg, no coração das florestas da Áustria – *burgo* plantado em cima de sua rocha, carregado de tetos e palanques, fortificado por muralhas e portas altas –, seu torreão, suas abóbadas, suas frontarias, sua galeria coberta, onde toda a humanidade desfila – "com a convicção, escreve a castelã, meio séria, meio sorridente, de estar no centro do mundo e da atualidade" – junto a um marido arquiteto que, moderno geomante e talvez precursor de uma arquitetura espiritual, associa suas criações de pedra e vidro às grades de energia que sulcam o solo, utilizando os cruzamentos de força, as polaridades telúricas e aquáticas, harmonizando os elementos arquitetônicos e as vibrações do lugar para instalar o bem-estar e o desenvolvimento psíquico do ser humano. Enquanto os dois filhos que vieram preencher o casal, continuam, com sucesso, seus estudos.

Gritando sua dissidência

Na sequência de muitos outros, refratários à servidão da inteligência – Valéry, Simone Weil, Saint-Exupéry, Bernanos –, Christiane Singer dirige, à época, uma acusação lúcida. Política e publicidade apropriaram-se dos termos mais preciosos da linguagem para os usos mais vis. A palavra infectou-se, carregada de termos abstratos, de automatismos.

Nossa sociedade favorece o ter, a correria, a satisfação imediata do desejo e, com isso, rejeita a outra 'dimensão': o sofrimento, a doença, a velhice, a morte. Nunca nenhuma outra teve os meios técnicos de infâmia com os quais essa é dotada "para degradar o amor e, por isso mesmo, tudo o que significa espiritualidade". Em tal mundo, "tudo tem uma explicação, porém nada um sentido". (Entendamos, com isso, que o cientismo pode tudo explicar, demonstrando por uma experimentação com fins práticos, mas que nenhuma orientação, nem direção ascendente é dada, nem justificada.) "Tudo é executado para desviar nossa atenção daquilo que é importante"; e a autora do *Bon usage des crises* (Bom uso das crises) menciona uma "imensa conspiração, a mais gigantesca conspiração de uma civilização contra a alma e o espírito". Pressentimos, efetivamente, como ranços de um 'complô' apoiado por alguns agentes conscientes e muitos outros, manipulados, associados àqueles meios dos quais René Guénon outrora levantou o véu, denunciando a 'contra-iniciação'.

"Ignoramos, frequentemente, até que ponto

estamos mortos naquilo que denominamos nossas vidas." O homem contemporâneo, meio enterrado em sua asfixia, ganha se sofrer menos; e a verdade é que uma maior lucidez em relação a si mesmo e aos outros provoca mais sofrimento, como resgate. Mas, o esquecimento de todos os métodos de despertar, como a África e a Ásia ainda os praticam, condena o homem à sua perdição.

Recriando o verbo

O que Christiane Singer detesta, acima de tudo, é o adormecimento da linguagem, a impotência criativa, a esterilidade da língua. O que a recupera, ao contrário, é a festa da palavra que traduz, que transmite o ardor, a vida, o entusiasmo. "Minha pátria é a França, confessa, mas principalmente, sobretudo sua língua. Contaram-me que, criança, estava sempre balbuciando palavras, produzindo baixinho encantamentos inaudíveis ... Falo quando estou sozinha e mastigo as palavras com delícia. As palavras são meu alimento desde sempre." Palavra que não é o contrário do silêncio, mas antes sua 'parte audível'. As palavras não estão aqui para perturbá-lo, sim para torná-lo sensível, colocá-lo em destaque, como as folhas arrastadas pelo vento fazem ver o vento.

É dizer muito da qualidade dessa palavra; herdada de Rimbaud, Rilke, Novalis, aquela que estabelece a comunicação com as profundezas-altitudes; aquela que, além dos 'sentidos' – descrições, dialéticas, informações –, 'banha na presença'; ou seja, sugere o poético, abre para o transcendente, faz do verbo o veículo do Verbo. É aquela linguagem transmitida pelo poema, pela prece de louvação, pela celebração e pelo mito, o qual é "a única forma de pensamento que permite apreender o mundo em sua totalidade". E, de fato, tudo nela é simultaneamente verdadeiro: alimenta-se da coexistência dos significados, que nela não se excluem como na unilateralidade do sentido literal, mas se completam, enriquecendo-se na polissemia dos símbolos.

Christiane Singer esquece de mencionar o afresco literário, onde, no entanto, ela brilha. Se, à exemplo de Heloisa, pode dizer que "cochichou em um século que faz tanto barulho", ela se diverte também com as orquestrações pictóricas à moda de Hugo, de Flaubert. Resgatando suas evocações dos trenós rangendo sobre a neve iluminada por tochas, dos bairros miseráveis de Viena, das devastações da peste, rivalizando com as de Tucídedes e Camus, das maravilhas da natureza na antiga Boêmia – quem não imaginaria o *Despertar* wagneriano da floresta? Tantas páginas de antologia há aí para voltar a insuflar, na linguagem, um ardor perdido, como seu autor insufla nas almas da linguagem. Tantas promessas de filmes, que nos surpreendemos por ainda não termos visto sua concretização.

Ousando o fervor

Esse é o lema que Christiane Singer poderia escrever em sua bandeira: o fervor que sacode preconceitos e resistências, muda como por encanto situações desesperadoras, aquela que não precisa convencer porque é convicção; tudo pelas agitações de sua certeza. É ela que permite a abertura para uma transformação pessoal e para a comunicação com os outros como uma contaminação salvadora que corre como o incêndio propagado de ponta a ponta.

"O pecado, para Christiane Singer, é a separação do ser de sua profundeza." Eis uma definição aceitável, finalmente, porque ela ultrapassa a horizontalidade moralista para atingir a metafísica. Entrar na outra dimensão é alcançar essa profundeza ignorada, renegada, injuriada como Cristo pelas injustiças.

O itinerário não será nem rápido nem fácil, mas sinuoso, ou, mesmo, perigoso. Na formulação paradoxal escolhida, Christiane Singer observa que, ao longo da busca interior, o caminho mais curto que une dois pontos é um arabesco: a exploração é lenta, complicada, mas também acompanhada de bênçãos (no duplo sentido da palavra) e de beleza. E é por isso, também, que da fortaleza de Rastenberg aos 'castelos da alma', o itinerário consistirá em descer para as planícies, percorrer as cidades, multiplicar cruzadas e torneios de palavras. Ajudar os outros é também ajudar a si mesmo.

Transformar-nos no que somos equivale a uma conquista, a uma aventura cavaleiresca. Não aceitar o que somos, mas desejarmos sê-lo plenamente. "Entre todas as encarnações, escolher a nossa." Poderíamos acrescentar a escolha das vocações, dos carismas, dos sacrifícios. O que pressupõe o autoconhecimento, a necessidade de se tornar *consciente.* Cada gesto ao qual a alma e os sentidos aderem juntos, "irradia até o fim do mundo", ordena o caos. É fazer do gesto um gesto *desperto*; e todo gesto desperto torna-se ritual. Ora, nada é mais cruel que a ausência de ritual, assinala ainda Christiane Singer, que conserva a nostalgia das iniciações tradicionais das quais nossa sociedade se desfez para substituí-las pelas 'crises' que são suas caricaturas.

Porém, o inquebrantável otimismo de nossa autora a faz considerar as próprias crises como o que melhor poderia nos acontecer, na falta de mestres, para entrar nas perspectivas da acolhida, da verdade, da contemplação. "Adquiri a certeza de que as catástrofes aí estão para evitar o pior... E o pior, realmente, é ter atravessado a vida sem naufrágios, ter continuado na superfície das coisas..., nunca ter sido precipitado em outra dimensão." Infeliz aquele que nunca foi infeliz! Para Christiane Singer, em resumo, a crise é uma *felix culpa*. Enquanto Frou imaginava uma casa que aumentaria um aposento a mais para cada novo conviva que chegasse, imaginaríamos, da mesma forma, que cada nova crise deve nos ajudar a amadurecer, crescer um pouco mais, frutificar no espírito.

Uma vez concluído o ser, esse fervor singular permite agir sobre o mundo, abrir os 'estaleiros do divino', que são a criação de inclusões do silêncio, da flexibilidade do corpo, do domínio dos pensamentos, da consolidação da energia para atravessar a cidade louca e infundir-lhe sua sabedoria. Aos sonhadores do deserto, Christiane Singer não diz para se prepararem melhor para suportar o barulho do mundo, mas para "inocularem esse silêncio no tumulto que nos cerca".

Que importa à maioria, se continuar irresponsável? "A responsabilidade ativa de alguns assume ainda, secretamente, no mundo, o nascer do sol diariamente." Christiane Singer não diz – mas sabe – que somos, na verdade muito mais do que pensamos ser, irmãos daquele jovem que, enquanto Hitler vociferava em Heldenplatz e toda a cidade corria para o local, subia sozinho a rua, em sentido contrário, dizendo para si próprio que não poderia ter razão contra todos. De resto, o sal da terra não pode pesar tanto quanto o pão; bastam poucos, imersos na dimensão do fervor, para mover as montanhas.

Cabe ao ser humano, somente a ele, a escolha de

salvar Deus do massacre. "É no coração do homem que está incubada a brasa do Deus vivo", – aquela brasa capaz, se soprada com nossa esperança, de incendiar o universo.

Jean Biès: Você teve consciência, um dia, que não era você quem escrevia, mas alguma coisa que passava através de você. Você seria um daqueles escritores médiuns que se consideram simples canais de uma verdade mais elevada? Sentimos, entretanto, um grande esforço consciente em seu estilo. Não haveria, aí, uma contradição? Você trabalha sobre si mesma enquanto trabalha em um livro, como fazia René Daumal, fazendo rasuras e sacrifícios dos quais cada um seria um passo a mais para uma perfeição fugaz?

Christiane Singer: Não, não sou médium! E, no entanto, fico maravilhada, às vezes, com o que sai no papel. Pode parecer pretensioso e, no entanto, é expressão pura da verdadeira modéstia. Deixe-me explicar: é preciso ter trabalhado o mesmo instrumento, obstinadamente, a vida inteira, para um dia descobrir que... a música toca do instrumento. Há uma espécie de sutil golpe teatral e o próprio 'executante' fica destronado. 'Aquilo' toca. Mas você realmente entende que *a* música não se apossa do arco de um principiante! A ilusão ingênua que consiste em crer e fazer crer que qualquer pessoa pode ser artista ou realizar sobre a terra tudo o que quiser, provoca, cedo ou tarde, desilusão. É negar o esforço, o caminho, a constância, a fidelidade, "aquela paciência no fim da qual está o céu".

J.B.: Concordo inteiramente com essa forma de ver. A idéia, hoje aceita, de que todo homem é um artista, não somente leva a catástrofes, mas vai completamente ao encontro da diversidade dos carismas e, como se diria na Índia, ao *svadharma*.

C.S.: A partir do momento em que tudo está no lugar – ou, melhor ainda, quando tudo está livre de minha presença inoportuna (não, não é sempre assim! Melhor, quando tudo está ocupado por minha transparência, minha porosidade) – alguma coisa pode passar, melhor do que eu, melhor do que aquilo que sei de mim.

Sim, o fato é que, com o tempo, transformei-me em um instrumento passável... Adoro esse duplo sentido, que, ao mesmo tempo, deixa passar e me coloca naquela modéstia de escolar em que quero continuar até o fim! Você entende, escrevo há quase cinquenta anos. (Meu primeiro poema data de 1947, quando tinha quatro anos.) Isso está começando, graças a Deus, a se transformar em um lindo tempo de aprendizagem!

Admiro René Daumal, mas a representação de avançar "à custa de rasuras e sacrifícios para uma perfeição fugaz" é masculina demais para meu gosto – idealista demais, messiânica demais. Minha verdade é, ao mesmo tempo, mais passional e mais respeitosa dos ritmos naturais: lanço-me para adiante, perco o equilíbrio, esfolo cem vezes os joelhos, e cem vezes me levanto e, depois, me sento e espero indefinidamente a ponto de esquecer o que espero!

J.B.: Na época em que vivemos e quando todos falam sem discernimento, você não está, nesse momento, ameaçada pelo perigo de um retrocesso verbal? Nem todos brilham, como você, nas felizes improvisações, nem atingem, porque não o vivem, o ensinamento tradicional, também ele oral, mas inspirado, que de mestre para discípulo forma a cadeia iniciática.

C.S.: Pior que o perigo de uma regressão oral parece-me o da 'conversa corriqueira', tal como é praticada em nossa sociedade; uma conversa fabricada, pré-cozida, pré-picada, pré-mastigada, que carrega segmentos de frases, conglomerados de palavras com sentido colado e aglutinado. Nenhuma vida! Nada que possa surgir imediatamente – como a chama do atrito de duas pedras – do encontro de dois ou vários seres. É isso que me parece mais temível.

Quando sentimos paixão pelo diálogo, sempre nos surpreendemos com as 'chamas' que o compartilhar faz surgir. Tive, assim, em todas as etapas de minha vida, pelo menos um, dois, três interlocutores de qualidade, com quem devo ter sido às vezes, somente em sua presença, inteligente, muito inteligente, ou seja, pronta para fazer as inúmeras ligações entre as palavras e os pensamentos até então separados. Sem aquelas pedras contra as quais esfreguei a minha, jamais teria conseguido fazer o fogo! Tudo está na paixão da troca e do diálogo! É preciso reanimá-lo, onde quer que formos, em vez de nos queixar de seu desaparecimento.

A partir do momento em que deixamos a estrada da conversa corriqueira para partir pelas trilhas do verdadeiro compartilhar, todo o mundo ou quase todo acorda de seu torpor e aguça o ouvido. É a experiência que faço, onde quer que vá. Quando falo do que me apaixona pessoalmente e diz respeito ao mais profundo de meu ser, vejo a expressão das fisionomias que me cercam animar-se e o torpor dissolver-se. A 'cadeia iniciática' é, então, espontaneamente criada, se não de mestre para discípulo, pelo menos de ser vivo para ser vivo.

J.B.: É raro obter sucesso nos domínios da escrita e da palavra. Uma, quase sempre, vence a outra. Ora, você conseguiu nas duas ao mesmo tempo. Discípula de Flaubert, você tem um perfeito domínio formal; herdeira dos *hassidim*, é uma contista nata. Como explica esse duplo carisma? Você tem uma preferência secreta por um ou outro modo de expressão?

C.S.: Em minha memória de mulher – ou seja, em minhas entranhas – , não há diferença. O importante é a transmissão. Melhor ainda, somente a transmissão do fervor é importante. Através de todos os meios e, principalmente, os mais imediatos. Ver brilhar os olhos daquele, daquela a quem falo, é o sinal secreto. Como para toda avó, para toda amante, para todo mestre!

Em minha vida tive apenas uma obsessão: chamar a atenção daqueles que me cercam para o milagre de estar viva! Tinha a sensação que raros eram os indivíduos, à minha volta, com essa consciência. Pareciam-me, todos, vagando tristemente em suas ocupações, indo e vindo, sem parecer notar o que me enchia os olhos: o milagre da vida! Sentia vontade de sacudir quem quer que caísse em minhas mãos e gritar bem forte: estamos VIVOS! Nós estamos VIVOS! Em todas as ocasiões possíveis, colocava-me em evidência e recitava *La Mort du loup, Oceano Nox,* com a finalidade, talvez, de acordar os corações através daquelas palavras fortes e solenes. É claro, chegou uma hora em que começaram a rir de meu *pathos* e acabei me calando. Então, escrevi, escrevi, escrevi, mesmo durante os longos períodos em que já não estava tão certa que a vida fosse realmente uma maravilha, os longos períodos onde a vida tinha gosto de cinzas. E essa fidelidade de toda uma vida à escrita levou-me, nos últimos anos, à palavra imediata, que surge no encontro e toca o coração. E o mesmo fervor está aí, tão ardente como na infância.

J.B.: E, no entanto, sem demasiadas ilusões?

C.S.: Não ignoro a loucura destrutiva dos homens, mas já não entrego a responsabilidade disso a Deus. Esta terra é o feudo que nos confiaram. Carregamos juntos a inteira responsabilidade, o que é ao mesmo tempo aterrorizante e sublime! Você consegue imaginar a CONFIANÇA que ELE continua a ter em nós – apesar de tudo – pois ainda continuamos VIVOS?

Recentemente dizia rindo, em uma reunião onde trocávamos *experiências quase mortais*, que eu havia sido transformada por *experiências quase vivas*. Mas acho, é claro, que é a mesma coisa.

J.B.: Em seus livros, a natureza não é descrita por si mesma; ela é portadora de ensinamentos. É indissociável da salvação dos humanos e quem defende seus cavaleiros da Boêmia, em *La Guerre des filles* (A Guerra das moças). Se essas declararam guerra aos homens é porque eles quiseram ameaçar a integridade virgem da floresta para impor sua 'ordem'. Sentimos, em você, a irmã de Vlasta, Dagmar, Milena, irmã das fadas e das ninfas, das pedras e dos lagos, irmã das chuvas e das chamas.

C.S.: Você tocou, com essa questão, em um grande sofrimento meu: a separação do homem e da natureza, tal como vem ocorrendo nesses últimos séculos. Se a expulsão do Paraíso foi um exílio, então entramos, nesses últimos séculos, no exílio do exílio. Para mim é como se o homem tivesse arrancado sua própria pele para jogá-la, ensanguentada, atrás de si. Esse dilaceramento nascido dessa separação me é insuportável! Minha respiração fica suspensa quando ouço falar da natureza com condescendência ('Proteção da natureza!'), ou em termos de 'meio ambiente'. Mas, a natureza não está fora!... Faço parte dela! Estou nela! Sou parte dela! Eu o desafio a olhar, durante trinta segundos, um galho de cerejeira em flor sem que ele comece a crescer em seu interior; ou a observar, longamente, um pássaro sem sentir sua vida batendo em sua veia jugular! É 'poesia', dirão alguns? Que experimentem e verão! Essa separação é mortal. Ela desenraíza a existência de tantas crianças, tantos adolescentes, tantos adultos. Pois o desprezo que nossa sociedade tem pela natureza (e que chega a torturá-la a fim de, pretensamente, levar vantagem para os seres humanos) estende-se, é claro, a seus filhos e filhas. O século dos campos de concentração e dos *gulags* é o da 'criação de gado intensiva' e da exploração industrial de tudo o que vive sob o sol. *La Guerre des filles* foi, há já quase quinze anos, um grito lançado. O livro foi recebido como um texto ardente e lírico, em vez de ser percebido como uma apologia. Hoje seria melhor compreendido, creio; reencontra leitores. Mas, como sabe, fui pessoalmente, um tal produto do 'humanismo' e da Universidade francesa, que precisei chegar aos trinta e cinco anos para passear na floresta sem um livro... Até então, temia efetivamente aborrecer-me... Sei, portanto, por experiência própria, a que ponto nós, humanos, podemos estar separados de nós mesmos sem pedir socorro e nem mesmo perceber que o que tomamos por vida, em si, não é senão sua sombra carregada, ou o traço antigo de seus dedos no vidro...

J.B.: A mulher é indissociável da natureza, o que é, sem dúvida também, a parte mais importante de sua obra. Nela encontramos, inicialmente, as mulheres negativas, as 'mulheres-traidoras', como as denomina Azkia, o comerciante de espadas escandinavas. Você não hesita em colocar, nessa categoria, todas aquelas que trapaceiam com a vida e, principalmente, na *Chronique tendre des jours amers* (Crônica suave dos dias amargos), aquela Adélaïde Montecardi, que despreza a humanidade e injuria a morte. Todas estão possuídas pelo 'animus negativo', diria Jung. Entretanto, na *Guerre des filles* – novamente ela – vemos você inclinar-se nitidamente a favor de um feminismo militante. Qual é ele exatamente?

C.S.: A mulher é, para mim, aquela parte de meu ser que sabe, desde sempre, que a espiritualidade está arraigada na vida e na carne. Quando amamos, quando abrimos caminho para a vida – essa lei é inata – é a própria evidência, o fundamento. O amor colocou-me no mesmo nível, de corpo inteiro, com o segredo da criação: a comunhão de tudo o que se respira neste mundo. Mais tarde, em importantes e iluminados diálogos que mantive, ao longo de meses, com um amigo alemão, físico atômico, e que espero um dia publicar, pareceu-me que, na descrição do real que ele me fazia – como um campo de correlações onde tudo está ligado a tudo –, eu encontrava a exata revelação que devia a Eros. Aquela experiência física da unicidade da criação inteira transformou, para sempre, minha vida. E minha confiança naquilo que se ancora nas entranhas, minha confiança no feminino do homem!

Será mesmo isso que você chama de meu 'feminismo militante'? Temo que ele não seja, decididamente, muito heterodoxo e não atraia simpatias para mim!

J.B.: Você poderia explicar melhor?

C.S.: Uma palavra dura de Flaubert em uma carta a Maxime Ducamp me vem à memória: "O sonho da democracia é elevar o operário ao nível de imbecilidade do burguês". Se fizer uma paráfrase, eis o resultado: o sonho da emancipação feminina foi elevar a mulher ao nível de imbecilidade do cidadão masculino... Todas as vezes que, isolados, os aspectos de reivindicações, de exigências, de competição, forem levados em consideração e o exército de soldadinhos receber o reforço inesperado de batalhões de recrutas, fico consternada. As injustiças sociais e salariais devem ser, é claro, debatidas. Mas a causticidade do corpo social devido à supervalorização da lei masculina exige, com toda urgência, um contra-veneno.

J.B.: Também há, naturalmente, para nosso grande contentamento, mulheres dignas de admiração. Assim, Ann H. Gay, inicialmente solitária, silenciosa, apagada a ponto de não ter certeza de existir e que, descobrindo sua verdadeira família ao acaso das esperanças e dos sofrimentos compartilhados, abriu sua casa aos desafortunados. É seu caso?

C.S.: Todos os personagens de meus livros são, é claro, aspectos de meu ser...

J.B.: Até as mulheres traidoras?

C.S.: Tanto as mulheres traidoras, aquelas que desviam o Amor em proveito próprio, as mulheres rebeldes, que mostram o punho a Deus, como as mulheres de compaixão e coragem. Somos muitas habitando uma pele! Uma bela vida, para mim, seria aquela de onde partíssemos multiplicados – na infinita e ameaçadora riqueza daqueles possíveis que nos habitam – e aonde chegaríamos, no fim do percurso, um(a) – unido(a), unificado(a); ou, como dizemos de "um belo cavalo, habitado da crina à garupa": reagrupado!

Um dia, em uma conferência, escutei-me dizendo: a mulher é terra de refúgio. Sim, sou também Ann H. Gay, cuja identidade é constituída de todos os encontros. Tive, por muito tempo, a sensação física de ser um albergue aberto na encruzilhada dos caminhos e dos ventos. Engoli todos os encontros de minha vida, eu os ingeri, fiz deles minha substância, como uma abelha que, de todas as flores que visita, faz seu mel. Certamente, nele já não reconhecemos as flores, mas elas estão ali presentes – suaves –, transmutadas. Minha metamorfose, se olhada de perto, somente será aceitável se mostrar que sou flor também para muitas abelhas e com que felicidade! E, é claro, somos intimados a ser, permanentemente e ao mesmo tempo, flor e abelha; somos portanto, ao mesmo tempo, *enraizados e alados*.

J.B.: Suponho que, a seus olhos, a mulher ideal seja aquela que, mais do que taquígrafa ou ministro, conserve sua identidade de *arquétipo*: mãe, amante, esposa, sacerdotisa; aquela que ainda saiba as palavras doadoras de vida... O que você ama nas guerreiras de Diewin, é que falam ao vento e ao fogo, aos rios e às nuvens, usam sortilégios, têm sonhos premonitórios; detêm um conhecimento instintivo-intuitivo e, por isso, são condenadas pelo racional masculino.

C.S.: Não tenho representação da mulher ideal. Cada ideal está ameaçado, cedo ou tarde, pela esclerose.

A cada instante a mulher se recria em cada uma de nós. É a razão pela qual o feminismo pode tornar-se uma carolice como outra qualquer. Recuso-me a perpetuar reivindicações, a agitar bandeiras, a transportar relíquias e aparências ilusórias embaçadas, ou ainda, a fazer-me guardiã de representações diversas, realizadas ou não. Seria fazer mau uso da liberdade de falar e de agir que nossas irmãs mais velhas conquistaram para nós neste século. Não deixamos o entreposto de artigos de piedade e carolices para nos tornar campeãs de uma outra devoção igualmente limitada. As mulheres que abriram brechas em velhas barragens não o fizeram para que se colocassem placas comemorativas no meio das ruínas, mas para que a vida possa, novamente, circular, borbulhar, encher os vales com uma nova fertilidade. E é o que faço, falando, por exemplo, do amor entre o homem e a mulher como de uma possibilidade de amadurecimento e de crescimento. Ah! O amor, dizem-me alguns, é exatamente a armadilha na qual, há milênios, têm-se mantido as mulheres!

J.B. Certamente, você não fala do mesmo amor.

C.S.: O 'meu' é o contrário da lei e da instituição. O 'meu' torna as mulheres e os homens intrépidos e corajosos; para sempre livres da indiferença, da facilidade, da covardia, da venalidade! Ah! Não, realmente, não falamos da mesma coisa! E esse fervor não é o contrário do 'racional masculino', que você evoca. O 'racional' é um instrumento de trabalho excelente para realizar este ou aquele projeto, medir o alcance desta ou daquela cadeia causal, mas o fervor, ele é o próprio sopro da criação, o *ātman*! Comparar o racional e o fervor é tão insensato quanto comparar uma central elétrica com o sol, ou uma usina hidroelétrica com o oceano! Não que o racional, a central elétrica e a usina hidroelétrica não sejam importantes e até de utilidade indiscutível para nossa sobrevivência. Mas o fervor, ele não é nem importante, nem não-importante, nem útil, nem inútil. Ele É, eis tudo. ELE É o que nos faz falar juntos, o que faz com que a noite caia e o mundo exista.

J.B.: Você alega não se referir a uma tradição particular, mas à mais antiga de todas, a da 'memória das mulheres', do 'saber das entranhas', que faz com que o mundo permaneça de pé, a 'imemorial e secreta aliança das mulheres'. Se não for trair um segredo, você poderia ser mais explícita a esse respeito?

C.S.: É certamente um segredo! Ou seja, é a coisa melhor compartilhada entre os humanos! Cada um o carrega em si, mas muito poucos percebem-se como seus depositários. É realmente o mesmo em cada um de nós, mas a cada um falta uma outra chave para abrir seu tabernáculo. E é exatamente isso que nos engana: os tabernáculos é que são múltiplos. O conteúdo sagrado é o mesmo.

J.B.: "Dizem, com frequência, que o amor é cego, visionário." Ele não vê o outro, você explicou, mas a divindade que se esconde no outro; ele atravessa as carapaças, as aparências. Você, realmente, achou Deus em cada um que encontrou?

C.S.: Se existisse um desafio na existência, certamente seria esse! O padre Maillard nos lembrou com intensidade. "Não é difícil, disse, todos vocês se amarem desde o primeiro olhar! Mas quando eu era capelão das prisões, acontecia-me, diante de um assassino de crianças, de início sentir vontade de pregá-lo na parede; dizia a mim mesmo: Senhor, Você não pode pedir-me que o ame! Mas era exatamente o que Ele queria de mim!... O impossível!... Não tinha escolha!" Minha avó tinha esse dom de ver em cada ser – além de todas as deformações que a vida o havia feito sofrer – a beleza. Depois da primeira guerra, nos anos da pior miséria em Viena, ela distribuía, em todas as refeições, uma sopa quente pela janela da cozinha; onde as crianças só viam, na maioria das vezes, apenas aparências hirsutas e sinistras, ela louvava a beleza de um olhar, a nobreza de um gesto, a delicadeza de uma expressão e seu coração transbordava de amor por cada um. Eu a vi pela última vez, quando tinha seis anos e lembro-me de um imenso olhar azul onde nos afogávamos. Tanto posso ser veemente e polêmica em uma discussão, como, no encontro de um olhar, entregar-me de corpo e alma; é como se afogar. Todo julgamento é devorado. Só resta aquela atração misteriosa: descubro o passageiro clandestino que viaja incógnito em cada ser vivo. Gostaria de ter, quando tiver envelhecido, o olhar de minha avó no qual o mundo inteiro tinha lugar.

J.B.: Você deplora a banalização e a profanação do amor, 'a liberdade sexual' que destrói seu mistério. A elas, você opõe a 'purificação do desejo' dos trovadores, aqueles tântricos do Ocidente que trabalhavam pela transmutação das energias do Eros. Você ainda estabelece que o amor não espera nem recompensa, nem castigo; ele é dom absoluto. Quer dizer que o amor é, a seu ver, o pico por excelência para onde se dirige o mais precioso do ser humano?

C.S.: Para mim, o que o amor do homem e da mulher tem de exaltante é sua impossibilidade intrínseca. Como você pode casar a água e o fogo, a noite e o dia, a taça e o gládio? É impossível; entretanto, é preciso tentar a qualquer custo.

Sempre queremos agarrar tudo, apossar-nos das coisas e dos seres, fazê-los nossos! O amor é volátil – impalpável; ele quer ser recomeçado todos os dias, reinventado todos os dias, com uma humildade de adepto, uma inocência de iniciante, uma paciência de mestre. É a escola espiritual mais exigente que existe. Não é um sentimento, é uma disciplina. Não é, tampouco, uma conquista; é dado como um acréscimo, quando aceitamos tudo perder. E, em particular, não é absolutamente nada do que eu disse. Porque as palavras são sempre pesadas, elas afundam nas águas do amor.

J.B.: Nem mesmo o silêncio de Deus, confortando os ateus em seu ateísmo, constitui um problema para você. Deus retira-se da Criação para permitir sua existência – é o *Zimzoum* da tradição hebraica: Deus inclina-se diante do mundo dos fenômenos, em uma atitude de completo sacrifício. O homem acredita-se abandonado; na verdade ele é livre, responsável pelo que faz. Cabe-lhe encarnar o divino neste mundo. Mas, Deus também pôde tolerar Auschwitz e o *goulag*...

C.S.: A realidade do *Zimzoum* – Deus retira-se para confiar-me o mundo – não tolera 'argumentos', nem 'objeções'. Você não pode dizer: "Tudo bem, concordo! Que Ele nos deixe sós para nossas festas, alegrias, invenções, mas, sobretudo, que Ele intervenha quando as coisas ficarem complicadas!" Qual a lógica disso? Não precisamos de um adestrador de cavalos que solte a rédea quando tudo está bem e a pegue de volta quando o animal empina! *A aterradora realidade é que somos, doravante, responsáveis por tudo!* Nos mais monstruosos dos marasmos, em Auschwitz, aparece a voz de Hetti Hillesum, *Un coeur brisé*, que esclarece tudo, ouso dizer. "Finalmente compreendi, Senhor, que Você não pode ajudar-nos, mas que somos nós que podemos ajudá-Lo e fazer com que Você esteja presente por meio de nossa fé neste lugar de terror." Meu coração bate descompassado quando recupero essas palavras em minha memória!

J.B.: Você constata, por outro lado, que lastimar algumas realidades é consolidá-las, encorajá-las a persistir. Daí sua recusa ao tom panfletário, que "tece ligações infinitas naquilo que acredita atacar", como escreveu em *Les Âges de la vie* (As Idades da vida). Mas, calar-se, em vez de denunciar o inadmissível pode, também, transformar- nos em cúmplices e, assim, garanti-lo.

C.S.: Sim, existe uma forma de entrar na conversa banal da deploração, da lastimação, da indignação obrigatória que nos coloca, na verdade, fora de todo sofrimento e faz de nós apenas *seres do comentário*. Mas, isso não quer dizer que devamos fechar os olhos! Oh! Seria um terrível mal-entendido!... Não se trata, com certeza, de calar-se diante do inadmissível, porém, de ir profundamente à procura da força para lutar contra ele. Se nos banharmos, sempre, na negatividade do ambiente, ficaremos esvaziados de nossa luminosa rebelião. Aquele que olha fixamente o monstro nos olhos acaba tornando-se o próprio monstro. Conhecemos todos aqueles combatentes que, partindo de convicções fortes e generosas, transformaram-se em carcereiros de prisões, áridos e vazios. Há aí um perigo misterioso e terrificante de contágio, ao qual não escaparemos a não ser que abandonemos as rotinas – encontrando, em nós, a origem. As armadilhas estão em toda parte, à nossa volta, para desumanizar-nos. Vou dar o exemplo mais banal, mais quotidiano. Vejo-me, diariamente, enfrentando encontros dolorosos que me sufocam: uma criança faminta, ferida, pessoas dilaceradas por um projétil; e nunca posso adiantar-me, estender a mão, correr em sua ajuda, para viver minha humanidade! Uma tela nos separa. Tudo o que faz com que eu seja um ser humano – meio milhão de anos de experiência! – é eliminado. Até então, se visse alguém chorando, pedindo ajuda, eu me precipitaria... O instinto de meio milhão de anos vem chocar-se com a figura na tela! Perambulo impotente, resmungo, depois fico amorfa, indiferente, cesso de acreditar que me importo. Cesso de participar. Transformo-me naquele buraco da lixeira onde se jogam, permanentemente, as perfídias da atualidade.

J.B.: Em sua opinião, o que deve ser feito?

C.S.: É preciso, em primeiro lugar, brecar esse traumatismo de impotência que se transforma em cinismo, em covardia. É preciso começar, simplesmente, a silenciar, a girar os botões. (Para tanto é inútil pagar alguns milhões de dólares por um minuto de silêncio na BBC como fez um milionário texano!) Todo caminho começa com um 'alto lá!'. Saio do conflito, da paranóia coletiva, do estrondo incessante, para tomar pé, novamente, em minha humanidade – para retomar contato com o caráter sagrado de minha vida, da Vida. E, em seguida, a partir *deste ponto,* as ações que vou colocar no mundo, as atividades que acredito ter possibilidade de assumir, vão ter uma qualidade completamente diferente e serão portadoras de bênçãos. Todos os dias, fico maravilhada com isso. Poderia dar-lhe mil exemplos dessas iniciativas que se concretizam à minha volta. Neste momento de minha vida, as mulheres de minha idade me comovem profundamente. Elas criaram seus filhos e entram em um universo dilatado onde sua ação produz maravilhas. Somos, assim, um grupo pronto para trocar experiências e avivar o fogo; e posso lhe assegurar que não é deprimente para nós.

J.B.: Você tem um segredo para não se desencantar?

C.S.: O segredo, creio, é não nos sentirmos responsáveis pelo mundo inteiro, *mas por aquele que vem a nós, que cruza nosso caminho.* Todas as pessoas têm essa oportunidade. Para uma, é uma família russa que lhe foi apresentada; e eis que, a partir desse encontro, uma cadeia inteira de solidariedade entra em jogo. Para outra, é um médico amigo que pede sua ajuda para um hospital de crianças no Iraque. Para a terceira, são os filhos de imigrantes de seu bairro que vêm a sua casa para desenhar e pintar. Para a outra, uma velha vizinha solitária; depois, todas as velhas vizinhas, etc.; e, de repente, aquela riqueza vem ao seu encontro! Indescritível!... *The milk of human kindness* do velho Shakespeare. Sim, é exatamente isso: o leite da ternura humana verte! Você vai entrar em um lugar onde correm o mel e o leite. E para entrar nele, apenas precisamos ir ao encontro de quem chega!

J.B.: Independentemente de Durkheim, você fez o que se convencionou denominar 'experiências'?

C.S.: Quando criança, identificava-me com Jesus de Nazaré; conhecia seu olhar de absoluta compaixão, eu era sua agonia. Até o dia em que colocaram Jesus diante de mim, crucificado, irreconhecível; a partir desse momento, ele passou a estar presente apenas quando me sentia pressionada, quando sofria. Então, comecei a evitá-lo, a me dispersar, a me dissipar; a morrer para Sua presença. Aquele que havia estado dentro de mim, reencontrava-se fora. E para que nem fora pudesse vê-lo, nem mais pudesse tocá-lo, foi colocado fora de meu alcance, em cima do armário, fixo no alto. Eis-nos separados e nada fiz para arrancá-lo de seu suplício.

Passaram-se anos. Já não acreditava em nada. Até o dia em que reapareceu o homem amado; lentamente, emergindo como uma velha lembrança. Em um domingo de Ramos, na igreja de nosso vilarejo, eu vi! Como?... Tão claramente como minha mão, vi uma estrada de pedras, pessoas miseráveis; eu fazia parte delas. E eis que *eles* chegam!... Quem?... Jesus e seus discípulos, aureolados e resplandecentes. Jogo-me a seus pés. Quando ouso levantar a cabeça para ele, seu sorriso radioso levanta-me do chão, coloca-me em pé... Eis-me de volta, sozinha, no banco da igreja. Mas a missa apenas começava. Tudo é alegria, a alegria de Cristo. Ela é minha. Já não preciso procurar fora Aquele que vive em mim!...

J.B.: Uma última questão, Christiane Singer. Perguntando-lhe, um dia, por que escrevia, você respondeu: "Para escutar o barulho de minha pena". Trinta anos mais tarde, ainda é por essa única razão?

C.S.: Foi uma resposta um tanto quanto 'refinada' que dei aos dezoito anos. A ela, prefiro uma que encontrei em cadernos datados de 1950 (tinha sete anos): "Quando escrevo, repasso a vida a tinta." Ela ainda se harmoniza comigo. Há algo, quando escrevo, uma nostalgia em olhar uma vez mais a vida nos olhos, inclinar-me e agradecer por tudo: tanto o bem como o mal, tanto o que me agrada como o que me agrada menos. Sim, é minha maneira de exprimir à minha vida, à vida, minha gratidão e de prender-me a ela como a um encontro que não queremos ver terminar.

BASARAB NICOLESCU

Um extraordinário vigia no vale do espanto

O que me faz viver: o que se encontra entre as imagens, entre as palavras, entre os pensamentos. No vazio do pensamento, no vazio do sentimento, no vazio do corpo eleva-se a plenitude da vida.

Théorèmes poétiques, 100

A entrevista seguinte ocorreu em 19 de maio de 1995. Em 1996, Basarab Nicolescu preparava o livro Le Temps, *dentro da coleção "Symboles", para Philippe Lebaud.*

É estranho ver quantas personalidades romenas importantes, em meio século, viveram em estreita harmonia com a França: Georges Enesco, Mircea Eliade, Eugène Ionesco, Émile Cioran, Virgil Gheorghiu, Stéphane Lupasco, Vintila Moria e, finalmente, Basarab Nicolescu. Música, história das religiões, teatro, filosofia, romance, lógica, física..., sem falar, em cada uma dessas áreas, de uma saborosa mistura de Oriente e Ocidente, de um perfume de espiritualidade vindo do fundo daquela Dácia setentrional, pátria de Zalmoxis.

Basarab Nicolescu é físico-teórico das partículas elementares no Instituto de Física Nuclear de Orsay e na Universidade Pierre et Marie Curie de Paris. Mas, uma exploração mais ousada do personagem nos revela, também, além do sábio explorador da 'roda da angústia', que é o mundo material, um poeta inesperado e, ainda, um místico possuído pelo essencial. Já é suficiente para fazer desse físico-metafísico, desse sábio-poeta, desse cientista que promove a ontologia da ciência, um anunciador do século XXI.

O físico quântico

Criada por Planck em 1900, a teoria dos quanta, aqueles grãos de valor **h v** onde **h** é uma constante universal de valor 6,624 x 10 elevado a –34 **J**. s, e **v**, a frequência da irradiação, estuda o mundo do infinitamente pequeno e a estrutura descontínua da energia irradiante. Mundo estranho, desconcertante aos olhos da simples razão conhecida; mundo onde coexistem continuidade e descontinuidade, separabilidade e não-separabilidade, simetria e quebra de simetria. Mundo onde cada partícula possui sua própria subjetividade, sua própria inteligência nas relações complexas de eterno *combate* com todas as outras.

É aqui que as coisas nos mobilizam singularmente.

Enquanto ciência e Tradição (no sentido de espiritualidade) surgem, geralmente, como se estivessem seguindo caminhos paralelos ou antagônicos, a física quântica permite sua aproximação. A ciência conhece 'graus de razão', como a Tradição conhece 'graus de ser'. O que a ciência descobre na corporeidade dos sistemas naturais, a Tradição o descobre na riqueza da vida interior. O homem de ciência e o homem de Tradição estão igualmente curiosos a respeito da invariância dos processos cósmicos e da coexistência paradoxal da unidade e da diversidade. Um e outro consideram que tudo o que existe é regido por um número limitado de leis gerais, pelas quais todo movimento encontra-se estruturado, organizado. O próprio símbolo, aquela 'epifânia de um mistério', segundo a feliz fórmula de Gilbert Durand, da qual se prevalece a Tradição e que provoca, diz Nicolescu, uma "neguentropia progressiva da linguagem", encontra-se na física quântica. Por exemplo o *bootstrap* – interação de uma partícula com todas as outras. "Uma partícula é o que é porque as outras partículas existem ao mesmo tempo." Da mesma forma que o símbolo, o *bootstrap* parece à altura de unificar aspectos contraditórios da Realidade e de demonstrar aquela constância do pensamento tradicional que 'tudo está em tudo'. (Para não citar apenas esse exemplo, São Paulo não diz nada diferente quando evoca os seres humanos 'membros uns dos outros' e formando um único corpo, cada um permanecendo único e incomparável.)

Ao contrário do pensamento binário, herdeiro das categorias aristotélicas e do dualismo cartesiano, pelo qual **A** não pode ser ao mesmo tempo **não-A**, e que opõe nitidamente as dualidades, acentuando assim as fragmentações de onde nascem os conflitos, o suicídio, o materialismo dialético, a proliferação das armas nucleares, o reinado do quantitativo e o obscurecimento do sentido, o pensamento ternário, baseado no *terceiro incluído*, liga os opostos e vai além. Este é o *conciliatio oppositorum* do pensamento tradicional, tal como o encontramos entre muitos místicos: Mestre Eckhart, Nicolas de Cuse, Jacob Boehme, ou, entre os Orientais, Attar, cujo *Mantiq at-Tayr* fala daquele 'vale do espanto, onde ao mesmo tempo é dia e noite, onde existimos e não existimos, onde as coisas são vazias e cheias. Por sua vez a *cosmodernidade* de Basarab Nicolescu repousa sobre a unificação do sujeito e do objeto, da finalidade e da não-finalidade, da liberdade e da opressão. O misterioso *terceiro incluído* é o impalpável elemento que liga um nível de Realidade a outro nível.

Será que poderíamos dizer que, como nas homeomerias de Anaxágoras, onde cada 'semente' contém uma porção de todas as outras, cada domínio do pensamento contém uma parte de todos os outros igualmente; a ponto de não apenas sua separação e sua especialização serem artificiais, mas sua interpenetração permite legitimar a detecção dos *isomorfismos* que os ligam e constituem similitudes entre dois ou vários domínios, ao mesmo tempo deixando às diferenças seu direito à existência? Niels Bohr já não havia discernido certas relações latentes entre a sociologia e a política, a fototerapia e a biologia, a antropologia e a etnografia? Conhecemos o apaixonado confronto entre Jung e Pauli, estabelecendo comparações fecundas entre o psíquico e o quântico a partir da sincronicidade. Por sua vez, Nicolescu continuou surpreendendo ligações de parentesco entre os *três mundos* de Boehme, os *três universos* de Pierce e as *três matérias* de Lupasco. Estabeleceu um isomorfismo entre a tríade de Boehme: três *princípios* inseparáveis e independentes que são a origem das *Trevas*, a força da *Luz* e o nascimento do *Mundo* exteriorizado; a tríade de Pierce: a *primeiridade* (o modo de ser daquilo que é como é), a *segundidade* (o modo de ser daquilo que é em relação a qualquer coisa), a *terceiridade* (o modo de ser daquilo que é colocando em reciprocidade um primeiro e um segundo); finalmente, a tríade de Lupasco: a *atualização* (que torna real um estado dado), a *potencialização* (que torna potencial o estado contrário) e o *estado T* (dinamismo independente que assegura a passagem de um para o outro, energia conciliadora tendendo para um equilíbrio perfeito).

Essas comparações, multiplicadas, estão prontas para dar lugar a uma cultura e a uma mentalidade novas. O procedimento pode ser expresso na linguagem da vida diária, mas deve, simplesmente, excluir um pensamento cristalizado no formalismo abstrato e que se recusa à surpresa, à escuta do outro, ao questionamento. Esse procedimento não é outro senão a *transdisciplinaridade.* Fora de toda utopia, ideologia e sistema hermético, a transdisciplinaridade designa, ao mesmo tempo, aquilo que está além de todas as disciplinas e que passa através de todas elas, com um cuidado de recompor diferentes fragmentos do Conhecimento; ela se propõe a restaurar um equilíbrio vertical entre o saber e o ser, onde o homem e o universo encontram seus lugares exatos. Pode estar na raiz de uma nova Tradição.[1]

O escriba do Imaginário

Precisamos realmente reconhecer que, após seu obscurecimento, provocado por um racionalismo todo poderoso, que durou quatro séculos, o Imaginário passou por uma certa recuperação na atualidade. À *poética do sonho* de Bachelard vieram se juntar a *retomada do mito* de Gilbert Durand, a *análise do mito* de Pierre Solié, o *imago* de Henry Corbin, as *imagens, mitos e mistérios* de Mircea Eliade, os *sonhos* e os *acontecimentos sincrônicos* de Jung. Emancipados das influências confusas de Aristóteles, de Averroès, de Guillaume d'Ockham, de Descartes, de Spinoza e das Luzes, de Comte e de Alain, de Camus e de Sartre, opondo-se ao historicismo e ao positivismo, ao legalismo, à geometria analítica, ao conceitualismo, à escolástica, ao freudismo, ao marxismo, ao prometeísmo, ao existencialismo, eis que são redescobertos Denis, o Aereopagita, Scot Erigene, Avicena, Paracelso, os *Naturphilosophen*, o cósmico e as 'assinaturas', o onírico, o simbólico, a reminescência, a angeologia e o ícone; e eis, finalmente, julgado como infração o uso de uma ciência que, desde então, significa menos o progresso da humanidade que sua possível

[1] Para tornar a transdisciplinaridade melhor conhecida, sob a égide de Basarab Nicolescu foram redigidas a Declaração de Veneza de 1986 e a Carta de Portugal de 1994 e foi fundado o Centro Internacional de Pesquisas e Estudos Transdisciplinares. Acrescentamos que Basarab Nicolescu é co-fundador, com René Berger, do Grupo de Reflexão sobre a Transciplinaridade junto à UNESCO e que está projetando, paralelamente à organização de colóquios, a fundação de uma Universidade Transdisciplinar.

destruição. Recuperado, devolvido à sua dignidade inicial, o Imaginário orienta a escolha das buscas, devolve seus direitos à 'imaginação criadora'. A teologia, quando não se perde nos acostamentos de um cristianismo oportunista ou decrépito, dá lugar à 'teosofia', no melhor sentido do termo.

Todas as disciplinas revelam a fecundidade do símbolo e do mito nos níveis cosmológico, antropológico, escatológico, enquanto o sistemismo fundado por Bertalanffy ganha terreno, ao mesmo tempo que a *sistemologia* de um Lupasco e a *epistemologia da complexidade* de um Edgar Morin.

Mas, o mais inquietante, aos olhos dos racionalistas, é que o mal ganhou os próprios cientistas. O que é menos novo do que seríamos levados a pensar. Basarab Nicolescu nos lembra os exemplo de Cardan, cujos *números imaginários* iluminaram toda a matemática, de Kepler, entregando-se a grandes sonhos cosmológicos que lhe revelaram o corpo vivo da Terra e a música das esferas, de Poincaré ou Hadamard, deixando-se tomar pelo inconsciente que os levou a soluções e até mesmo a descobertas.

Ora, acrescenta nosso autor, "o confronto entre dois níveis diferentes de Realidade pela ação do Imaginário contém, em si mesmo, um imenso potencial de poetização do universo, de reencantamento do mundo". Longe de proclamar, como Renan, em *L'Avenir de la science* (O futuro da ciência) que a poesia científica é superior à outra, Nicolescu vê, na mecânica quântica, apenas a 'descrição' da mecânica do universo, enquanto a poesia revela sua 'dinâmica secreta'. Nada de surpreendente, a partir do momento em que nós o surpreendemos escritor em uma revista literária, *Phréatique,* e o encontramos na companhia dos poetas: Farīdud-Dīn Attār, já citado, o enigmático Shams de Tabrīz, que foi mestre de Djellal ud-Dīn Rumī, Omar Khayyam – "meu primeiro amor, meu grande amor, meu inesquecível amor" – (talvez porque o autor das *Roubaiyat* tivesse sido, ao mesmo tempo, astrônomo e poeta e qualificado a álgebra como 'arte científica'?), O. V. de Lubicz-Milosz, e principalmente René Daumal que, em uma *Experiência fundamental*, relatou sua descoberta, mesmo sendo artificialmente provocada, da "identidade da existência e da não-existência do finito dentro do infinito".

Isso porque os poetas são 'físicos dos sentidos'; eles tomam as palavras como instrumentos de investigação do além das palavras. Para novamente sacralizá-las, Nicolescu não hesita em preconizar o único remédio eficaz: fazer jejum delas. Ele deseja que seja criado em cada país, um ministério dos Assuntos Cósmicos dirigido por poetas, chegando até a afirmar que o "conhecimento poético é mais rigoroso que o conhecimento científico" e que "a poesia é o supremo enfoque quântico do mundo"!... Seus *Théorèmes poétiques* (Teoremas poéticos), cujo estilo aforístico não deixa de lembrar os *Pensées* (Pensamentos) de Pascal, são, essencialmente, o credo de um poeta. Escrito em oito semanas, depois de um encontro com Michel Camus e Roberto Juarroz, a obra foi, segundo o autor, recebida mais que redigida. Nela, Basarab Nicolescu revela-se poeta e não apenas *amador* de poesia.

O espreitador da Evidência absoluta

Ele é, e sempre será, aquele para quem as interações significativas, as recuperações sedutoras entre ciência e Tradição estão destinadas ao fracasso. Se, do lado científico, o neo-cientismo opõe-se e organiza-se, convencido da pertinência absoluta da ciência como única capaz de assumir a Totalidade, a Tradição, afastada ou desviada, está longe de poder merecer todos os sufrágios. O 'irracionalismo hermético' espalha, para todo canto, um esoterismo em liquidação (que os verdadeiros esotéricos reprovam até às últimas consequências) e alimenta a subversão que constitui a *New Age*, cuja ausência de rigor mantém a confusão, contribuindo, assim, sob a responsabilidade da espiritualidade, para destruí-la.

Basarab Nicolescu empenha-se em denunciar tanto uma como outra.

Nessa recuperação da dimensão espiritual, o sentimento não está certamente excluído. A *transmatéria* é *afetividade*. O terceiro incluído que, em Platão, chamase *Amor* (*Eros*), é detentor de fraternidade.

Basarab Nicolescu lembra-se, aqui, de Gurdjieff: entre o 'centro intelectual' (que representa a heterogenização e leva à morte por diferenciação extrema) e o 'centro motor' (que representa a homogenização e leva à morte por identificação absoluta), o 'centro emocional' (que corresponde ao estado T) aparece como a 'salvaguarda da vida'.

As mulheres, julga Basarab Nicolescu, compreendem melhor que os homens, a linguagem do terceiro incluído. Assumindo o inverso da dominação patriarcal, não hesita em declarar que "sem a mulher, o homem não é nada" e lastima que à expressão dos 'padres fundadores' não se oponha nenhuma 'madre fundadora'. (Estaria, talvez, esquecendo as das ordens religiosas.) Platão – ainda ele – havia comparado o 'receptáculo' situado entre o sensível e o inteligível a uma *mãe* recebendo a impressão das coisas sem ser afetada. Estaríamos nós tão longe da *Shekinah* hebraica, da *Theotokos* bizantina ou da *Madona Intelligenzia* dos trovadores?

No encadeamento das páginas, o procedimento de Basarab Nicolescu vai se colorindo cada vez mais precisamente com tonalidades místicas. O que ele vê na Tradição é a transmissão de um conjunto de conhecimentos de origem propriamente metafísica, baseada na revelação, na contemplação, na percepção direta da Realidade; além do mental e do psíquico. No destino Basarab Nicolescu vê o "nome de um Deus sem rosto, inventado pelo pensamento binário para ser assassinado", ele próprio escolhendo-se pelo lado do aleatório, o qual é construtivo, munido de uma direção: a auto-organização dos sistemas naturais. Fica maravilhado com a inocência da criança, duplicada pela maturidade da idade, pelo simples fato de nossa existência. Ela é o 'milagre dos milagres'. Porém, estamos de tal forma acostumados, acrescenta, a negar os milagres, que somos levados a negar nossa própria existência! Sobretudo, ele se interroga sobre a evidência daquela luz 'encontrada no centro do mistério'. Não podemos deixar de lembrar a frequência desse tema na obra de um Dumitru Stäniloae, onde a luz aparece como o lugar geométrico do encontro do humano e do divino, como a transfiguração do cosmo, fotossíntese espiritual, fonte de toda alegria, transparência que permite ao homem ver Deus na Criação. Para Basarab Nicolescu, o homem tem como papel velar, "a fim de que essa luz da Evidência absoluta nunca se apague". Evidência absoluta que não é a 'evidência do Absoluto', mas o 'absoluto da Evidência'; ou seja o 'sem fundo' da Transcendência. Mas, nosso espreitador de Evidência, longe de se embriagar com o ar das altitudes, lembra-se da condição humana e não descarta afundar-se na humildade salvadora: "Como provar o que é, por aquilo que não é?"

Jean Biès: Podemos discernir, em seu trabalho, três principais linhas de força. De início, um certo número de afirmações escandalosas, aos olhos da razão clássica; em seguida, uma série de esboços, de formulações inacabadas que despertam a vontade de saber mais e, finalmente, um ramalhete de idéias que parecem obscuras ao profano, contraditórias ou paradoxais. Gostaria que essas três direções servissem como estruturas de nossa entrevista.

Basarab Nicolescu : As afirmações escandalosas não foram feitas por mim nem por nenhum de nós, mas sim pela própria natureza. Se existem afirmações escandalosas, é porque exploramos, mais a fundo, a natureza, que nos diz que certa visão do mundo está ultrapassada. Quanto às formulações inacabadas, espero que continuem sempre inacabadas. Vejo, na conclusão, alguma coisa morta, alguma coisa parada, fechada; e o que me apaixona, eu o sinto, sempre, como algo *aberto*. Quanto às obscuridades, nada posso fazer: o que é complexo e profundo escapa ao pensamento jornalístico, onde a simplicidade é praticada e dissimulada. Uma certa obscuridade (aparente) é necessária nos domínios complexos.

J.B.: Lucian Blaga considerava como característica romena a invasão da metafísica pelo pitoresco. Poderíamos sustentar, da mesma maneira, que você introduz o pitoresco na física. Você é, aos olhos de alguns, um perturbador. Nega isso?

B.N.: É bem evidente que todo pensamento inovador é perturbador e é normal. Acredito antes que o contrário seria inquietante. Um pensamento que não perturbe é um pensamento para os arquivos... Pitoresco... Não entendo muito bem o sentido que você dá à palavra. Se for no sentido etimológico, da pintura, sim, há um pitoresco relacionado a certos grandes escritos, alguma coisa inesperada na ciência moderna; principalmente com o nascimento da mecânica quântica e o da relatividade, que introduziu grandes mitos colocando-se em uma espécie de diálogo com os mitos de outrora. Por exemplo, o Big Bang. Nesse sentido, não se trata de uma especialidade romena, nem francesa, nem outra qualquer... Um dos grandes acontecimentos da ciência moderna é a introdução da noção de história do universo, da história da lógica, onde o tempo é tomado como componente fundamental, construção do que se passa atualmente; não como alguma coisa eterna, estática, dada uma vez por todas, como outrora era considerado o universo. A isso acrescenta-se, é claro, a exploração de escalas muito diferentes da nossa, que dão uma nova base a esses grandes relatos.

J.B.: Você usa palavras duras quando se refere ao cientismo, que para você é apenas uma ideologia nascida de um fantasma, o do poder total do homem sobre a Natureza. O sonho do cientismo, você escreve, é "concretizar o inferno na escala da Terra". Você denuncia essa *asneira absoluta* que é *a idolatria da mecanicidade*, a *mentira astuciosa* que mata a poesia deste mundo. Seu fundamento é o *nada*. O deus do determinismo mecanicista, do positivismo e do nihilismo – noções cientificamente ultrapassadas – é *um deus sem imaginação*. Você compara a tecnologia à *barbárie*, à *magia negra*...

B.N.: As abstrações ideológicas não são completamente inocentes, você sabe muito bem. Os dois grandes flagelos deste século, o comunismo e o nazismo, estão, em última análise, baseados na ciência do século XIX. Com um prolongamento das noções científicas, como o determinismo ou a causalidade local, nos domínios da história e no domínio social. Assim, do estado de sujeito, o estado humano passou ao estado de objeto e com isso houve milhões de mortes nos campos nazistas ou comunistas, em nome de uma *absolutização* que é justamente a da ciência. O que se fez nos países do Leste, foi feito em nome do socialismo dito 'científico'. Mas não era a ciência, era uma ideologia. O cientismo é uma absolutização da *única ciência*... Da mesma maneira, podemos ter desvios da absolutização quando dizemos: somente a religião, somente a filosofia. Essa absolutização pode levar aos piores horrores. Nesse sentido, minhas palavras não são suficientemente duras; gostaria que o tivessem sido mais.

Quanto à tecnologia, não a identifico, particularmente, com a barbárie, mas prefiro falar de uma tecnologia sem visão, sem dimensão vertical, à qual podemos dar o nome que quisermos; por exemplo, o *sagrado* (sem conotação religiosa). Uma 'tecnociência' que pode mudar completamente a vida das pessoas; sem uma dimensão vertical pode levar à barbárie e a todos os tipos de desastres. Tudo é questão de visão e sem essa visão o que existe, no fim, é a autodestruição.

J.B.: Podemos admitir, até mesmo desejar, a conciliação dos contrários. Mas podem existir casos onde o racionalismo deve conservar seus direitos, onde o *contradicional de Lupasco* arrebata o *contraditório*. Você mesmo escreveu que o pensamento binário era um caminho possível para a realidade.

B.N.: Tudo é questão de domínio de validade. Se você conduzir um automóvel em uma estrada e não respeitar a lógica binária: sentido permitido – sentido proibido e então adotar a do terceiro incluído, seria pura loucura! A lógica binária tem seu próprio domínio de validade, que é o da simplicidade. A partir do momento em que surge o complexo e sabemos que estamos dentro de um mundo invadido pela complexidade, essa lógica torna-se bárbara se quiser ser aplicada a todos os domínios, por exemplo, aos domínios culturais, afetivos, espirituais. Tudo é questão de complexidade e a complexidade exige novas lógicas, cada vez mais complexas.

J.B.: Lembro-me, perfeitamente, de que na escola diziam-nos, doutamente, que a humanidade primitiva, incapaz de explicar os fenômenos naturais, os havia divinizado. Isso era dito ironizando a natureza mágica, para substituí-la pela natureza máquina. Você perturba tanto uma como outra falando da 'natureza, complexa'. Qual é, mais precisamente, essa nova aparência da natureza?

B.N.: A natureza, tal como aparece à luz da ciência de hoje, apresenta várias características. Inicialmente, uma manifestação do antigo princípio da interdependência universal. Em seguida, a interação entre o homem e a natureza, no sentido em que a natureza não é, simplesmente, um lugar de refúgio para o homem, mas um lugar em evolução. Não é um livro, mas alguma coisa que está sendo escrita, onde o homem participa dessa escrita. Em estreita relação com isso, uma terceira característica é, a meu ver, a ressurreição do sujeito, onde a visão transdisciplinar torna-se uma necessidade. Finalmente, o aspecto godeliano da natureza, no sentido em que nunca poderemos chegar a uma teoria completa, qualquer que seja, de ordem científica, que possa esgotar o domínio da verdade.

J.B.: O teorema de Gödel: uma expressão que encontramos, com frequência, sem saber precisamente o que esconde.

B.N.: Ele é um dos resultados científicos mais importantes deste século. Em poucas palavras: perguntava-se, na matemática, se não se poderia fazer derivar, a partir de alguns axiomas, absolutamente tudo o que pudesse ser verdadeiro sem nenhum resultado contraditório. Em outras palavras, um pensamento axiomático global. O que Gödel encontrou – um resultado muito surpreendente e que precisou de tempo para ser compreendido –, é que, para os casos mais simples, em aritmética, na teoria dos números, podemos chegar, partindo de axiomas, a resultados contraditórios ou a resultados irresolúveis. É um resultado muito importante, aplicável, eu o repito, a toda a matemática, incluindo a aritmética, por exemplo, no formalismno que aplicamos atualmente em física. Esse fato, que todo pensamento axiomático leva a resultados contraditórios, irresolúveis, não é, em última análise, uma derrota do pensamento, mas um dos aspectos mais maravilhosos da emergência perpétua do desconhecido em nosso conhecimento.

J.B.: Igualmente nos exaltavam os méritos da especialização: cada um aprisionado em seu domínio, em seu 'ramo'. Como o pássaro da descontinuidade que pousa neste ou naquele galho, sem deixar indícios de sua passagem de um para o outro! Você contestou essa especialização e, ao mesmo tempo que reconhecia 'a irredutibilidade do desconhecido', insistiu sobre os isomorfismos e a transdisciplinaridade.

B.N.: Não contesto a especialização, mas sua absolutização. Nessa tendência extremamente atual, conseguimos saber tudo a respeito de nada, em uma espécie de incompetência total! Pense no que isso provoca no domínio da decisão!... Em nome de uma especialização cada vez mais desenvolvida, desconhecendo até o que acontece ao lado de seu próprio 'ramo', poderíamos pensar que alguém razoável possa tomar uma decisão? Por outro lado, já nenhuma especialidade pode pretender uma supremacia, esgotar o domínio da verdade. Até mesmo essa idéia de esgotar esse domínio é extremamente nociva e perigosa. A única esperança que nos resta é explorar o que está *entre, através e além* dos diferentes domínios do conhecimento. Em outras palavras, defendo uma espécie de relatividade generalizada da visão sobre o mundo e sobre nós mesmos, ou seja, o fato de inexistir um lugar privilegiado de onde julgar as outras especialidades. Chegaria até a dizer que aí está uma das características profundamente novas de nossa época e é uma possibilidade que não podemos ignorar.

J.B.: A partir de quais elementos podemos dizer, por exemplo, que a partícula quântica reflete o mundo espiritual, que lhe seja análoga?

B.N.: Não podemos, na verdade, dizer que a partícula quântica reflita o mundo espiritual. Em troca, podemos falar de níveis de realidade onde existe uma coerência entre os diferentes níveis, coerência que, justamente, introduz uma simplificação da complexidade. Nesse sentido, existe uma correlação entre as diferentes escalas; por exemplo, entre o mundo da física e aquele que nos é próprio, o do espírito.

J.B.: Passaram-nos uma visão unilateral e horizontal dos fatos; e eis você nos falando de níveis de realidade que estendem o campo infinito das possibilidades. O que são, mais concretamente, esses níveis de realidade? Em que o procedimento de um Hegel (tese, antítese, síntese) não faz parte dele?

B.N.: Para mim, a realidade está ligada ao que não resiste, não somente a nossas experiências, mas também a nossas imagens, a nossos formalismos matemáticos. Portanto, a própria abstração torna-se uma parte da realidade: o que resiste... Os níveis de realidade, eu os tomo dentro do sentido de ruptura de lei. Denomino *nível de realidade* a um conjunto de sistemas naturais que se submete a um tipo de lei em ruptura com as leis de uma outra escala.

J.B.: Por exemplo?

B.N.: A escala microfísica e a escala macrofísica submetem-se a leis em completa ruptura com noções tão centrais como a causalidade. E isso não é, continuo a insistir, uma especulação filosófica. Pela teoria e pela experiência científica, chegamos à idéia da existência de níveis de materialidade, de realidade. Precisamos distingui-los dos níveis de organização que surgem no pensamento sistêmico, que podem referir-se a um único e mesmo nível de realidade.

Quanto a Hegel, seu ternário é falso ternário naquilo em que ele se aplica a um único e mesmo nível de realidade. Tese, antítese, síntese... Na interpretação marxista: sociedade primitiva, sociedade capitalista, sociedade comunista que se junta ao começo do ciclo. Isso traduz uma sucessão no tempo e pode, portanto, decompor-se em binários. O pensamento que abordamos nesta entrevista refere-se a um pensamento ternário onde os três termos aparecem no mesmo momento do tempo.

J.B.: O mesmo acontece relativamente à criança, que, pelo mesmo motivo, deixa de ser a síntese do pai e da mãe.

B.N.: Exatamente. O ternário pai-mãe-filho é um falso ternário também; pode decompor-se em pares binários: o filho, por sua vez, será pai (ou mãe) em um novo casal... Este exemplo que você lembrou é muito interessante e, a rigor, muito pedagógico. Para falar seriamente de um verdadeiro ternário, de um terceiro incluído, precisamos que pelo menos dois níveis de realidade estejam implicados.

J.B.: O que você quer dizer quando afirma que o homem é o elo que falta nos diferentes níveis de realidade?

B.N.: Há duas maneiras de responder a essa pergunta. Em primeiro lugar, não sabemos, realmente, para que serve o ser humano. Sabemos para que servem o infinitamente pequeno e o infinitamente grande; sabemos até a correlação, a interrelação existente entre eles. Mas o que está entre eles, ali onde existe o ser humano, paradoxalmente, é como uma espécie de não-necessidade em relação à economia cósmica, do ponto de vista físico. Uma segunda maneira de responder, é levantando a hipótese de que o ser humano serviria para alguma coisa; mas, em um outro nível, diferente do nível do universo físico. É ele quem assegura uma *coerência* entre vários níveis de realidade, senão entre todos.

Essa menção ao elo que falta sustenta-se na idéia de uma negligência do universo interior que me parece, no entanto, tão rico, tão poderoso quanto o universo exterior; mas um universo do qual estávamos esquecidos.

J.B.: Entre essas afirmações que enchem de medo os reducionistas, totalmente despreparados para aceitar que o objeto seja substituído pela relação ou pela interação, há uma, ainda, que se apóia sobre o papel criativo da subjetividade do observador. Não poderia falsear uma visão límpida da verdade? Não haveria, a rigor, tantos resultados quantos observadores? *Quot homines, tot sententiae.*

B.N.: A chamada objetividade confiável foi duramente questionada. Basta ver os notáveis trabalhos de Bernard d'Espagnat. As leis não são questionadas, é a objetividade total, que outrora associávamos a essas leis. No domínio da ciência, essa objetividade não é realmente questionada ao nível da predição experimental, ela se situa em outro lugar, no domínio da compreensão. Devemos estabelecer uma interação entre o saber e o ser. Nesse domínio da compreensão, não há mais, segundo os dados atuais sobre os quais podemos nos apoiar, uma objetividade total. Isso está ligado à derrota do cientismo.

J.B.: Sobre o que essa compreensão pode estar baseada?

B.N.: Sobre resgates, após uma ruptura bastante violenta, mas necessária, sobre um novo encontro entre o sujeito e o objeto. Para descrever o que se passa atualmente, seriam necessárias novas expressões; falar, por exemplo, de uma objetividade subjetiva, ou de uma subjetividade objetiva. Acontece que nós, seres humanos, atravessamos aqueles diferentes níveis de realidade, nós lhes damos um sentido e, refletindo essa outra faceta, a da *ressurreição* do sujeito, podemos falar de uma espécie de nova objetividade, muito mais fina, o que não quer dizer que haja tantos resultados quantos observadores. Há uma não-variância que é mantida, mas que está deslocada, se podemos assim dizer, do domínio puramente físico (baseada sobre o fantasma ao qual as leis físicas vão dar tudo, até o amor, até o espírito) deslocada para uma nova união, uma nova aliança entre o sujeito e o objeto.

J.B.: Em metafísica pura, um Schuon pôde falar, igualmente, de uma qualidade relativa absoluta a respeito do Ser em relação ao Super-Ser.

B.N.: Nós, os diferentes pesquisadores, sentimos todos a necessidade de expressões novas que esclareçam as diferentes facetas do que procuramos. Mas minha impressão é que nenhuma dessas expressões chega a esgotar aquilo de que falo.

J.B.: O escândalo dos escândalos talvez seja seu interesse por Jacob Boehme, que você considera como 'um gigante do pensamento ocidental', quando, como

Paracelso e outros gnósticos e teósofos, seu trabalho apresenta inúmeras obscuridades, está carregado de elementos alquímicos e astrológicos menos úteis que embaraçosos. O próprio Berdiaev que, no entanto, o admirava, critica-o. Você poderia nos dizer o que chamou sua atenção em Boehme?

B.N.: O que em primeiro lugar chamou minha atenção foi a respeito de uma questão que me havia colocado há muito tempo: por que a ciência moderna nasceu no Ocidente? Todas as especulações em voga, principalmente estimuladas pelo livro de Frithjof Capra, *Le Tao de la physique* (O Tao da física); tentavam, por meio de um jogo de analogias, a meus olhos muito superficial, estabelecer uma relação entre a filosofia do Extremo Oriente e o fabuloso, surpreendente nascimento da ciência moderna com Galileu e os outros fundadores dessa ciência. Aquele nascimento no Ocidente seria um acidente, ou corresponderia a um imaginário, a uma cultura, a uma visão, a um estado de ser, o do ser ocidental da época?

O que me interessava era tomar o exemplo de alguém que me fascinara em vários aspectos, Jacob Boehme, contemporâneo de Galileu, que permaneceu ancorado no domínio do pensamento cristão e fazia uma reflexão muito avançada sobre a natureza. O caso de Jacob Boehme ilustra uma hipótese: a origem cristã da ciência moderna. Sua atualidade é extraordinária, justamente porque mostra aquela continuidade, aquela relação, aquele isomorfismo entre os dogmas cristãos da Encarnação e da Trindade e os três postulados da ciência moderna formulados por Galileu: 1) a existência de leis universais, de caráter matemático; 2) a descoberta dessas leis pela experimentação científica; 3) a reprodutividade perfeita dos dados experimentais.

J.B.: Em outras palavras, o Deus único é, ao mesmo tempo, o céu e o inferno, a luz e a escuridão, o bem e o mal. Não estamos muito longe de Jung em sua *Réponse à Job* (Resposta a Jó). Mas qual é, em sua opinião, o valor positivo do mal?

B.N.: Vejo o mal como uma resistência à evolução individual e coletiva. Não havendo resistência, não haverá movimento, evolução. Tudo é questão de localização. Há risco na absolutização que foi feita, tanto do mal como do bem. Precisamos distinguir entre Lúcifer e Satã, como Jacob Boehme fazia. Se nos mantivermos em nosso lugar, o mal terá um sentido, até mesmo o sofrimento, talvez; todas aquelas dificuldades, todas aquelas contradições que atravessamos na vida terão um sentido. Se aceitarmos a idéia de que cada coisa tem seu lugar, o mal terá seu próprio lugar dentro da evolução.

J.B.: Ocorre-me que, nas epopéias nórdicas e no *Mahābhārata*, não se fala do bem e do mal, mas da ordem e da desordem, o que tem a vantagem de afastar do debate a paixão e o clericalismo... Se você for severo em relação a uma determinada ciência, se você manifestar simpatia em relação à Tradição, isso não o impedirá de adotar, no que diz respeito a ela, uma atitude completamente pessoal, que alguns considerariam herética. Você propõe, não sem audácia, reescrever os grandes textos religiosos da humanidade substituindo as palavras por seus contrários!...

B.N.: Herético... em relação a quê? Para mim, a

Tradição está viva, arraigada dentro de nós, aqui e agora. Portanto, ela escapa às categorias do tempo e do espaço. Ligar a Tradição estritamente ao passado é, em minha opinião, um tremendo contra senso. Talvez isso seja heresia. Acredito, também, que todas as formas cristalizadas, dogmáticas, que substituem a experiência pelas palavras, são o contrário do mistério que elas afirmam. Toda teologia é uma ciência humana, devendo ser tratada como tal. A Revelação é outra coisa. Nenhuma religião, em minha opinião, nenhuma tradição bem definida consegue esgotar esse mistério do qual falo. Poderia dar, a esse assunto, o nome de transreligião, o que está *entre, através e além* das diferentes atitudes religiosas. Nesse sentido, a Tradição pode dialogar com a ciência. Caso contrário, não vejo como uma tradição cristalizada, rígida, compreendida como uma espécie de sabedoria que, outrora existia, deveria ser reencontrada. Para mim, uma tradição está em evolução permanente, ao mesmo tempo sendo capaz de alimentar-se da história e de dialogar com ela. Também aí é preciso pensar juntos o singular *e* o plural, *as* tradições e *a* Tradição.

J.B.: Gostaria de esclarecer que a teologia é a qualidade distintiva das religiões abrâmicas; o Oriente não sistematiza. Outra diferença delicada: a teologia, no sentido em que é entendida pelo cristianismo oriental, designa menos a edificação de um sistema intelectual do que constitui a parte essencial da vida interior: "É teólogo aquele que reza".

B.N.: Exatamente.

J.B.: Há, em seus trabalhos, uma outra série de passagens que são coisas ditas rapidamente, esboçadas com desenvoltura e, no entanto, importantíssimas; apenas sugeridas, como para despertar nosso desejo de saber mais. Você conhece a arte de despertar nosso apetite mas parece desejar nos ver completar a sequência. Assim, você vê, no terceiro incluído, 'a impossibilidade da manipulação' e a emergência da transpolítica, na qual não existiria nem centro, nem direita, nem esquerda. Como considerar, sem cair na utopia, a atualização do estado T, equilibrando a socialização e a individualização?

B.N.: Simplesmente reconhecendo que a dimensão do sagrado está presente em toda parte, mas em toda parte esquecida, ridicularizada, ignorada. Entendo por sagrado qualquer coisa que escape ao pensamento racional, que não se opõe à razão, mas é uma parte da razão que escapou à racionalização. Há uma distinção muito importante a ser feita entre a razão – a ordem das coisas – e a racionalização – tudo aquilo que colocamos em nossas frases e em nossos sistemas. O sagrado é aquela dimensão *irredutível* à racionalização; o que já é atualizar o estado do terceiro incluído.

J.B.: Convém, ainda, que a noção de sagrado seja entendida pelos políticos...

B.N.: No estado atual das coisas, seria suicídio se um político falasse dessas noções de transpolítica, transreligião, sagrado, transcendência! Evidentemente, seriam noções difíceis de defender, caso quisesse eleger-se; mas, em minha opinião, é uma questão de tempo. Sem esse discurso, que faz apelo ao que há de mais simples, de mais oculto no ser humano, de mais protegido nele, não poderemos resolver os problemas deste mundo com os enfoques habituais. Mais cedo ou mais tarde – Deus sabe quando! –, os políticos, no verdadeiro sentido do termo, chegarão à conclusão da *necessidade* de abordar tais idéias; necessidade pela sobrevivência.

J.B.: É o mesmo problema no aspecto religioso. Como imaginar um ecumenismo respeitoso simultâneo a particularismos confessionais e identidades doutrinais?

B.N.: A atitude transreligiosa não leva ao ecumenismo. Pessoalmente, assisti a diferentes tentativas de ecumenismo, mas constato, sempre, uma espécie de diálogo de surdos, que se trava em nome de uma defesa de território. Aqueles que defendem essas tentativas de ecumenismo, por exemplo no Parlamento mundial das religiões, defendem seu próprio território. A atitude transreligiosa é completamente diferente: ela deixa, a cada um, a liberdade de escolha do caminho, da religião, da identidade. Trata-se de reconhecer a existência de um ponto de convergência jamais intangível pelas palavras, mas um ponto de convergência mesmo assim e palpável por uma experiência interior. Isso, para todas aquelas religiões, a atitude agnóstica inclusive, que se situam após tudo em relação à mesma questão. O que tratamos aqui, em verdade, implicitamente, é o problema da educação.

J.B.: Você poderia desenvolver esse ponto?

B.N.: Para dialogar de fato com o outro, é preciso, de início, conhecê-lo, em particular no domínio religioso. Como podemos falar a sério em fazer desaparecer o fanatismo e todos os seus excessos, não conhecendo verdadeiramente o outro? E como conhecê-lo verdadeiramente, se não pela educação? A escola deve permanecer laica, mas isso não quer dizer que não devamos conhecer as religiões, as atitudes religiosas dos outros. Deveria, na verdade, haver lugares de recepção, nos estabelecimentos secundários e universitários, para aqueles pontos de convergência dos quais falei, visando o conhecimento do outro, por um diálogo direto. Não podemos esperar que o outro já esteja cristalizado em suas opções. Seria tarde demais.

J.B.: Você não acredita na transformação externa como capaz de melhorar o mundo. Para você, é "a transformação da atitude do homem diante da Realidade que pode mudar tudo". Sua evolução não é, portanto, teilhardiana; ela é a de sua consciência?

B.N.: Sim, sem nenhuma dúvida. Todo o problema é o equilíbrio entre o universo exterior, que sondamos profundamente, e o universo interior, que negligenciamos.

J.B.: Frequentemente, você faz alusão à vida interior. "Sem o encontro consigo mesmo, você diz, não podemos desaprender a apropriação, sair de nosso adormecimento." Mas, você nada diz de suas modalidades práticas. Será somente por respeito à escolha de cada um?

B.N.: É claro. Para mim, o verdadeiro mestre é o mestre interior e os caminhos para esse mestre interior são múltiplos. Eles sempre existiram, desde a noite da humanidade; não faltam caminhos, mas viajantes.

J.B.: Há, em sua mitologia intelectual, um símbolo

gnóstico interessante, o Ouroboros. Você o menciona para explicar que o universo, também ele, morde o rabo, pois tem a possibilidade de se criar e de organizar a si mesmo e por si mesmo. Existe nele uma 'dinâmica autoconsistente'. Sua concisão de cientista não nos diz muito mais. Mas, se isso for exato, seria necessário supor, então, acima da Natureza naturante e da Natureza naturada, a existência de um Demiurgo, de um Deus? Ou esse Deus seria somente imanente?

B.N.: Parto de uma evidência, mas como toda evidência, ela está, muitas vezes, escondida. É que a ciência não pode nem desmentir nem confirmar a noção de Deus; isso, por definição e por sua metodologia, que delimita os domínios de sua visão, os campos de sua investigação. É, portanto, uma impostura afirmar ou negar Deus a partir da ciência. Diria mais. É também uma impostura dizer, no momento presente, que se trata de uma hipótese, quando falamos de Deus; porque, se falamos de uma hipótese, isso quer dizer que estabelecemos um campo de onde podemos julgar essas noções. Ora, a ciência não é esse campo; ela dá pontos de referência, mas isoladamente, a ciência é impotente para responder a essa questão. Um cientista, baseando-se no que compreende do que faz, sobre sua atitude, sobre sua experiência, pode ter uma visão. Pessoalmente, questiono-me diante dessa fabulosa inteligência que vejo manifestar-se do infinitamente pequeno ao infinitamente grande, que não percebo absolutamente como uma simples projeção de nosso cérebro. A meus olhos, não se trata nem de uma transcendência, nem de uma imanência; preferiria falar, antes, de uma transcendência imanente.

J.B.: Você já evocou a questão da origem cristã da

ciência. Poderia nos dizer mais a esse respeito? Como o dogma da Trindade pôde constituir o terreno favorável a esse nascimento?

B.N.: Quando elaborei essa hipótese, julgava estar sozinho nesse caminho; e descobri, através de um amigo, que já havia um estudo de Alexandre Kojève, com o seguinte título: *Origine chrétienne de la science moderne* (Origem cristã da ciência moderna), onde ele estudava os dogmas da Encarnação. Não podia, de forma alguma, ser suspeito de simpatia pelo cristianismo. É bastante paradoxal, mas a resistência à minha hipótese viria antes dos meios eclesiásticos. E acho que entendo porque: se aceitarmos essa idéia, deveremos assumir, também, a responsabilidade daquilo que fizemos, em nossa época, dessa ciência.

Volto, novamente com essa questão, à hipótese: por que a ciência moderna nasceu no Ocidente? Questão já colocada por Joseph Needham, que se perguntava como uma civilização tão desenvolvida como a chinesa, onde tudo estava pronto para o nascimento de uma ciência, não a produziu. Acho que a resposta é, ao mesmo tempo, simples e complexa. O pensamento do Extremo Oriente não suportava a separação sujeito-objeto, a ruptura, a idéia de que pudéssemos ter, diante de nós, uma natureza que pudéssemos conhecer, tentar dominar. Isso, a religião cristã permitiu.

Tentei, pessoalmente, explorar um texto do século IV, atribuído a Atanásio, fundador do dogma da Trindade, onde vemos que, se fizermos a leitura do texto à luz de uma lógica binária, é um absurdo completo... Se tentarmos aplicar uma lógica do terceiro incluído enriquecido, generalizado, o texto fica completamente coerente. Foi o que mostrei, em 1993, por ocasião de um congresso em Munique.

J.B.: Gloriosa ilustração do terceiro incluído no plano metafísico, a Trindade não é "a única coisa que valha verdadeiramente a pena ser procurada neste mundo", como você disse a propósito do terceiro secretamente incluído – este mundo que está a ponto de explodir sob nossos olhos nas revoluções insensatas e nas histerias coletivas? Isso me lembra a frase de Paul Florensky afirmando que não há, para a humanidade, outra escolha a não ser a Trindade ou a loucura.

B.N.: O esquema lógico, que elaborei em minha resposta precedente e é uma generalização da lógica do terceiro incluído baseada na inclusão dos níveis de realidade, é compatível com o dogma da Trindade. Mas ele é mais geral, no sentido em que esse dogma, na qualidade de texto, pode ser lido de uma maneira coerente; mas não é a única interpretação possível. O esquema que propus pode adaptar-se, igualmente, às religiões politeístas. Sob meu ponto de vista, a escolha não é, realmente, entre a Trindade e a loucura, mas entre a loucura de um pensamento binário e a liberdade do terceiro incluído.

J.B.: Falando sobre as tradições, você diz que elas devem ser ultrapassadas, e sobre os dogmas religiosos, que são apenas "mumificações que escondem o cadáver". Você vê, no valor numérico da relação entre o tempo de vida do homem e o tempo de vida da humanidade, a prova de que o homem foi criado 'à imagem de Deus'. O que você quer dizer com isso?

B.N.: É uma questão de escala. Há, efetivamente, uma diferença entre a escala do tempo da humanidade e a escala do tempo de vida do ser individual que nós somos. Isso me faz pensar no que se passou no começo do Big-Bang, quando as existências embrionárias, os germes, os quarks, os léptons, os mensageiros carregavam toda a informação que se desenvolveria com o aparecimento dos planetas, das galáxias, de nosso universo físico. Em outras palavras, tudo o que aconteceu, em um tempo infinitamente breve – *os três primeiros minutos* –, foi determinante para toda a evolução cósmica. Acredito que possamos fazer essa analogia: na economia cósmica, a humanidade responde a uma certa necessidade, enquanto que os seres individuais do começo do Big-Bang escapam, por si mesmos, a essa necessidade de ordem física. É aí que eu encontro a raiz da liberdade do ser individual de escapar a essa necessidade no físico.

J.B.: Você ainda diz que o gênio do cristianismo é "dar um corpo ao terceiro secretamente incluído" e que a língua de Jesus é sua língua; "é porque ele foi crucificado". Você se refere à Eucaristia e ao batismo. Por outro lado, não esqueço sua ascendência romena e que a Romênia, exatamente como a Irlanda, escapou ao *filosofismo escolástico* e à abstração, que desnaturalizaram o cristianismo ocidental, por preferirem o *cristianismo cósmico*, ligado ao concreto e ao imemorial. Minha questão é tão direta quanto indiscreta: você se liga, pessoalmente, ao cristianismo?

B.N.: Sim, completamente. Ligo-me à ortodoxia por nascimento, por educação; e minha evolução posterior não me deu razões para renegar esse caminho. Ligo-me ao cristianismo, como ao país que é o meu, a França, a uma família, a um corpo físico que é o meu. Mas, em meu centro, há também uma outra coisa, que não é nem isso, nem aquilo e é também isto e aquilo. Para mim, a atitude transreligiosa não é um simples conceito, mas uma experiência que vivo todos os dias..

J.B.: Sem dúvida, "o interesse da ciência no que diz respeito às diferentes religiões, é que ela não é nem oriental, nem ocidental". Imaginamos que, para você, o Ocidente possui suficientes jazidas: a alquimia, o hermetismo, a teosofia como as explorou um Antoine Faivre, para poder dispensar as contribuições orientais. É inquestionável a presença do taoísmo no *Mysterium Magnum* ("a brancura somente aparece por causa da negritude..."; "não existe coisa tão perversa que não tenha em si o bem...") Você não acredita na relação taoísmo-*bootstrap*, nem na relação taoísmo-complementaridade, de Bohr. No entanto, você cita Lilian Silburn a propósito da descontinuidade no pensamento filosófico da Índia... Como o verdadeiro 'cérebro planetário' que elabora a informática poderia deixar de lado um domínio infinitamente mais vasto como aquele 'pequeno cabo do continente asiático', evocado por Valéry, quando esse domínio em nada se opõe aos aspectos transracionais e transdisciplinares que você deseja promover? Ligado à idéia européia, você teme uma submersão?

B.N.: Absolutamente não. Minhas reservas referem-se apenas à relação entre o aparecimento da ciência moderna e a filosofia do Extremo Oriente. Mas, ao contrário, acredito mesmo na necessidade da transcultura. Iria ainda mais longe, diria que a cultura, a sabedoria, a filosofia do Extremo Oriente nos trazem alguma coisa de muito específica, o que atualmente nos falta no que diz respeito ao que denominei, há pouco, a compreensão. Nos componentes da compreensão, que ultrapassam, de longe, o saber onde o ser interior está implicado, acredito que o Extremo Oriente tenha muitas coisas a nos ensinar e que no futuro a redescoberta dessas culturas antigas irá desempenhar um papel muito importante.

J.B.: Você deixa transparecer que desconfia dos *poderes* da tecnologia – o contrário dos *milagres* –, da *inteligência artificial*, que não sabe ler nas entrelinhas, da máquina investindo o imaginário. Suponho que você não compartilhe do entusiasmo que alguns têm pela técnica e vêem os sinais de um 'começo' no computador compondo poemas ou na imagem de síntese?

B.N.: A tecno-ciência, em si, não é nem boa nem má. Tudo é questão de *visão*. Sem visão, dá-se, necessariamente, o aparecimento de poderes: o ser humano torna-se objeto, torna-se escravo de suas próprias descobertas. Nesse aspecto, é verdade, não compartilho do entusiasmo fácil de alguns, que percebo como uma perversão, porque nos desvia da verdadeira questão, a da redescoberta da vida interior. Esse entusiasmo fácil manifestou-se, aliás, todas as vezes que houve um avanço tecnológico expressivo. A esse entusiasmo oponho um entusiasmo racional. Acredito que há imensas possibilidades, por exemplo, no 'espaço cibernético', que podem melhorar não somente nossa vida exterior como também favorecer, paradoxalmente, nossa busca interior, por meio de um ganho de tempo, que aqueles servidores inteligentes, os computadores, poderiam nos proporcionar.

Mas, também nesse caso, tudo é questão de dimensão vertical. O que me parece faltar, atualmente, em todos os debates sobre essas transformações tecnológicas que vão mudar a face do mundo (já estão acontecendo), é a existência, ainda, dessa dimensão. É uma escolha de civilização. Uma visão unitária, planetária, parece-me mais necessária do que nunca. Não por causa das visões econômicas, políticas, ideológicas, mas pelo respeito à vida interior; e é aí, também, que o terceiro secretamente incluído está faltando.

J.B.: Você considera que "o próximo paradigma será transdisciplinar ou não existirá", e que, de toda forma, "a nova racionalidade terá um nascimento difícil". Em sua opinião, é possível imaginar uma espiritualidade por vir que seria superior à do Oriente e à do Ocidente?

B.N.: Completamente. Uma espiritualidade levando em conta a ciência, uma espiritualidade levando em conta todas as culturas do passado, uma espiritualidade à altura do desafio sem precedentes deste século, uma espiritualidade moderna, atrevo-me a dizer, que corresponderia a uma modernidade espiritual. Toda época de decadência é, em determinado aspecto, exaltante: *podemos inventar o novo*. Não há modelo; há uma mudança essencial de atitude; eu o vejo como uma espécie de prioridade no mundo em que vivemos.

J.B.: Para encerrar, vamos voltar, se você concordar, a diversas citações que acarretaram dificuldades. Elas são, frequentemente, brilhantes, mas não acho que sejam somente isso. Assim, o que você quer dizer quando escreve que a "Natureza é um pretexto" e que "o livro da Natureza não é, pois, para ser lido, mas, para ser escrito"?

B.N.: Pré-texto no sentido de precedendo o texto. Faço alusão, aí, à interação já citada entre o homem e a natureza: o homem intervém na história do universo e sua inteligência desempenha, justamente, o papel de *re-ligar* o que acontece nesse universo.

J.B.: "A visão quântica é mais materialista que o materialismo e mais religiosa que a religião?"

B.N.: Na ciência atual, existe uma noção de matéria infinitamente mais refinada, mais complexa que a definição do século XIX. Havia, inicialmente, aquela noção de graus de materialidade, que enriqueceu, de repente, o campo de nossa exploração e de nosso pensamento. Nesse sentido, sim, a visão quântica é mais materialista que o materialismo. Mais religiosa que a religião: é uma alusão a uma convicção íntima, baseada em meu conhecimento, que a natureza tem como função *re-ligar*. Naquele eterno desconhecido que está na natureza, há uma função de relação, de unidade, que se traduz pela unidade entre o infinitamente pequeno e o infinitamente grande; que nos dá uma visão mais global, em relação a uma visão que recortaria uma paisagem realmente estabelecida pelos textos, pelos dogmas.

J.B.: Em que a ciência contemporânea prediz o desconhecido, "partindo, na verdade, do que é conhecido", mas também, "partindo do que é desconhecido"?

B.N.: A natureza é fonte eterna do desconhecido. E nós, cientistas, vamos eternamente a seu encontro. Vejo essa fonte manifestando-se na ausência de teorias completas e nesse aspecto de abertura traduzido pela visão godeliana da natureza e do conhecimento.

J.B.: Quando você declara que é o macaco que descende do homem, está pensando nos homens de hoje comparados a seus ancestrais?

B.N.: Não! Faço, simplesmente, alusão ao princípio antrópico, aliás, mal denominado, que mostra haver uma espécie de anel entre o infinitamente pequeno e o infinitamente grande; que mostra haver uma coerência espantosa, janelas extremamente pequenas, pelas quais este universo pôde aparecer. Por exemplo, uma alteração mínima de um parâmetro, no mundo quântico, destrói a possibilidade de haver planetas, galáxias e, a rigor, elementos pesados que são a condição da vida. E essa coerência coloca dúvida.

J.B.: "Eu me procuro em todos os lugares onde não estou?"

B.N.: Isso me parece evidente. Colocaria, com prazer, um aviso, com essa inscrição, em todos os ônibus que circulam por Paris. Nós nos procuramos sempre alhures e não em nós mesmos: nós nos procuramos no universo, no passado, no futuro, nos objetos do desejo da sociedade de consumo. Nesse particular, somos uma legião, cada um de nós. E direi, mesmo, que essa multiplicidade de personagens privados de centro e de unidade, pode ser o fundamento dessa sociedade de consumo.

J.B.: Esses esclarecimentos eram necessários e lhe agradeço. Mas há, também, aquilo que me parece contraditório. Por exemplo, não há uma contradição entre a idéia de que "todo retorno a uma religião ou filosofia do passado é hoje nociva" e a idéia de que "não se trata de excluir, mas sim de redescobrir todas as tradições do mundo"? De um lado, você observa que a Tradição traz o sentido da permanência; de outro lado, que "não podemos fazer o novo com o antigo", o que supõe uma ruptura com essa permanência. Querer romper com o passado é, forçosamente, antitradicional.

B.N.: Estou fazendo alusão à chegada do ser. Não tenho a visão de um pólo geográfico ou histórico da Tradição. Para mim, a ancoragem do ser e a Tradição são, por definição, transhistóricas, 'transtemporais'. A transcendência não pertence a este mundo, mas ela está com este mundo; ela está em nós. Portanto, a Tradição está sempre ligada ao presente que integra o passado, mas nunca pode retornar ao passado.

J.B.: Você, tampouco, acredita no princípio antrópico, naquele '*bootstrap* do pobre', que coloca a existência de um universo especialmente concebido para o aparecimento do homem, segundo um projeto predeterminado. Por exemplo, o homem não é o centro do mundo. Entretanto, ao contrário de inúmeros astrofísicos, você acha que a Terra é, provavelmente, o único astro habitado do universo. E mesmo, referindo-se aos Antigos, você expressou a idéia de que "a Terra é o centro do universo". Em qual dos dois devemos acreditar?

B.N.: Em ambos!... Trata-se de uma leitura em dois níveis de realidade diferentes. O princípio antrópico é somente um caso particular do princípio de interdepen-dência universal, do princípio do *bootstrap* que surgiu na física das partículas. Nos *Théorèmes poétiques* (Teoremas poéticos), trata-se de um nível bem diferente do nível físico. Lá, eu cito o nível extremamente misterioso da consciência. Parto de um princípio coperniciano, que dá um centro para a consciência, a qual, segundo nossos conhecimentos, só existe nesta terra: mas essa afirmação é feita em outro nível de realidade.

J.B.: "Nascemos em um túmulo estrelado", você diz amavelmente. Pensamos nos mosaicos do mausoléu de *Galla Placidia* em Ravena. A única novidade do universo é o aparecimento do homem, o qual permite que o universo se torne vivo. Em que o homem pode revigorá-lo?

B.N.: Com sua consciência. Segundo estimativas científicas, é preciso pelo menos uma galáxia para criar as condições de vida sob a forma embrionária. Podemos colocar a questão: quantas galáxias para o aparecimento da consciência? Imaginemos, por um único instante, este universo físico sem consciência: seria alguma coisa absurda, grotesca, diria a rigor, obscena. É nesse sentido que parto do fato de que o ser humano permite ao universo tornar-se vivo, baseado no que sei da ciência e da Tradição. O universo parece-me uma espécie de casa de acolhimento da consciência. E no plano estritamente físico, a consciência parece completamente inútil, não necessária; ao passo que essa mesma economia cósmica exige a coerência do conjunto físico, do quark à galáxia. Mas, talvez – outra hipótese –, em um outro plano, a consciência responda, ela também, a uma necessidade tão natural, quanto o aparecimento dos planetas.

J.B.: Enfim, não há contradição entre essas duas proposições: "O problema dos problemas é que sempre haverá problemas"; por outro lado, enquanto o nihilista assegura: "Não há chave para o enigma", você lhe responde: "Não há chave porque não há enigma".

B.N.: Como todo teorema poético, este pode ser lido em vários níveis, dependendo de sua experiência pessoal. Em um desses níveis, o mental cria problemas, enigmas, a complexidade, como uma distância entre o homem e a natureza, o homem e a realidade. O mental substitui, ininterruptamente, enigmas, por outros enigmas, e podemos imaginar esse processo continuando até o fim dos tempos. Mas, em outro nível, o da experiência interior, se houver encontro de mim mesmo comigo mesmo, já não mais há enigma; há, simplesmente, a luz ofuscante, inesquecível, da Evidência absoluta.

J.B.: Não poderíamos esquecer os paradoxos divertidos ou provocantes que nunca nos deixam indiferentes. Vamos nos ater a esses três. Inicialmente, "o Diabo é o maior aliado de Deus...; a conversão do Diabo seria uma catástrofe cósmica".

B.N.: Tudo é questão de lugar. Sem a contradição, não poderia existir o terceiro secretamente incluído. A fusão no Um não diferenciado colocaria, de improviso, o tédio completo no mundo; e pode haver catástrofe cósmica pior do que o tédio ou o túmulo estrelado?

J.B.: "Não há vida após a morte; há a vida após a vida e a morte após a morte."

B.N.: Não tenho nenhum comentário a fazer, pois se trata de uma experiência, não de uma teoria.

J.B.: E esse maravilhoso aforismo: "O homem é

mais que um abismo: uma sutileza."

B.N.: Creio que seja uma boa conclusão para nossa entrevista!

BIBLIOGRAFIA

Xeque Hādj Adda Bentounès

Retratos

M. Lings: *Un saint musulman du XXe. Siècle: le Cheikh Ahmad al-Alawi*, Éditions Traditionnelles, 1967. Seuil, 1990.
J. Cartigny: *Cheikh al-Alawi. Documents et Témoignages.*
(Dr. Carret, M. Becque, Abd al-Karim Jossot, Dr. Probst-Biraben). Les Amis de l'Islam, Drancy, 1984.

Sobre o sufismo

T. Burckhard: *Du soufisme*, Derain, Lyon, 1951.
M. Lings: *Qu'est-ce que le soufisme?* Seuil, 1977.
E. de Vitray-Meyerovitch: *Anthologie du soufisme*, Sindbad, 1978.
S. H. Nasr: *Essais sur le soufisme*, Albin Michel, 1980.
F. Skali: *La Voie soufie*, Albin Michel, 1985.
M. Chodkiewicz: *Le Sceau des saints. Prophétie et sainteté dans la doctrine d'Ibn Arabī*, Gallimard, 1986.
Cheikh Khaled Bentounès: *Le Soufisme, coeur de l'Islam*, La Table Ronde, 1996.

Lanza del Vasto

Poesia

Le Chiffre des choses, Laffont, 1941. Denöel, 1942, 1953.
Viagens.
Le Pèlerinage aux sources, Denöel, 1943. (Disponível nas edições

Gallimard [Folio], e du Rocher.)
Vinōbā, ou le nouveau pèlerinage, Denöel, 1954. (Disponível nas edições Gallimard [Folio], e du Rocher.)

Ensaios

Judas, Denöel, 1938. (Disponível nas edições Gallimard [Folio] e du Rocher.)
Principes et préceptes du retour à l'évidence, Denöel, 1945, Le Rocher, 1996.
Les Quatre Fléaux, Denöel, 1959, Le Rocher, 1993.
Aproches de la vie intérieure, Denöel, 1963, Le Rocher, 1992.
L'Homme libre et les Ânes sauvages, Denöel, 1969.
Pour éviter la fin du monde, Le Rocher, 1991.
Pages d'enseignement, Le Rocher, 1993.

Exegese

Commentaire de l'Évangile, Denöel, 1951, Le Rocher, 1994.
La Montée des âmes vivantes, Denöel, 1968, Le Rocher, 1996.
La Trinité spirituelle, Denöel, 1970, Le Rocher, 1994.

Teatro

La Marche des rois, Laffont, 1947.
La Passion, Grasset, 1951.
Noé, Denöel, 1965.
David Berger, Éditions Lion de Juda, 1987.

Diários

Le Viatique, Denöel, 1970, Le Rocher, 2 vol., 1991.

Sobre Lanza del Vasto

J. Madaule: *Qui est Lanza del Vasto?* Depoimentos de L. Dietrich,

R. Daumal, R. Christoflour e G. Thibon. Denöel, 1995.
A. de Mareuil: *Lanza Del Vasto*, Seghers, 1966.
J. Biès; "Lanza del Vasto", *in Littérature française et Pensée hindoue*, C. Klincksieck, 1973/1992.
J.-M. Varenne: *Lanza del Vasto, le précurseur*, Retz, 1976.
R. Doumerc: *Dialogues avec Lanza del Vasto*, Cerf, 1980.
C. M. Rocquet: *Les Facettes de cristal*, Le Centurion, 1981.
D. Berger: *Lanza del Vasto*, Éditions des Béatitudes, 1987.

Gandi

Obras

La Jeune Inde, Stock, 1924.
Autobiographie, ou mes expériences de vérité, Presses Universitaires de France, 1950.
Leur civilisation et notre délivrance, Denöel, 1957.
Tous les hommes sont frères, Gallimard, 1969.

Sobre Gandi e a não-violência

R. Rolland: *Mahātmā Gandhi*, Stock, 1924.
E. Privat: *Aux Indes avec Gandhi*, Attinger, 1934.
C. Drevet: *Pour connaître la pensée de Gandhi*, Bordas, 1946.
Hommage à Gandhi, France-Asie, nº 32, 1948.
L. Corman: *La Non-Violence dans la conduite des peuples et la conduite de soi-même*, Stock, 1949.
P. Régamey: *Non-Violence et conscience chrétienne*, Cerf, 1958.
L. Massignon: *Parole donnée*, Juillard, 1962.
O. Lacombe: *Gandhi, ou la force de l'âme*, Seuil, 1964.
S. Lassier: *Gandhi et la non-violence*, Seuil, *1970*.

Jacques Brosse

Coletâneas

La Chemise rouge, Plon, 1960.
Exhumations, Plon, 1962.
Autobiographie d'un enfant, J. Corti, 1993.

Ensaios

L'Ordre des choses, Plon, 1959, Julliard, 1986.
L'Homme dans les bois, Stock, 1976.
La Magie des plantes, Hachette, 1979, Albin Michel, 1990.
Les Arbres de France, Plon, 1987.
Mythologie des arbres, Plon, 1989.
Le Chant du loriot, ou l'Éternel Instant, Plon, 1990.
Les Fruits, Bibliothèque de l'Image, 1995.
Inventaire des sens, Grasset, 1965.
Cinq Méditations sur le corps, Stock, 1967.

Testemunhos

L'Expérience du rêve, Grasset, 1969.
Mahabalipuram, tout le monde descend, Fayard, 1973.
Satori. Dix ans d'expérience avec um maître zen, Albin Michel, 1984.

Biografias

Le Génie adolescent, com Y. Fauvel, Stock, 1966.
Cocteau, Gallimard, 1970.
Alexandra David-Neel, Retz, 1978, Albin Michel, 1991.

Viagens

La Découverte de la Chine, Bordas, 1981.
Les Tours du monde des explorateurs (1764-1843), Bordas, 1983.
Terres promises, Julliard, 1985.

História

Histoire de la chrétienté d'Orient et d'Occident, Albin Michel, 1995.

Entrevistas com Jacques Brosse

J. Biès: *L'Arbre et l'Éveil,* Albin Michel, 1997.

Sobre o zen

D. T. Suzuki: *Essais sur le bouddhisme zen,* 3 vol., Albin Michel, 1954/1972.
A. W. Watts: *Le Bouddhisme zen,* Payot, 1969.
Psychothérapie orientale et occidentale, Fayard, 1974.
T. Merton: *Zen, Tao et Nirvāna,* Fayard, 1970.
T. Deshimaru: *Le Bol et le Bâton,* Albin Michel, 1986.
La Pratique du zen, Albin Michel, 1992.
Zen et vie quotidienne, Albin Michel, 1992
E. de Smedt: *Zen et christianisme,* Albin Michel, 1990.

Étienne Perrot

La Voie de la transformation d'après C. G. Jung, Médicis, 1970.
C. G. Jung et la Voie des profondeurs, Obra coletiva, Revista *Présence,* Genebra, 1977, La Fontaine de pierre, 1980.
Coran teint. Le Livre rouge, La Fontaine de pierre-Dervy, 1979.
Les Rêves et la Vie, Dervy, 1979.
Les Trois Pommes d'or, La Fontaine de pierre-Dervy, 1981.
La Consolation d'Isaïe, La Fontaine de pierre-Dervy, 1982.
Des étoiles et des pierres, La Fontaine de pierre-Dervy, 1985.

De Dieu aux dieux, Éditions J. Renard-Le Dauphin, 1989.
Chroniques de la vie libérée, Éditions J. Renard-Le Dauphin, 1990.

Traduções

Le Yi King. Livre des Transformations, Médicis, 1968.
Atalante fugitive, de Michel Maïer, Médicis, 1969.
Le Rosaire des philosophes, Médicis, 1973.
Tao Te king, Médicis, 1974.
C. G. Jung. Son mythe en notre temps, de M. L. von Franz, Buchet-Chastel, 1975.
Nombre et temps, de M. L. Von Franz, La Fontaine de pierre-Dervy, 1978.

Obras de C. G. Jung

Aspects du drame contemporain, Georg – Buchet-Chastel, 1948.
Problèmes de l'âme moderne, Buchet-Chastel, 1960.
Présent et Avenir, Buchet-Chastel, 1962.
Ma vie. Souvenirs, rêves et pensées, Gallimard, 1973.
Commentaire sur le Mystère de la Fleur d'Or, Albin Michel, 1979.
Psychologie et orientalisme, Albin Michel, 1985.
Mysterium Conjunctionis, Albin Michel, 2 vol., 1980-1982.

Sobre C. G. Jung

A. Bennet: *Ce que Jung a vraiment dit*, Stock, 1973.
E. G. Humbert: *Jung*, Éditions universitaires, 1983.
W. Mc Guire et R. F. C. Hull: *C. G. Jung parle. Rencontres et interviews*, Buchet-Chastel, 1985.
B. Hannah: *Jung. Sa vie et son oeuvre*, Dervy, 1989.
A. Stevens: *Jung. L'oeuvre-vie*, Éditions du Félin, 1994.

Émile Gillabert

Saint Paul, ou *Le Colosse aux pieds d'argile,* Métanoïa, 1974.
Paroles de Jésus et Pensée orientale, Métanoïa, 1974.
Moïse et le phénomène judéo-chrétien, Métanoïa, 1976.
Évangile selon Thomas. Tradução e comentário de É. Gillabert, P. Bourgeois e Y. Haas, Métanoïa, 1979, Dervy, 1985.
Jésus et la Gnose, Dervy, 1981.
Le Procès de Jésus à la lumière de la Gnose, Dervy, 1986.
L'Évangile, voie de la Connaissance, Dervy, 1987.
Judas, traître ou inicié, Dervy, 1989.

Sobre o Evangelho de Tomás

H. G. Puech: *En quête de la gnose,* vol. 2: *L'Évangile selon Thomas,* Gallimard, 1978.
J. M. Sevrin: "L'Évangile de Thomas, un enseignement gnostique", *Cahiers bibliques,* 21, 1982.
J. Doresse: *L'Évangile selon Thomas,* Plon, 1957, Le Rocher, 1988.
R. Kasser: *L' Évangile selon Thomas. Présentation et commentaire théologique,* Delachaux et Niestlé, Neuchâtel, 1961.
F. Quéré: *Les Évangiles apocryphes,* Seuil, 1983.
J. Y. Leloup: *L'Évangile de Thomas,* A. Michel, 1986.

Frithjof Schuon

Metafísica

De l'Unité transcendante des religions, Gallimard, 1948, Seuil, 1968.
Sentiers de Gnose, La Colombe, 1957, La Place Royale, 1987.
L'Ésoterisme comme principe et comme voie, Dervy, 1977.
Résumé de métaphysique intégrale, Le Courrier du Livre, 1985.

Perspectivas doutrinais

L'Oeil du coeur, Gallimard, 1950, L'Âge d'homme, 1995.

Images de l'esprit: Shintō, Bouddhisme, Yoga, Flammarion, 1961, Le Courrier du Livre, 1982.
Comprendre l'Islam, Gallimard, 1961, Seuil, 1976.
Forme et substance dans les religions, Dervy, 1975.
Le Soufisme, voile et quitessence, Dervy, 1980.
Christianisme-Islam. Visions d'oecuménisme ésotérique, Arché, Milão, 1981.
Approches du phénomène religieux, Le Courrier du Livre, 1984.

Antropologia

Perspectives spirituelles et faits humains, Cahiers du Sud, 1953. Maison neuve-Larose, 1989.
Castes et Races, seguido de: *Principes et critères de l'art universel,* Derain, Lyon, 1957, Arché, Milão, 1979.
Les Stations de la Sagesse, Buchet-Chastel-Corrêa, 1958.
Regard sur les mondes anciens, Éditions Traditionnelles, 1968.
Logique et Transcendance, Éditions Traditionnelles, 1970.
Du Divin à l'humain, Le Courrier du Livre, 1981.
Avoir un centre, Maisonneuve-Larose, 1988.
Racines de la condition humaine, La Table Ronde, 1990.
La Transformation de l'homme, L'Âge d'homme, 1995.

Sobre Frithjof Schuon

J. Borella: "Frithjof Schuon, ou l'ésoterisme aujourd'hui", *in La Place Royale,* nº 19, 1988.
S. H. Nasr e W. Stoddart: *Religion of the Heart,* Foundation for Traditionnal Studies, Washington, 1991.

Sobre a Philosophia perennis

A. Huxley: *La Philosophie éternelle,* Plon, 1948, Seuil, 1977.
R. Guénon: *Symboles fondamentaux de la science sacrée,* Galimard, 1962.
L. Benoist: *L'Ésotérisme,* Presses universitaires de France, 1963.
G.Vallin: *La Perspective métaphysique,* Dervy, 1977.
H. Stéphane: *Introduction à l'ésoterieme chrétien,* Dervy, 1979.

René Guénon et l'actualité de la pensée traditionnelle, Actes du Colloque international (1973), Arché, Milão, 1980.
A. Faivre: *Accès de l'ésoterisme occidental,* 2 vol., Gallimard, 1996.
E. Edelmann: *Éclairs d'Éternité,* Table Ronde, 1990.
E. Lemoine: *Theologia sine metaphysica nihil,* Éditions Traditionnelles, 1991.

Jean Herbert

Ensaios

Spiritualité hindoue, Albin Michel, 1947.
La Notion de vie future dans l'hindouisme, Adyar, 1949.
La Mythologie hindoue. Son message, Albin Michel, 1953.
Le Yoga de l'Amour. Le Geste de Krishna, Albin Michel, 1975.
L'Hindouisme vivant, Laffont, 1975.
Ce que Gandhi a vraiment dit, Stock, 1969, Marabout, 1975.
Réflexions sur la Bhagavad-Gītā vue dans son contexte, Dervy, 1976.
Introduction à l'Asie, Albin Michel, 1960.
Aux sources du Japon, le shintō, Albin Michel, 1964.
Le Dieux nationaux du Japon, Albin Michel, 1966.
Dieux et sectes populaires du Japon, Albin Michel, 1967.
La Cosmogonie japonaise, Dervy, 1977.
La Religion d'Okinawa, Dervy, 1981.

Traduções

(Éditions Albin Michel)

Gandhi: *Lettres à l'āshram,* 1948.
Swāmi Vivekānanda: *Les Yogas pratiques,*1948.
L'Enseignement de Ramakrishna, 1948.
Swāmi Sivananda Sarasvati: *La Pratique de la méditation,* 1950.
Shrī Aurobindo: *La Bhagavad-Gītā* , 1951.
Swāmi Rāmdās: *Carnet de pèlerinage,* 1953.
T. Suzuki: *Essais sur le bouddhisme zen,* 3 vol., 1954-1956.
Swāmi Vivekānanda: *Entretiens et causeries,* 1955.

Shrī Aurobindo: *La Vie divine*, 4 vol., 1955-1959.
Lama Anagarika Govinda: *Les Fondments de la mystique tibétaine*, 1960.
Shrī Aurobindo: *Le Guide du yoga*, 1970.
L'Enseignement de Ramana Maharshi, 1972.
L'Enseignement de Mā Ananda Moyī, 1974.
Shrī Aurobindo: *La Pratique du yoga intégral*, 1976.
Métaphysique et psychologie, 1976.
Expériences psychiques dans le yoga, 1977.
Réponses, 1978.
S. H. Nasr: *Essais sur le soufisme*, 1980.

(A maioria destas obras foi reeditada por Albin Michel em coleção de bolso.)

Sobre sábios da Índia contemporânea

Shrī Rāmakrishnā:
R. Rolland: *La Vie de Rāmakrishna*, Stock, 1929.
D. G. Mukerji: *Le Visage du silence*, Attinger,1932.
S. Lemaître: *Rāmakrishna et la vitalité de l'hindouisme*, Seuil, 1959.
Rāmakrishna, Vedānta, nº 16-17. Centro vedântico, Gretz, 1960.
Rāmakrishna, l'homme et son message, Planète plus, 1970.

Swāmi Vivekānanda:
R. Rolland: *La Vie de Vivekānanda et l'Évangile universel*, Stock, 1930.
Nivedita: *Vivekānanda tel que je l'ai vu*, Albin Michel, 1952.
Swāmi Nikhilānanda: *La Vie de Vivekānanda*, La Colombe, 1956.

Ramana Maharshi:
A. Osborne: *Ramana Maharshi et le sentier de la connaissance de soi*, Attinger, 1957.
H. Hartung: *Présence de Ramana Maharshi*, Cerf, 1980. Dervy, 1987.

Mā Ananda Moyī:
A. Dhingra: *Visages de Ma Anandamayi*, Cerf, 1981.

Mahātma Gandhi:
Ver bibliografia *Lanza Del Vasto.*

Shrī Aurobindo:
Ver bibliografia *Satprem.*

Marie-Magdeleine Davy

Estudos medievais

Guillaume de Saint-Thierry: Deux traités de l'amour de Dieu, Vrin.
Guillaume de Saint-Thierry: Deux traités sur la foi, Vrin.
Initiation médiévale: la philosophie au XIIe. siècle, Albin Michel, 1980.
Bernard de Clairvaux, Le Félin, 1990.

Ensaios

Essais sur la symbolique romane, Flammarion, 1955.
L'Homme intérieur et ses métamorphoses, L'Épi, 1974.
Le Désert intérieur, Albin Michel, 1983.
Introduction au message de Simone Weil, Plon, 1954.
Un philosophe itinérant: Gabriel Marcel, Flammarion, 1964.
Nicolas Berdiaev, l'homme du huitième jour, Flammarion, 1964.
Henri Le Saux, le passeur entre deux rives, Cerf, 1983.
L'Oiseau et sa symbolique, Albin Michel, 1992.
Tout est noces, Albin Michel, 1993.
La montagne et sa symbolique, Albin Michel, 1996.

Coletâneas e contos

Le Berger du soleil, Buchet-Chastel, 1965.
Muni. Récit d'une expérience d'intériorité, Retz, 1985.
La Danse de l'amour et de l'humour, Présence, 1988.

Memórias

Un itinéraire. À la découverte de l'intériorité, L'Épi, 1977.
Traversé en solitaire, Albin Michel, 1989.

Direção e artigos

Encyclopédie des mystiques occidentale et orientale, Laffont, 2 vol., 1972, Seghers, 4 vol., 1977.

Henri Le Saux
Cristianismo e hinduísmo

H. Le Saux: *La Rencontre de l'hindouisme et du christianisme,* Seuil, 1966.
Intériorité et révélation, Présence, 1982.
La Montée au fond du coeur, O. E. I. L., 1986.
Souvenir d'Arunāchala, L'Épi, 1990.
B. Griffiths: *Expérience chrétienne, mystique hindoue,* Cerf, 1985.
M. Maupilier: *Les Mystiques hindous chrétiens,* O. E. I. L., 1985.

Nicolas Berdiaev e a ortodoxia

N. Berdiaev: *Le Nouveau Moyen Âge,* Plon, 1927, L'Âge d'homme, 1985.
Esprit et Liberté, "Je sers", 1993.
Royaume de l'esprit et royaume de César, Delachaux-Niestlé, 1951.
J. L. Segundo: *Nicolas Berdiaev,* Aubier, 1963.
A. Klimov: *Nicolas Berdiaev,* Seghers, 1967.
O. Clément: *Berdiaev. Un philosophe russe en France,* Desclée de Brouwer, 1991.

Simone Weil
entre helenismo, cristianismo e hinduísmo

S. Weil: *La Pesanteur et la Grâce,* Plon, 1947.

La Connaissance surnaturelle, Gallimard, 1951.
Intuitions préchrétiennes, La Colombe, 1951.
Lettre à un religieux, Gallimard, 1951.
G. Kempfner: *La Philosophie mystique de Simone Weil,* La Colombe, 1960.
B. Halda: *L'Évolution spirituelle de Simone Weil,* Beauchesne, 1964.
J. M. Pérrin, J. Daniélou: *Réponses aux questions de Simone Weil,* Aubier, 1964.
F. Heidsieck: *Simone Weil,* Seghers, 1967.
G. Fiori: *Simone Weil. Une femme absolue,* Le Félin, 1987.
"Simone Weil. Le grand passage", *Question de,* nº 97, 1994.

Satprem

Romances

L'Orpailleur, Seuil, 1960.
Par le Corps de la Terre, ou *Le Sannayasin,* R. Laffont, 1974.
Gringo, R. Laffont, 1980.

Ensaios

Shrī Aurobindo, ou *L'Aventure de la conscience,* Buchet-Chastel, 1964.
La Genèse su surhomme, Buchet-Chastel, 1974.
Mère, R. Laffont, 3 vol.: *Le Matérialisme divin, L'Espèce nouvelle, La Mutation de la Mort,* 1977.
Le Mental des cellules, R. Laffont, 1981.
La Vie sans mort, com a colaboração de L. Venet, R. Laffont, 1985.
La Révolte de la Terre, R. Laffont, 1990.

Sobre Satprem

F. de Towarmicki: *Sept jours en Inde avec Satprem,* R. Laffont, 1991.
Shrī Aurobindo: *L'Évolution future de l'humanité,* Presses

universitaires de France, 1962.
L'Idéal de l'unité humaine, Buchet-Chastel, 1972.
Le Cycle humain, Buchet-Chastel, 1973.
La Manifestation supramentale sur la Terre, Buchet-Chastel, 1974.
P. B. Saint-Hilaire, G. Monod-Hersen: *Le Message de Shrī Aurobindo et son āshram,* Pondichéry, 1947.
G. E. Monod-Hersen: *Shrī Aurobindo,* Cahiers du Sud, 1954.
Hommage à Shrī Aurobindo, Synthèses, nº 235, Bruxelas, 1965. (Textos de G. Germain, O. Lacombe, J. Masui, G. Monod-Hersen, P. B. Saint-Hilaire, Satprem).
R. Sailly: *Shrī Aurobindo, philosophe du yoga intégral,* A. Maisonneuve, 1970.
N. K. Gupta: *L'Idéal de Shrī Aurobindo,* Stock, 1980.
Shrī Aurobindo et l'avenir de la Révolution française, Buchet-Chastel, 1989 (Textos reunidos por C. Deloze, C. e L. Baldo, S. Brelin, M. Etevenon, D. Terlizzi).
G. Mourgue: *Shrī Aurobindo et Teilhard de Chardin,* Buchet-Chastel, 1993.

A Mãe

Entretiens (1929-1958), Shrī Aurobindo Ashram, Pondi-chéry, 6 vol., 1967-1972.
Agenda (1951-1973), Institut de recherches évolutives, Paris, 13 vol., 1978-1982.

ARNAUD DEJARDINS

(Éditions de la Table Ronde)

Iniciações no Oriente

Āshrams. Les Yogis et les Sages, 1962.
Yoga et Spiritualité. L'hindouisme et nous, 1964.
Les chemins de la Sagesse, 3 vol., 1965-1973.
Le message des Tibétains, 1969.
Monde moderne et sagesse ancienne, 1973.
En relisant les Évangiles, 1990.

Zen et Vedanta, 1995.

Em busca da Essência

Adyatma-yoga, 1977.
Le Védanta et l'Inconscient, 1978.
Au-delà du moi, 1979.
"Tu es Cela", 1980.

Métodos e práticas

Un grain de sagesse, 1981.
L'Audace de vivre, 1989.
Approches de la méditation, 1989.
La Voie du coeur, 1991.
Pour une mort sans peur, 1991.
Pour une vie réussie, 1992.
La Voie et ses pièges, 1992.

Sobre Arnaud Desjardins

D. Desjardins: *De naissance en naissance*, 1977.
La Mémoire des vies antérieures, 1980.
Mère, sainte et courtisane, 1983.
Le Défi d'être, entrevistas com G. Farcet, Dervy, 1990.
La Stratégie du OUI, 1993.
La Route et la Chemin, 1995.
G. Farcet: *Arnaud Desjardins*, ou *l'Aventure de la Sagesse*, La Table Ronde, 1987.
J. P. Calvet: *Arnaud Desjardins. Le Baladin et la Sagesse*, La Table Ronde, 1989.
G. Farcet – A. Desjardins: *Confidences impersonnelles*, Critérion, 1991.
D. Teundroup, A. Desjardins: *Dialogue à deux voies*, La Table Ronde, 1993.

Swāmi Prajñānpad

L'Art de voir. Lettres à ses disciples, L'Originel, 1988.
Les Yeux ouverts. Lettre à ses disciples, L'Originel, 1989.
S. Prakash: *L'Expérience de l'Unité. Dialogues avec Swāmi Prajñānpad*, L'Originel, 1986.
D. Roumanoff: *Swāmi Prajñānpad; 3 vol.*, La Table Ronde, 1989-1990: *Manque et plenitude, Le quotidien illuminé, Une synthèse Orient-Occident.*
R. Srinivasan: *Entretiens avec Swāmi Prajñānpad*, L'Originel, 1990.
F. Leboyer: *Portrait d'un homme remarquable: Swāmi Prajñānpad*, Critérion, 1991.

Vários

V. Loiseleur: *Anthologie de la Non-Dualité*, La Table Ronde, 1981.
E. Edelmann: *Métaphysyque d'un passant*, La Table Ronde, 1982.
J. Vigne: *Le Maître et le Thérapeute*, Albin Michel, 1991.

CHRISTIANE STINGER

(Éditions Albin Michel)

Romances

Les Cahiers d'une hypocrite, 1965.
Vie et mort du beau Frou, 1965.
Chronique tendre des jours amers, 1976.
La Mort viennoise, prêmio dos Livreiros, 1979.
La Guerre des filles, 1981.
Histoire d'âme, prêmio Albert Camus, 1989.
Une passion, 1992.
Rastenberg, 1996.

Ensaios

Les Âges de la vie, 1984.
Du bon usage des crises, 1996.

Basarab Nicolescu

Obras

Nous, la particule et le monde, Le Mail, 1985. Obra premiada pela Academia francesa.
Théorèmes poétiques, Rocher, 1994.
L'homme et le sens de l'Univers, Ensaio, Philippe Lebaud Éditeur, 1995.
La Transdisciplinarité, Rocher, 1996.

Contribuições

L'Homme et ses trois éthiques, de S. Lupasco, Rocher, 1986.
Le Psychanalyste, le Physicien et le Réel, Poïesis, 1987.
La Science face aux confins de la connaissance, Le Félin, 1987.
L'Homme, la Science et la Nature. Regards transdisciplinaires, Le Mail, 1994.
Sciences et imaginaire, Albin Michel, Cité des sciences et de l'industrie, 1994.

Sobre Jacob Boehme

A. Koyré: *La Philosophie de Jakob Boehme*, Vrin, 1971.
Jakob Boehme, Albin Michel, *Cahiers de l'Hermétisme*, 1977.
Jakob Boehme, Actes du Colloque de Chantilly, Vrin, 1979.
P. Deghaye: *La Naissance de Dieu*, ou *La Doctrine de Jakob Boehme*, Albin Michel, 1985.
A. Faivre: *Accès de l'ésotérisme occidental*, 2 vol., Gallimard, 1996.

Ciência e imaginação

J. Hadamard: *Essai sur la psychologie de l'invention dans le domaine scientifique*, Gauthier-Villars, 1978.
G. Holton: *L'Imagination scientifique*, Gallimard, 1981.
G. Durand: *Les Structures anthropologiques de l'imaginaire*, Bordas, 1981.
L'Imagination symbolique, Presses universitaires de France, 1984.
L'Imaginaire. Essai sur les sciences et la philosophie de l'image, Hatier, 1994.
I. A. Maréchal: *Sciences et imaginaire*, A. Michel, 1994.

Visão científica e visão espiritual

R. Abellio: *La Structure absolue*, Gallimard, 1965.
S. Lupasco: *Les Trois matières*, 10/18, Gallimard, 1970. Cohérence, 1982.
F. Capra: *Le Tao de la physique*, Tchou, 1979.
I. Prigogine, I. Stengers: *La Nouvelle Alliance*, Gallimard, 1979.
G. Durand: *Science de l'homme et Tradition. Le Nouvel esprit anthropologique*, Berg International, 1979, Albin Michel, 1994.
E. Laszlo: *Le Systémisme, vision nouvelle du monde*, Pergamon Press, 1981.
B. d'Espagnat: *À la recherche du Réel*, Gauthier-Villars, 1981.
E. Morin: *Science avec conscience*, Fayard, 1982.
M. Cazenave: *La Science et l'Âme du monde*, Imago, 1983.
C. Morazé: *Les Origines sacrées des sciences modernes*, Fayard, 1986.

Impressão e Acabamento
Com fotolitos fornecidos pelo Editor

EDITORA e GRÁFICA
VIDA & CONSCIÊNCIA

R. Santo Irineu, 170 • São Paulo • SP
✆ (11) 5549-8344 • FAX (11) 5571-9870
e-mail: gasparetto@snet.com.br
site: www.gasparetto.com.br